변화하는 사회의

가족복지

| 최선화 · 공미혜 · 전영주 · 최희경 공저 |

학지사

머리말

　전통적으로 가족의 중요성이 강조되어 온 우리나라에서도 가족해체와 혼인율의 감소, 독신가구의 증가, 저출산, 정형적 가족에서 벗어난 가구의 증가 등은 가족에 대한 전반적인 인식의 변화를 요구하고 있다. 더 나아가서는 새롭게 출현하는 가족과 관련된 현상들을 포괄할 수 있는 제도적 변화와 이들 모두의 다양성을 수용할 수 있는 가족에 대한 관점과 시각의 전환이 요구되고 있다. 그럼에도 불구하고 가족에 대한 우리 사회의 전반적인 태도와 제도적 기반은 여전히 전통적 관점에서 벗어나지 못하고 있어 현실적 요구를 담아내지 못하는 모순에 빠져 있는 실정이다. 따라서 새롭게 나타나는 가족의 변화와 다양한 형태로 등장하는 가족유형을 수용할 수 있는 좀 더 열린 시각과 관점이 필요한 시점이다. 이런 인식 하에 변화하는 한국 사회의 가족과 가족복지에 대한 요구를 담아낼 수 있는 새로운 관점의 가족과 가족복지에 대한 접근을 시도하게 되었다.

　사회복지에서 가족복지는 핵심 분야 중 하나이다. 가족복지가 원활히 이루어진다면 복지영역에서 다루는 많은 문제가 예방되고 자연스럽게 해소될 수 있을 것이다. 사실, 사회복지의 많은 부분은 가족복지가 제대로 이루어지지 않음으로써 발생한 문제들을 뒷수습하는 과정이라 할 수도 있다. 그렇다고 해서 다양한 개별 가족이 그들의 모든 욕구와 도전을 스스로 해결할 수 있어야 한다는 말이 아니라 가족 모두와 가족 전체에 대한 보편적이고 예방적인 접근이 선결되어야 한다는 의미이다. 그래서 아동, 청소년, 여성 그리고 노인 등 대상별로 구분하던 복지에서 가족을 한 단위로 하는 개입이 이루어지고 있지만 혼인의 형태와 상태에 따라 차별받고 있다.

　이와 같은 맥락에서 가족복지에 대한 관심이 높고, 관련 책들도 상당히 많은 편이다. 그럼에도 불구하고 다양한 학제적 배경을 가진 집필진이 함께 모인 것은 가족복지에 대한 새로운 관점과 변화하는 사회에 부응하는 가족과 가족복지에 대한 접근이 요구된다고 판단했기 때문이다. 집필진이 가진 새로운 관점은 몇 가지로 요약될 수 있다.

　첫째, 특정한 형태의 가족만을 정상적인 가족으로 보는 좁은 시각에서 벗어나서 다양한 형태로 변화하는 가족 모두를 병리적 혹은 일탈적 관점으로 보지 않고 그 다양성을 보편적 양상으로 파악하고 수용한다는 점이다. 이러한 맥락에서 위기가족에 대해서도 낙인을 배제하며 병리적 관점보다는 강점관점에서 파악하였다. 둘째, 새롭게 출현하는 가족의 미래를 고려해서 가족의 변화와 도전을 포괄하는 가족에 대한 분류를 강조하였다. 셋째, 성평등적이고 성인지적인 관점, 문화적 다양성에 대해 존중하고 수용한다. 마지막으로 가족복지의 실천이라는 측면에서도 현장에 바로 적용해서 실천 가능하도록 현장성과 실천성을 강조하였다.

　사실 가족과 가족복지는 모든 학문 분야가 관련되는 제도이며 영역이다. 어느 분야도 가족복지와 연관되지 않는 분야가 없는 집합체라 할 수 있다. 그럼에도 불구하고 지금까지는 가족복지를 각각의 학문 분야에서 개별적으로 접근해 왔으며 사회복지 분야에서 주로 다루어 왔다. 이 책에서는 이런 한계점을 극복하고자 다학제적 접근을 용감하게 시도해 보았다. 지금과 같이 변화하는 가족에 대한 이해와 접근에는 다양한 관점과 폭넓은 시각이 요구되며 이러한 변화는 앞으로 더 확대될 것이라 믿는다. 그래서 제한적이나마 몇 사람이 머리를 맞대게 되었다.

　제1부에서는 가족에 대한 이해와 가족이 직면한 변화와 도전을 살펴보았으며, 제2부에서는 가족복지에 대한 이해와 가족정책을 다루었다. 제3부에서는 가족복지실천으로 사정을 통한 교육과 치료, 그리고 사례관리를 다루었다. 제4부에서는 가족이 겪는 위기 상황으로 빈곤과 폭력, 문화 차별, 장애와 중독, 그리고 재난을 다루었다.

　집필진들이 여성사회학, 가족학, 여성학, 그리고 사회복지학이라는 다학제적 배경을 가지다 보니 개성이 강하고 각자의 전공 분야에서의 강조점들이 뚜렷이 부각되고 있다. 이런 점이 이 책의 강점이라 여기며, 새롭게 시도된 다학제적 접근이 가족복지를 보다 폭넓고 깊이 있게 이해하고 실천하는 데 도움이 되리라 믿는다. 사회복지를 전공한 최선화는 제5, 7, 8장을, 여성사회학을 전공한 공미혜는 제2, 10, 11장을, 가족학을 전공한 전영주는 제1, 6, 13, 14장을, 여성학과 사회복지를 전공한 최희경은 제3, 4, 9, 12장을 집필하였다.

 이 자리를 빌려 출판을 허락해 주신 학지사 김진환 사장님과 관계자 여러분께 감사를 전한다. 우리의 관심과 작은 노력을 통해서 이 땅에서 살아가는 다양한 가족의 삶의 질이 개선되기 바라며 어려움을 겪고 있는 모든 가족에게 이 책을 바친다.

2018년 9월
집필진을 대표하여
최선화 씀

차례

● 제3부 | 가족복지실천 ●

● 제4부 | 위기가족실천 ●

제1부

변화하는 사회의 가족

제1장 가족의 이해

　'가족'은 사람들의 정서에 특별한 의미를 갖는 단어이다. 가족은 사랑과 미움, 권력과 돌봄, 관용과 억압 등 상반된 관계적 특성이 다채롭게 나타나는 관계 집합체이며, 성별과 세대가 다른 개인들이 모여 상호작용하며 다른 어떤 인간관계보다 오랜 세월 동안 지속되는 운명 공동체이다(김유숙, 전영주, 김요완, 2017). 또한 가족은 개인의 역사와 사회의 역사가 다중적인 시간의 맥락에서 만나는 장이며, 가족구조와 가족과정이 시간 속에 변화되는 장이기도 하다. 제1장 '가족의 이해'에서는 가족의 의미와 기능, 사회와 가족의 변화, 한국 가족의 다원화 등에 대해 다루어 본다. 구체적으로 1절에서는 가족의 개념 및 기능, 가족복지의 범위를 다루며, 2절에서는 가족을 둘러싼 사회 변화와 가족의 양상 변화를 살펴본다. 3절에서는 한국 가족이념의 다원성, 가족형태의 다양화, 가족 변화에 대한 위기론 대 진보론의 관점에 대해 살펴보고자 한다.

1. 가족의 의미와 기능

1) 가족의 개념

　가족에 대한 전통적 개념은 가족을 '혼인, 혈연 및 입양으로 이루어진 관계집단으로서 의식주를 공동으로 해결하고 정서적 유대와 공동체적 생활방식을 갖는 집단'으로 규정하였다. 이러한 가족의 개념은 근대산업화 과정을 거치면서 빈번한 사회적·지리적 이동에 적합한 핵가족 유형이 기능적으로 가장 적합한 가족 유형으로 간주되면서 이성애 부모(주로 부양자 아버지와 전업주부 어머니)와 친자녀로 이루어진 핵가족을 일반적인 가족으로 보기 시작하였다.

그러나 최근 탈근대화 시대에서 다양한 형태의 가족이 증가하면서 근대적 부부 중심 가족을 보편적 가족으로 보는 관점이 도전을 받고 있다. 가족에 대한 개념은 "자신 스스로가 가족으로 생각하면서 전형적인 가족의 임무를 수행하는 2인 이상의 사람들"(Miller, 1984), 또는 "소속감을 가지고 있으며 전형적인 가족의 임무를 수행하는 2인 이상의 사람들"과 같이 광의의 의미로 변화되고 있다(이원숙, 2016에서 재인용).

산업화 이후 '제도(institution)'로서의 가족의 의미는 약화된 반면, '관계(relationship)'로서의 가족의 의미는 점차 커지고 있다. 또한 전형적으로 생각해 온 가족(the family)에 대한 고정관념을 내려놓고 언제 어디서든 다채로웠던 인간 공동체의 삶의 모습을 포괄할 수 있는 가족의 의미에 주목하게 되었다.

에이클러(Eichler, 1988)는 가족과 결혼에 대해 "가족은 한 명 혹은 그 이상의 자녀를 포함하거나 포함하지 않을 수 있으며(예를 들어, 무자녀가족), 이 자녀가 혼인관계에서 태어날 수도 있고 그렇지 않을 수도 있는(예를 들어, 입양가족, 재혼가족) 사회집단이다. 이들 성인관계는 결혼에 근원을 둘 수도 있고, 그렇지 않을 수도 있다(예를 들어, 사실혼). 이들은 거주지가 같을 수도 있고, 그렇지 않을 수도 있다(예를 들어, 분거가족). 이들 성인은 성적으로 동거할 수도 있고 그렇지 않을 수도 있으며, 이 관계는 애정, 매력, 경건성 등 사회적으로 패턴화된 감정을 포함할 수도 있고 그렇지 않을 수도 있다."고 정의하였다(이원숙, 2016에서 재인용).

참고자료 ▶

다음 중 '가족'이라고 생각되는 항목에 표시하시오. 가족이 아니라고 생각되는 항목에 대해서는 그렇게 생각하는 이유에 대해 나누어 보시오.

_____ 1. 남편과 아내, 그리고 둘 사이에 낳은 아들과 딸

_____ 2. 남편과 사별한 엄마와 세 어린 자녀

_____ 3. 50대 미혼 여성과 70대 양어머니

_____ 4. 60대 남성과 딸, 그리고 딸의 아들

_____ 5. 80대 과부와 애완견

_____ 6. 세 명의 성인 자매가 함께 동거

_____ 7. 40대 여성과 동거하는 30대 남성, 그리고 여성의 전혼에서 낳은 10대 자녀

_____ 8. 두 레즈비언 커플과 그중 한 여성이 전혼에서 낳은 자녀들

_____ 9. 함께 사는 두 명의 성인 남자 사촌

_____ 10. 70대 남성과 그의 평생 친구(남성)

_____ 11. 자발적으로 자녀를 낳지 않고 사는 40대 부부

_____ 12. 프랑스에서 일하는 아내와 한국에 거주하는 남편, 그리고 미국에서 학업 중인 아들

_____ 13. 이혼남과 그의 여자 친구, 그리고 여자 친구의 딸

_____ 14. 40대 부부와 입양한 자녀 넷

_____ 15. 부부와 아들 부부, 그리고 손자

_____ 16. 한국에 사는 30대 부부와 중국에서 조부모와 함께 거주하는 자녀

_____ 17. 3명의 성인과 5명의 비혈연 아동이 함께 사는 생활 공동체

_____ 18. 60대 여성과 동거남, 그리고 여성이 전혼에서 입양했던 자녀

_____ 19. 80대 노모와 2명의 50대 비혼 아들

_____ 20. 필리핀 출신의 30대 동거 커플, 그리고 여성의 전 한국인 남편이 전혼의 한국인 아내와 낳은 자녀

2) 가족의 기능

가족은 개인과 사회를 위해 다양한 기능을 수행한다. 가족은 개인과 사회를 매개하는 중개자이며, 개인의 상위체계이자 사회의 하위체계라고 할 수 있다. 기능적인 관점에서 볼 때, 가족은 개인의 일차적인 욕구를 충족시켜 주는 기능을 수행할 뿐만 아니라, 사회의 가장 기본적인 단위로서 사회의 존속과 질서 유지, 문화 전달을 위한 필수적인 기능을 수행하는 제도이다. 즉, 가족원 개인에 대한 대내적인 기능과 사회에 대한 대외적인 기능을 동시에 수행하며, 개인과 사회의 욕구를 충족시켜 주는 집단이자 제도라고 볼 수 있다(한국가족상담교육연구소, 2010).

〈표 1-1〉 **가족의 기능**

	대내적(개인지향적) 기능	대외적(사회지향적) 기능
고유기능	• 애정 • 성 • 생식	• 사회 구성원 보호 • 성적 통제 • 재생산 및 종족 보존
기초기능	• 생산 • 소비 • 교육 • 문화	• 노동력 제공 • 경제 질서 유지 • 다음 세대의 사회화 • 문화 계승 및 발달

구조기능론에서는 현대 산업사회에서 핵가족유형이 가장 적합하다고 보았다. 공장과 회사 위주의 경제 환경은 노동자의 빈번한 지리적 이동을 야기하기 때문에 많은 헌신과 책임이 요구되는 확대가족유형의 친족집단은 직장의 요구와 상충될 가능성이 있다.

확대가족에서 핵가족으로 지배적 가족유형이 변화되면서 가족의 규모는 작아졌지만 돌봄기능과 애정기능은 더욱 집중적인 기능으로 남았다. 가족은 사회존속과 유지를 위해 지속적으로 사회 구성원을 충원해야 하며, 사회적 요구에 맞게 자녀를 사회화시켜야 한다. 어린 자녀와 질병이나 노화로 거동이 어려운 가족원에게 돌봄을 제공해야 하며, 경쟁적인 일터에서 노동을 마친 가족원에게는 편안한 안식처를 제공해야 한다.

기능론자들은 가족이 기능적이기 위해서는 가족의 생계를 부양하는 도구적 역할과 자녀의 사회화 및 심리적 지원을 담당하는 표현적 역할이 제대로 수행되어야 한다고 보았다. 남편은 도구적 역할을, 아내는 표현적 역할을 담당함으로써 부부의 상호 의존이 높아지고 가족은 기능적으로 사회 안정에 이바지하게 된다는 것이다(한국가족상담교육연구소, 2010). 그러나 여성의 노동시장 진출이 늘어 가면서 맞벌이 부부 체계에서 여성이 돌봄 역할을 전담하기에는 버거운 것이 현실이 되었다. 이에 사회와 국가가 전통적으로 여성이 수행해 온 돌봄 노동을 분담해 줄 수 있는 제도적 필요성이 제기되었다.

3) 가족복지의 범위

　가족은 관념적인 차원에서 이론과 연구의 대상이기도 하지만, 구체적인 정책과 실천의 단위로서 다루어지기도 한다. 가족은 개인과 사회의 중간에 위치하는 체계이므로 가족복지에 대한 접근도 거시적 차원과 미시적 차원에서 이루어져야 한다. 거시적 차원에서 가족복지에 관한 정책과 법률, 복지서비스 전달체계 등이 다루어지고, 미시적 차원에서는 가족을 대상으로 한 실천방법으로서 가족생활교육, 가족상담 및 치료, 가족사례관리 등이 포함된다.

〈표 1-2〉 **가족복지의 범위**

	가족유형	주요 주제	가족복지 정책영역	가족복지 실천영역
보편적 가족	전통적 가족(핵가족, 확대가족)	• 일·가정 양립 • 돌봄과 부양 • 다양한 유형의 가족 지원 등	• 가족복지정책 • 가족 관련 법률 • 가족복지 전달 체계	• 가족생활교육 • 가족 상담 및 치료
	다양한 가족(한부모가족, 재혼가족, 비동거가족, 입양가족, 조손가족, 무자녀 가족, 다문화가족 등)			
요보호 가족	• 빈곤가족 • 폭력가족 • 난민가족 • 재난위기가족 • 장애 및 질환 가족 • 중독가족 등	• 빈곤, 폭력, 문화 차별, 재난, 장애 및 중독 등의 복합적 문제를 가진 취약 위기가족 지원		• 가족 상담 및 치료 • 가족사례관리

출처: 한국가족상담교육연구소(2010), p. 20.

2. 사회와 가족의 변화

　한국 가족을 둘러싼 사회 변화 중 주목할 만한 현상으로 여성의 노동시장 진출 증가, 저출산과 고령화, 세계화, 과학의 발달 등을 들 수 있다. 이러한 사회현상으로 가족 공동체의 모습과 유형은 다양해지고 있으며, 그에 따른 가족의 욕구도 빠르게 변화하고 있다.

1) 가족을 둘러싼 사회 변화

(1) 여성의 노동시장 진출 증가

산업화가 진행되면서 경제구조가 바뀌었고, 여성의 노동시장 참여에 대한 사회적 요구로 인해 여성의 경제활동 참가율이 꾸준히 증가해 왔다. 2008년 기준 경제활동 참가율은 남성 73.5%, 여성 50.0%이다. 여성의 절반이 경제활동에 참여하고 있으며, 특히 미혼직장인들의 경우에는 맞벌이를 선택이 아닌 필수로 인식하고 있는 상황이다. 그러나 전통적으로 어린 자녀와 노인 등에 대한 돌봄 노동을 맡아 왔던 여성의 노동시장 진출이 활발해지면서 현대 가족의 돌봄기능에 적신호가 커졌다. 동시에 전통적인 성역할 인식이 남아 있는 상황에서 대다수의 기혼여성은 일·가정 양립의 어려움과 불균형을 경험하고 있다.

(2) 인구학적 변화: 저출산과 고령화

의학기술의 진보는 임신과 출산을 자율적으로 통제할 수 있을 뿐만 아니라 질환의 예방과 치료의 발전으로 평균수명의 획기적 연장을 가져왔다. 저출산과 고령화 현상은 대다수의 선진국에서 공통적으로 나타나고 있는 인구학적 변화라고 할 수 있다.

여성의 경제활동 참여의 증가로 일·가정 양립이 어려운 사회환경에서 출산과 육아 자체를 포기하는 여성들이 늘어 가고 있다. 개인의 자아실현을 중시하는 개인주의 가치관의 확산 역시 저출산 현상에 영향을 미치고 있다.

또한 평균수명의 연장으로 인한 노인인구의 증가는 의학기술의 발달, 식생활의 개선, 교육 수준의 향상, 위생환경의 개선 등에 기인한다. 노인기의 가족관계는 노인케어와 부양문제, 노인의 정신건강, 생활의 질 등에 다각적인 영향을 미치는 요인이므로 정책적, 실천적으로 중요한 의미를 갖는다. '효' 사상으로 장남이나 여성(며느리나 딸)이 부양을 책임져야 한다는 전통적 인식이 쇠퇴하고 있고, 사회와 국가가 분담해야 한다는 의식이 확산되고 있다.

(3) 세계화: 초국적 가족과 다문화가족 증가

세계화는 노동시장뿐만 아니라 결혼시장에도 영향을 미쳐 우리나라를 포함한 많은 나라의 가족문화와 인종 구성을 변화시키고 있다. 지난 10여 년간 결혼이민자 여성, 외국인 노동자, 북한이탈자들의 유입으로 우리나라의 다문화가족의 비율이 지속적으로 증가하고 있다. 단일민족에 대한 전통적 관념으로 인해 국제결혼으로 형성된 가족에 대한 사회적 편견과 부정적 인식이 존재하나, 최근에는 세계화의 추세로 인한 사회현상으로 국제결혼이나 다문화가족에 대해 보다 수용적으로 받아들이고 있다.

한편, 다문화가족과 달리 단일민족성을 가진 가족이라도 가족원이 서로 다른 국적을 가졌거나 다른 국가에 체류하면서 가족생활을 유지하는 '초국적 가족'도 세계적으로 증가하고 있다.

(4) 과학의 발달: 4차 산업혁명시대의 도래

오늘날 혁신적 과학기술은 유비쿼터스와 모바일 인터넷, 인공지능과 기계학습을 통해 기존의 틀을 깨고 '새로운 가치'를 세상에 내놓았다. 인공지능(AI), 사물인터넷, 빅데이터, 모바일 등 첨단 정보통신기술이 경제사회 전반에 융합되어 디지털 기기와 인간, 그리고 물리적 환경의 융합으로 펼쳐지는 새로운 시대, 제4차 산업혁명이 그것이다. 과학기술영역의 경계를 넘나들며 탄생한 새로운 파괴적인 혁신은 세상을 급속도로 바꾸고 있다.

가족 공동체를 포함한 인간관계에서도 이러한 혁신적 기술이 영향을 미치기 시작했다. 예를 들어, 돌봄영역에서 인공지능 로봇의 역할이 늘고 있는 것을 생각해 볼 수 있다. 친밀감과 정서적 교감은 과학기술이 대체할 수 없는 마지막 영역이라고 생각되어 왔지만, 로봇을 통한 돌봄서비스에 대한 만족도는 의외로 높으며, 인간 못지않게 더 큰 위안과 치유를 받기도 한다.

2) 가족의 양상 변화

지난 반세기 동안 산업화를 거치면서 핵가족은 한국 가족의 대표적인 가족유형으로 자리잡아 왔다. 핵가족이란 한 세대의 부부와 그들의 미혼자녀로 이루어

진 기본적인 구조로, 지리적 이동이 잦은 산업화시대에 가장 최적화된 가족유형
으로 인식되어 왔다. 그러나 최근 정보화시대로 접어들면서 가장 기본 단위라고
생각되었던 핵가족의 분열이 진행되고 있다. 결혼을 하지 않거나, 결혼하고도 자
녀를 낳지 않거나, 기혼자들의 이혼 또한 늘어나면서 독신가구나 무자녀가족, 한
부모가족 등 핵가족보다 더 작은 단위의 가족이 늘어나고 있다. 이러한 사회현상
은 ① 가족생활주기의 변화, ② 가족구조의 변화, ③ 가족기능의 변화, ④ 가족가
치관의 변화 등 가족에 대한 전반적인 개념 변화를 요구한다(한국가족상담교육연
구소, 2010).

(1) 가족생활주기의 변화

평균수명이 연장되고 출산율이 저하되면서 가족생활주기의 뚜렷한 변화로는
자녀 출산과 양육 기간이 줄어들고, 탈양육기의 중노년 부부가 둘만 남아 함께
보내는 빈 둥우리(empty nest) 시기가 길어졌다는 것이다. 이와 같은 변화는 가족
생활에서 부부관계의 질에 대한 비중이 더욱 커지고 있으며, 조기은퇴나 황혼이
혼이 주요 가족문제로 나타나고 있다.

(2) 가족구조의 변화

가족구조의 주요 변화로는 소(小)가족화 경향에 따른 가족규모의 축소, 그리고
다양한 가족형태의 증가를 들 수 있다. 독신가구나 무자녀가족, 한부모가족, 재혼
가족 등 다양한 라이프스타일이 사회적으로 수용되면서 증가하고 있어 농경사회
에서 지배적인 가족형태였던 전통적 확대가족은 산업화 이래로 근대적 부부 중
심의 가족형태로 변화되었고, 최근에는 탈근대적 가족형태인 가족의 다양성이 부
각되고 있는 실정이다.

(3) 가족기능의 변화

가족의 기능도 크게 변화되었다. 사회경제적 환경의 변화로 농경시대의 자급
자족하던 생산과 소비, 교육, 오락, 종교적 기능 등이 대폭 축소되었다. 무엇보다
소(小)가족화와 맞벌이 증가, 이혼율 증가 등에 따른 가족의 돌봄 기능 약화로 어
린 자녀와 노인, 장애를 가진 가족원에 대한 보호를 사회와 국가가 나누어야 한

다는 제도적 필요성이 제기되어 왔다. 가족이 일터와 분리되면서 가족의 생산기능은 쇠퇴했지만 소비기능은 늘었다. 과거에 비해 높아진 가족기능으로는 가족의 정서적 유대기능과 여가기능이다. 결혼이 부부의 사랑과 성을 중심으로 유지되며, 부부간의 친밀감과 애정의 기능이 중요시되고 있다.

(4) 가족가치관의 변화

산업화의 진행과 함께 직업 중심의 잦은 지리적 이동, 개인주의 확산, 변화하는 경제환경, 자유로운 선택 보장 등은 결혼과 가족에 대한 가치관을 빠르게 변화시켜 왔다. 결혼과 가족에 대한 가치관이 변화하면서 혼인율은 지속적으로 감소하고 있는 반면 이혼율은 고공행진을 계속하고 있는데, 이러한 저 혼인, 고 이혼 현상은 '결혼을 꼭 해야 한다'는 인식과 '이혼은 절대 하면 안 된다'는 인식 모두 낮아지고 있는 것과 관련이 깊다. 또한 혼전동거나 독신, 국제결혼에 대한 수용성도 높아졌으며, 결혼하면 반드시 자녀를 가져야 한다는 과거의 의식과 달리 자발적으로 무자녀가족을 선택하는 사람들도 증가하고 있는 추세이다. 노부모 부양에 대해서는 장남이나 가족이 부양해야 한다는 의식이 낮아지고, 사회나 국가와 함께 부양해야 한다는 의식이 높아지고 있다.

3. 한국 가족의 다원화와 쟁점

1) 한국 가족이념의 다원성

가족주의(familism)는 급격한 사회변동에도 불구하고 한국 사회의 근간을 이루는 변함없는 특성으로 거론되어 왔다. 그러나 한국 사회에 전통적·현대적·탈근대적 특징이 공존하면서 성별과 세대 등에 따라 이러한 요소들과 더불어 전통적·서구적·범세계적 요소를 상이하게 체화한 개인 및 집단에 따라 매우 이질적인 가족이념을 갖게 되었다. 이는 압축적인 사회 변화 속에 다양한 가족이념이 우발적으로 공존하게 되었기 때문으로 장경섭(2016)은 한국 가족을 지배하는 네 가지 주요 가족이념을 다음과 같이 제시하였다.

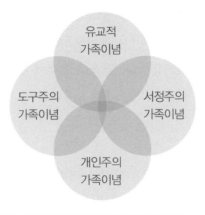

[그림 1-1] 한국 가족이념의 다원성

출처: 장경섭(2016).

(1) 유교적 가족이념

조선왕조의 주요 통치 근간이 되었던 유교는 일제강점시대를 거쳐 현재에 이르기까지 잔존하여 한국인들의 가족이념의 기초를 이루고 있다. 유교적 가족규범은 조선시대의 양반계층을 대상으로 한 것이었으나, 한국 사회가 근대의 혼란을 거치며 피폐화된 일상생활의 안정을 복구하는 과정에서 유교적 가족규범에 대한 계층적 보편화가 이루어졌다.

특히 성별, 세대, 연령에 기초한 경직된 위계질서와 부계 중심의 권위주의적 가족생활은 유교적 가족이념의 대표적 특징으로, 이러한 가족생활의 실현을 위해서는 상당한 물질적·문화적 기초가 필요하다. 그러나 이러한 자원이 부족한 계층의 가족에게 유교적 가족이념의 이상과 현실의 괴리는 일상적 괴로움으로 나타나기 쉽다.

한국의 가족관계나 가족생활의례에서 유교적 영향력은 여전하나, 성별이나 세대에 따라 유교적 가족이념을 수용하는 정도에는 차이가 있다. 예컨대, 여성일수록, 젊은 세대일수록 유교적 가족이념의 수용도는 낮은 경향이 있다.

(2) 도구주의 가족이념

한국은 20세기 내내 식민통치, 한국전쟁, 절대빈곤과 산업화를 겪으면서 가족은 생존의 기반이었으며, 부와 권력을 이루어 나가는 근간으로 기능하였다. 가족원 간의 유대와 지원은 거의 유일하게 유지된 사회자원으로, 가족관계의 전략적인 활용을 통해 생존과 성공을 추구하는 가족도구주의 이념이 발달하게 되었다. 가족도구주의는 가족 단위의 경제활동뿐만 아니라 자녀교육을 통한 세대 간 계층상승 프로젝트로 극명하게 드러난다.

그러나 가족 도구주의 이념이 심화되고 시장경제 등 현대적 사회질서와 결합되면서 여러 부작용이 발생하였다. 첫째, 부의 축적과 세습 등에서 반 공동체적 이기주의 행태가 확산되면서 정략혼, 과잉 혼수, 자녀의 대학 부정입학 등의 가족이기주의가 팽배되었다. 둘째, 지연, 학연 등의 유사 가족주의적 관행으로 시장의 공정경쟁이 왜곡되며, 취업, 선거, 혼인 등 거의 모든 사회적 영역에서 연고주의와 온정주의 관행이 일상화되었다. 셋째, 가족생활이 사회적 경쟁의 승리를 위한 도구로 전락되어 자녀 입시, 남편의 직장에서의 승진 등 가족생활이 프로젝트화되었다.

(3) 서정주의 가족이념

서구 산업화의 영향으로 남성은 가족 밖에서 생계부양자의 역할을 하는 반면, 여성과 아동은 가정생활로 편입되며, 중산층 가족을 중심으로 가족의 정서적 보호기능을 강조하는 서정적 가족상이 대두되었다. 가족은 사회로부터 독립된 서정적 보호공간으로 정해 그 안에서 개인을 보호하고자 하는 노력을 하였다.

서정적 가족주의는 서구 문화의 영향을 받았지만, 여성과 아동 보호를 강조한다는 점에서 한국 전통 양반계급의 유교적인 가부장적 규범과도 유사한 부분이 있어 한국인들에게 쉽게 받아들여졌다. 그러나 가족관계의 애정을 강조하는 규범은 부부관계나 부모자녀관계에서의 감정적 과부하 현상을 유발하여 가족원 상호 간에 애정적 기대수준이 만족스럽지 않을 경우에는 가족 내 긴장과 불화 유발요인이 되기도 한다. 또한 서정적 가족주의가 상당한 물질적 자원 기반을 전제로 한다는 점에서 소득의 안정이 확보되지 않는 계층의 가족에게는 서정적 가족관계 실현이 어려울 수 있다.

(4) 개인주의 가족이념

민주주의 사상의 확산과 함께 여성해방, 청소년의 자율성 강화 등은 개인주의 가족이념 확산에 영향을 미쳐 왔다. 또한 소비자본주의의 확산도 가족의 집단적 이익에서 개인의 선택의식을 기반으로 한 가족생활로 변화되는 데 영향을 미쳤다. 결혼과 출산, 이혼 및 자녀양육 등 부양에서도 개인의 복리와 가족의 안녕 간의 균형을 중시하며, 집단주의 규범보다 개인적 선택을 중시하는 경향이 강해지고 있다. 특히 여성의 교육수준이 높아지고 취업이 증가하면서 결혼이나 출산에 대한 원가족이나 사회규범의 압력에 영향을 덜 받고 개인의 자아실현을 중심으로 다양한 선택을 적극적으로 고려하게 되었다.

2) 가족형태의 다양화

'전형적 가족'이란 이성애 부부(생계부양자 남편과 전업주부 아내)와 생물학적 친자녀로 이루어진 핵가족을 의미한다. 최근 우리 사회에서 이러한 형태의 전형적 가족의 비율은 점점 감소하고 있는 반면, 다양한 형태의 가족이 증가하고 있다. 전통적 가족개념에서 중요한 의미를 가졌던 혈연, 법률혼, 동거동재, 모성돌봄 등의 경계가 허물어지고, 다양한 방식의 관계 공동체가 가족으로 인정되고 있는 추세이다. 중요한 것은 가족 구조나 형태가 역기능성을 의미하는 것이 아니라는 점이다. 각 유형의 가족은 특수한 욕구나 어려움이 존재할 수 있으나, 특정 유형의 가족 자체가 기능적 결손을 내포하고 있다고 가정하거나 비정상적 가족으로 간주하는 것은 적절하지 않다. 어떤 형태의 가족이든 관계집단 안에 자유와 평등, 행복을 누리는 것이 중요하다.

다양한 유형의 가족도 핵가족과 마찬가지로 권력관계와 갈등대처, 의사소통의 문제가 수반되며, 대안적 가족형태로서 지나치게 낭만적으로 인식하면 안 된다. 가족실천가는 핵가족뿐만 아니라 한부모가족, 재혼가족, 비동거가족, 입양가족, 조손가족, 무자녀가족, 다문화가족 등 다양한 형태의 가족에 대해 이해하고 있어야 하며, 편견 없이 개입할 수 있어야 한다. 이를 위해서는 가족실천가 본인 스스로 '가족'에 대한 인식이 어떠한지 끊임없이 검토해야 하며, 다양한 가족에 대한 민감성을 기르는 것이 필요하다.

(1) 한부모가족

한부모가족은 만 18세 미만의 미성년 자녀가 한쪽 부모와 거주하는 가족유형으로, 이혼, 별거, 배우자의 사망, 미혼모·부자 등의 다양한 이유로 형성된다. 1990년대 중반 이후 급증한 이혼으로 일시적 또는 영구적 형태의 한부모가족이 큰 폭으로 증가하고 있다.

대다수의 한부모가족은 생계부양과 육아의 역할 과부하 외에 정서적 어려움, 사회적 편견 등의 어려움을 경험한다. 전통적 관점에서 볼 때, 모자가족은 경제적 부양자를 상실한 것이며 부자가족은 양육자와 보호자를 상실한 것으로 간주하였다.

대다수의 모자가족의 어머니는 생계부양에 전념하면서 자녀를 제대로 돌보지 못한다는 죄책감을 경험하거나 소진으로 인한 감정적 양육태도를 보이기도 한다. 간혹 헤어진 배우자에 대한 감정이 자녀에게 투사되어 부정적 감정을 나타내거나 자녀에게 배우자 역할을 기대하기도 한다. 자녀 입장에서는 부의 부재로 인한 감독 부족, 동일시 대상의 상실, 사회적 편견에서 오는 열등감 등을 경험할 수 있다. 한편, 부자가족의 경우에는 아버지의 공감 능력과 유연성 부족으로 자녀와의 의사소통 및 정서적 교류가 부족할 수 있고, 양육 네트워크 결여로 인해 자녀양육 정보가 제한적일 수 있다. 가사문제가 겹칠 경우에는 자녀양육에 필요한 적절한 의식주 생활이 이루어지지 않아 자녀의 건강한 발달에 저해요인이 될 수 있다(김정옥 외, 2015).

그러나 한부모가족의 부모자녀관계가 일반 가족보다 더 긍정적이며, 개방적 의사소통을 하고, 부모와 자녀 모두 스트레스 상황에 잘 적응한다는 연구결과도 있다(정옥분, 정순옥, 홍계화, 2005). 이는 가족의 구조적 측면보다 한부모의 정서적 균형과 가족기능의 수준이 자녀의 적응과 발달에 중요한 요인임을 시사한다(김정옥 외, 2015).

(2) 재혼가족

이미 한 번 또는 그 이상 결혼하여 가정을 이룬 남성이나 여성이 이혼이나 사별 후에 다른 배우자와 새롭게 구성한 가족을 재혼가족이라고 한다. 전체 혼인신고 중 1/4 정도가 재혼이며, 재혼 연령도 증가하고 있다. 최근의 재혼 추세를 보면 '남녀 모두 재혼'인 형태가 가장 높은 비율이고, 다음으로 '초혼 남성+재혼 여성', 마지막으로 '재혼 남성+초혼 여성'의 순으로 나타나고 있다.

재혼가족의 생활주기로 파페르노(Papernow, 1993)는 7단계의 재혼가족발달을 제시했는데, 초기(1, 2, 3단계), 중기(4, 5단계), 후기(6, 7단계)로 나누어진다. 재혼가족이 7단계를 거치는 데 평균 7년 정도 소요되나, 빠른 경우에는 4년 정도 걸리기도 한다. 가족이 어려움을 겪는 초기단계에서 적응이 빠른 가족은 1년, 평균적으로는 3~4년 정도 걸리나, 초기 적응에 5년 이상 걸리는 가족은 해체될 가능성이 크다고 한다. 그러나 일단 초기단계를 지나면 대부분의 가족은 중간단계 협상에 2~3년, 후기단계는 1년 정도 걸려 적응을 완료하게 된다(이영숙, 박경란, 전귀연, 1999에서 재인용).

재혼가족은 초혼가족과 다른 복잡성을 갖는다. 부부관계보다 부모자녀관계가 먼저 형성되므로 경계문제와 전혼 자녀에 대한 역할 수행 등의 어려움이 있을 수 있다. 자녀의 경우에는 계부모와 친부모 사이의 충성심 갈등이나 형제자매 간의 경쟁을 경험할 수 있다. 따라서 재혼에 앞서 예상되는 어려움에 대해 충분히 교육과 상담을 받을 필요가 있다. 또한 재혼부부는 부모 역할이나 가계 재정 등에 대해 서로 충분히 협의하고 소통하는 자세를 유지하며, 서두르지 말고 가족 간의 신뢰와 소속감을 쌓아 나가야 한다.

(3) 비동거가족

비동거가족은 가족원이 취업활동이나 자녀교육 등 여러 이유로 같은 공간에서 생활하지 못하고 떨어져서 생활하는 가족형태이다. 유형에 따라 주말부부, 통근결혼, 기러기가족 등의 용어를 사용하기도 한다.

비동거 사유에 따라 직업적 목적이나 자녀교육 목적으로 인한 비동거가족 유형으로 나누기도 하고, 거주 장소에 따라 국내 또는 해외 비동거가족으로 나누기도 한다. 2016년 기준 맞벌이 가구 중 비동거가구는 58만 가구로 꾸준히 증가하고 있다(통계청, 2016).

비동거가족의 남편과 아내는 모두 직업과 가정 일을 각자 처리해야 하므로 이중부담을 경험하는 반면, 역할 갈등은 심각하지 않다. 비동거가족의 가사처리양식은 전체의 반 정도가 시간제 가사도우미의 도움을 받으며, 이러한 조력자가 없는 경우에는 친정 부모나 시부모와 동거하기도 한다(이기숙, 1999). 특히 남편은 의식주 처리가 미흡한 편이며, 가사처리에 대한 조력자의 의존도가 크다.

비동거가족은 일반 가정에 비해 배우자 각자가 동등하게 직업생활을 추구한다는 점과 독립성 및 자율성의 획득이라는 장점이 있다. 그러나 어려운 점도 적지 않다. 첫째, 재정관리 면에서 주거비용, 가정관리비용, 통신비, 교통비, 대리양육비 등 비동거 여건으로 인한 지출이 많다. 둘째, 동거가족에 비해 친밀감 형성이나 정서적 지지가 부족하며 외로움이나 소외감을 느낄 수 있다. 셋째, 비동거 부모는 부모 역할 갈등과 양육 죄책감을 경험할 수 있으며, 자녀들도 부모와의 관계 불균형을 겪을 수 있고, 부모로부터 충분한 보호를 받기 어려울 수 있다.

(4) 입양가족

입양은 생물학적 과정이 아닌 법적·사회적 관계에 의해 친자관계를 맺은 가족의 형태이다. 친부모의 사망이나 이혼, 수감, 빈곤 등 다양한 이유로 아동이 친부모의 양육과 보호를 받지 못하는 경우에 법적 절차를 통해 타인에게 양육의 권리와 의무가 영구적으로 이행되어 합법적인 입양가족이 형성된다. 입양의 유형은 친족입양 대 비친족입양, 독립입양 대 기관입양, 공개입양 대 비밀입양 등으로 나뉘기도 한다.

과거에는 가계를 잇기 위한 목적 등 비밀주의와 혈통주의에 기반을 둔 부모 중심의 입양이 주를 이루었지만, 최근으로 올수록 아동의 욕구를 충족하는 데 중심을 둔 아동 중심의 입양이 강조되고 있다. 입양가족 안에서 양부모와 양자는 정서적 유대와 친밀감을 공유하며, 소속감과 사회적 인정을 받는다.

입양가족은 아동의 복지를 위해 선택한 가족유형으로, 아동을 위한 안전과 보호, 정서적 소속감을 제공할 수 있다는 데 매우 큰 장점을 갖는다. 반면, 입양가족의 어려움으로는 입양아의 경우 원가족과의 분리에서 오는 애착문제, 친부모와 양부모 사이의 갈등, 유전학적 당혹감 등을 경험할 수 있으며, 입양부모의 경우에는 부모 역할에 대한 불안감, 생물학적 연결성이 없는 데서 오는 불안감, 아동이 친부모에게 돌아가지 않을까 하는 두려움 등을 경험할 수 있다.

(5) 조손가족

조부모가 부모를 대신하여 18세 이하의 손자녀를 양육하는 조손가족의 수가 증가하고 있다. 과거에는 주로 부모 사망으로 인해 조손가족이 형성되는 경우가 많았으나 지금은 부모가 생존해 있어도 사회경제적 이유에 의해 가족이 해체되어 생기는 경우가 많다. 여성가족부가 조사한 조손가족실태조사(2010)에 따르면 조손가족의 형성 이유로 부모의 이혼 및 재혼이 53.2%로 가장 높게 나타났고, 다음은 부모의 가출 및 실종(14.7%), 부모의 질병 및 사망(11.4%), 부모의 실직 및 파산(7.6%) 등으로 나타나 우리 사회의 높은 이혼율을 방증하고 있다.

어떤 원인에 의해 조손가족이 되었든 조손가족의 아동은 시설아동에 비해 부모와 분리된 느낌을 덜 받을 수 있고, 또 가족의 일원인 조부모의 양육에 의해 친밀감과 유대감 속에 정서적으로 안정된 상태에서 지내게 된다. 또한 사회적 적응력이 개선되는 것으로 나타났다. 그러나 조손가족의 어려운 점도 적지 않다. 조부모에게 가장 큰 문제는 손자녀 양육과 교육에 들어가는 비용을 감당하기 어렵다는 점이다. 이외에도 과도한 노동으로 건강이 나빠지고 양육 스트레스를 받는 점들이 부정적인 면으로 나타났다. 반면, 손자녀는 부모의 이혼이나 사별 등의 부정적인 가족관계에 의해 심리정서적으로 불안을 느끼게 되고, 이는 대인관계와 학교 부적응 등으로 이어진다.

(6) 무자녀가족

'무자녀'는 의식적으로 무자녀를 선택하거나 그렇지 않은 경우라도 상황적인 측면에서 적극적으로 임신의 노력을 기울이지 않거나 신체적인 이유로 임신이 되지 않은 경우이다(이동원 외, 2006). 일반적으로 무자녀가족은 그 형성 동기에 따라 크게 자발적 무자녀가족과 비자발적 무자녀가족 유형으로 나뉘고 있다. 자발적 무자녀가족은 부부의 합의에 의해 자발적으로 또는 상황적 고려 하에 자녀를 갖지 않기로 결정하고 자녀 없이 부부로만 구성된 가족이다(김상수, 2006; 이동원 외, 2006). 이와 달리 비자발적 무자녀는 신체적 혹은 생리적 이유로 배우자와 동거하면서 피임을 하지 않고 정상적인 부부관계를 가진 상태에서 12개월 이내에 임신이 되지 않거나 임신은 가능해도 생존아를 출산하기 어려운 부부 가족으로, 불임의 원인에 대해서는 명확히 모르는 경우도 있다.

무자녀로 사는 가장 큰 매력은 독립성, 생활의 자유로움, 자율성 증가, 다양한 사회참여 기회의 확대, 경제적 여유, 배우자와의 친밀성 증가 등이다. 특히 자녀

양육기에 경험하는 시간과 신체적 소모 없이 조용하고 평화로운 생활을 하는 즐거움이 있다. 대부분의 경우에 모성과 같은 돌봄 노동은 희생과 책임이 필요하지만 무자녀를 선택하면 여기에서 해방되어 독립적으로 자신이 하고 싶은 활동을 하며 지낼 수 있다는 장점이 있다. 뿐만 아니라 자녀양육에 들어가는 경제적 부담을 덜고 보다 많은 여가활동과 자기계발에 경제적 자원을 사용할 수 있다(Kelly, 2009). 또한 무자녀 결정이 배우자의 충분한 이해 속에서 이루어졌을 경우에는 부부관계에 집중할 수 있어 무자녀 부부는 친밀성이 높고 동반자로서 확고한 위치를 가지는 경우가 많다(Gillespie, 2003).

그럼에도 불구하고 이들에게 주어지는 사회적 비난과 고립 등의 손실도 존재한다. 이들이 경험하는 손실은 자녀양육의 기회와 여기서 파생되는 부모 역할의 성취감, 자녀와의 신체적 · 정서적 상호작용, 사회적 재생산의 의무 수행에서 오는 소속감 등 개인적인 경험을 상실하는 것이다. 무엇보다 자녀양육의 개인적인 면을 고려해 보면 무자녀 부부는 전통적인 가족생활이 주는 자녀와의 신체적 · 정서적 상호작용을 경험하지 못하는 손실이 크다.

(7) 다문화가족(결혼이민자여성가족)

다문화가족(multi-cultural family)은 우리나라에 거주하며 우리와 다른 민족 또는 문화적 배경을 가진 사람들로 구성된 가족 공동체를 총칭하는 용어이다(천정웅 외, 2015). 우리 사회에서 1990년대 중반 이후에 급증하고 있는 국제결혼의 특징은 우리나라보다 경제력이 낮은 국가 출신의 여성들이 한국인 남성과 결혼하여 한국에 이주, 정착한다는 점이다.

결혼이민자여성의 다문화가족의 특징으로, 부부간 결혼의 동기가 다르고, 결혼 전 만남이 짧으며, 결혼의 도구적 성격이 강하며, 대부분 결혼중개업체를 통해 결혼이 성사되며, 부부간의 나이 차이가 많은 점 등을 들 수 있다(한재희, 2014). 가부장적인 한국인 남편은 현모양처를 기대하며 어린 신부를 맞지만, 외국인 아내는 돈을 벌어 친정에 보내고 한국 문화에 대한 환상을 가지고 있는 등 부부가 서로 다른 결혼 동기로 출발하기 때문에 국제결혼의 어려움은 배가 된다. 결혼 후 한국 사회에 적응하는 과정에서 환경적 · 가족적 · 개인적 어려움에 광범위하게 직면하게 된다. 부부관계 및 확대가족과의 갈등, 남편의 무능력과 경제적 어려움,

자녀양육과 교육문제, 취업에 대한 갈등, 합법적 체류문제, 의료 및 복지체계 결여 등의 문제가 있다. 이러한 문제들이 복합적으로 나타나고 있는데, 많은 문제의 저변에 한국 가족의 뿌리 깊은 가부장적 의식, 부부간의 세대 차이, 부부간 계급관계 형성 등의 문제가 내재되어 있다.

이와 같이 다문화가족은 문화 충돌로 인한 혼란과 갈등을 겪기도 하지만, 부부가 양쪽 문화를 잘 수용한다면 풍부한 문화적 자산이 가족과 사회에 큰 자원이 될 수 있다. 국가와 사회가 다문화가족에 대한 지원체계를 촘촘히 구축해 나가야 하며, 다문화가족의 아동들이 차별받지 않고 우리 사회에 통합되어 기여할 수 있도록 교육·취업 영역뿐만 아니라 전반적인 사회 구성원의 다문화민감성을 높여 나가야 한다.

3) 가족 변화에 대한 쟁점

현대 사회의 복잡한 가족 변화를 바라보는 입장은 크게 두 가지로 나뉜다. 가족의 변화를 위기로 인식하는 입장과 사회 변화에 따른 불가피한 재구성으로 인식하는 입장이다. 전자는 가족의 다양화 등의 변화를 가족의 붕괴로 보는 반면, 후자는 가족의 진화 또는 진보로 바라본다(조흥식, 김인숙, 김혜란, 김혜련, 신은주, 2010).

(1) 가족위기론

가족위기론자는 현재의 가족 변화가 극단적인 이기주의와 쾌락주의에 기인했다고 본다. 산업화, 도시화, 자본주의 등의 영향으로 개인주의가 극대화되고, 자아실현을 중시하면서 자녀의 보호나 가족의 연대감 제공과 같은 가족의 재생산 기능이 위축되었다고 본다. 즉, 가족 공동체를 위한 희생과 배려의 가치가 상실되고, 성인은 자녀의 복리보다 자신의 자유와 독립, 직업적 성공을 우선시하고 있다.

이러한 결과로 혼인을 하지 않은 독신가구나 동거가족, 결혼하더라도 자녀를 갖지 않는 무자녀가족, 이혼으로 인한 한부모가족 등이 증가하고 있다고 진단한다(조흥식 외, 2010). 따라서 가족위기론자는 정서적 유대와 상호 의존성에 기초한 전통적 가족구조를 강조하며, 성별 역할에 기초한 아동양육과 부양, 사회화, 노동력 재생산 기능을 잘할 수 있는 '전형적 가족'을 지향한다.

(2) 가족진보론

현대 가족의 변화가 불가피하며 자연스럽다고 보는 가족진보론자는 과학기술과 세계화 등 거시적인 사회 변화뿐만 아니라 기존의 가부장적 가족 이데올로기와 경제구조의 불안정성이 가족 변화의 한 가지 원인이라고 본다. 현대 가족이 기존 가족의 성과 연령에 따른 불평등성에서 벗어나 보다 민주적이고 평등을 강조하는 방향으로 변화되고 있다는 것이다.

가족진보론자는 전형적 가족에 대한 위기론자들의 주장에 대해 정상가족은 역사적으로 신념으로 존재했을 뿐, 가족은 항상 다양한 문제와 해결 과정의 연속선상에 있어 왔다고 반박한다. 위기론자들이 정상가족의 밝은 면만 부각함으로써 가족의 현실인 복잡성, 유동성, 다양성을 비정상가족으로 범주화하는 것에 대해 비판한다.

〈표 1-3〉 가족위기론과 가족진보론의 쟁점별 비교

쟁점	가족위기론	가족진보론
가족 변화의 원인	• 극단적 개인주의 • 이기주의 • 쾌락주의	• 가부장제의 모순 • 자본주의 경제구조의 불안정성
이상적 가족형태	• 생계부양자 남성과 양육자 여성으로 이루어진 부부와 친자녀	• 존재하지 않음
중심적 가치	• 정서적 유대와 상호 의존 • 공동체를 위한 헌신과 희생	• 평등과 인권 • 자율성과 독립성
가족의 다양성에 대한 입장	• 가족제도의 위기 • 가족 붕괴 및 해체	• 가족의 재구성 • 대안적 가족
대안	• 전통적 가족가치 회복 • 분명한 성역할 정립	• 복지정책을 통한 가족기능의 사회화

출처: 이혁구(1999, p. 277): 조흥식 외(2010)에서 재인용, 수정함.

생각해 보기

1. 현대 사회의 다양한 가족유형(한부모 · 재혼 · 비동거 · 입양 · 조손 · 무자녀 · 다문화가족 등)의 현황과 실태, 욕구와 문제점 등을 조사해 보고, 각 가족유형에 대한 가족복지서비스의 정책적 · 실천적 대응방안에 대해 발표해 보자. 개인 발표 또는 조별 발표로 진행하도록 한다.
2. 가족 변화에 대한 입장을 정리하여 위기론 대 진보론으로 소그룹을 나누어 토론해 보자.

참고문헌

김유숙, 전영주, 김요완(2017). 가족평가. 서울: 학지사.

김정옥, 박귀영, 유가효, 전귀연, 홍계옥, 홍상욱(2015). 가족관계. 경기: 양서원.

김혜영, 이미정, 이택연, 김은지, 선보영, 장연진(2010). 미혼모의 양육 및 자립 실태조사. 여성가족부 연구보고 2010-56.

박현선, 정익중, 구인회(2006). 빈곤과 아동의 사회정서적 발달 간의 관계: 성인역할 부담을 중심으로. 한국사회복지학, 58(2), 303-330.

여성가족부(2010). 다문화가족 방문상담 매뉴얼. 다문화가족사업지원단.

이원숙(2016). 가족복지론. 서울: 학지사.

이영숙, 박경란, 전귀연(1999). 가족문제론. 서울: 학지사.

정옥분, 정순옥, 홍계화(2005). 결혼과 가족의 이해. 서울: 시그마프레스.

장경섭(2016). 가족, 생애, 정치경제: 압축적 근대성의 미시적 기초. 경기: 창비.

정옥분, 정순옥, 홍계화(2005). 결혼과 가족의 이해. 서울: 시그마프레스.

조흥식, 김인숙, 김혜란, 김혜련, 신은주(2010). 가족복지학(4판). 서울: 학지사.

천정웅, 이형하, 이승민, 이정희(2015). 이민다문화 가족복지론. 경기: 양서원.

한경혜, 주지현, 이정화(2008). 조손가족 조모가 경험하는 손자녀 양육의 보상과 비용. 한국노년학, 28(4), 1147-1164.

한국가족상담교육연구소(2010). 변화하는 사회의 가족학. 경기: 교문사.

한재희(2014). 한국적 다문화상담. 서울: 학지사.

중앙선데이. 2017. 6. 4.

Gillespie, R. (2003). Childfree and Feminine: Understanding the gender identity of voluntary childless women. *Gender and Society*, *17*(1), 122-136.

Kelly, M. (2009). Women's voluntary childlessness: A radical rejection of motherhood? *Women's Studies Quarterly*, *37*(384), 158-172.

제2장 가족의 변화와 도전

　가족은 사회 변화에 따라 변화하는 제도이다. 한국 사회가 후기 산업사회를 거쳐 4차 산업혁명기에 들어서면서 가족은 구조적인 면에서나 관계적인 면, 가치관적인 면에서 다양하게 변하고 있으며, 그에 따른 가족문제도 이전과는 다른 형태로 나타나고 있다. 최근 OECD 보고서에 의하면, 대개의 OECD 국가에서 두드러지고 있는 가족의 변화는 평균수명의 증가와 더불어 출산율 감소, 무자녀가구의 증가, 결혼율의 감소, 이혼율의 증가, 파트너십(동거)의 증가, 사실혼관계의 출산 증가, 한부모가족과 재혼가족의 증가 등에 의한 것으로 분석되고 있다(홍승아 외, 2015). 이 장에서는 이러한 변화를 고려하여 첫째, 가족구조가 어떻게 변하고 있는지, 둘째, 가족관계는 어떤 변화를 겪고 있는지, 셋째, 가족가치관은 어떻게 변하고 있는지를 제시하고, 마지막으로 현재 우리 사회에서 가족이 받고 있는 도전과 그 해결책을 마련하고자 한다.

1. 가족구조의 변화

　한국 사회에서 가족구조의 변화는 무엇보다 결혼율 감소와 출산율 감소에 의한 소가족화, 이혼의 증가에 의한 한부모가족의 증가, 외국인의 이주에 의한 다문화가족의 생성 및 증가 등으로 크게 분류된다.

1) 소가족화

(1) 결혼율과 출산율 감소
〈표 2-1〉을 보면 우리 사회에서 초혼 연령이 1990년에는 여성 24.8세, 남성

27.8세에서 2000년에는 26.5세, 29.3세, 2015년에는 30.0세, 32.6세로 지속적으로 높아져 만혼 추세에 있다. 이와 더불어 결혼건수는 점차 감소해 조혼인율이 1990년에는 9.3명에서 2000년에는 7.0명, 2015년에는 5.9명으로 집계되고 있다.

〈표 2-1〉 혼인율 및 출산율 추이 (단위: %, 명)

연도	초혼연령		결혼건수	조혼인율(천 명당 혼인 수)	출생아 수	조출생률(천 명당 출생 수)	합계 출산율
	여성	남성					
1990	24.8	27.8	399,312	9.3	658,552	15.2	1.57
2000	26.5	29.3	334,030	7.0	636,780	13.3	1.47
2010	28.9	31.8	326,104	6.5	470,171	9.4	1.23
2015	30.0	32.6	302,828	5.9	438,420	8.6	1.24

출처: 통계청(1990, 2000, 2010, 2015b), 인구주택총조사.

또한 세계적인 저출산 추세와 함께 우리나라의 출산율은 전 세계에서 최저치를 나타내고 있는데, 1990년에는 1.57명에서 점점 감소하여 2000년에는 1.47명, 2015년에는 1.24명을 보이고 있어 앞으로 이대로 가면 곧 인구절벽에 도달할 것이라는 우려가 커지고 있다.

이와 같이 결혼율과 출산율이 감소하게 된 이유는 사회경제적 변화와 연관이 큰 것으로, 경제적 위기로 파생된 고용 불안정과 소득 불안정, 고학력화에 따른 교육기간의 연장, 일 · 가족 양립을 어렵게 하는 기업문화와 사회적 기원의 부족 등이 그 원인으로 제시되고 있다(윤홍식, 송다영, 김인숙, 2011).

(2) 1인가족의 증가

소가족화와 더불어 최근 가족구조의 변화는 세대뿐 아니라 평균 가구원 수의 감소 때문인 것으로 볼 수 있다. 〈표 2-2〉에 의하면, 평균 가구원 수는 1990년에는 3.77명에서 2000년에는 3.12명, 2015년에는 2.5명으로 감소 추세이다. 그리고 부모와 자녀가 함께 사는 2세대 가구는 1990년에는 66.3%에서 2015년에는 48.8%로 급감한 대신 1세대 가구와 독신가구는 증가 추세를 보인다. 특히 단독가구는 1990년에는 9.0%에서 2015년에는 27.2%로 3배 이상 급증하고 있는데 이는 취학이나 취업에 의해 부모와 분리된 청년층 가구와 배우자와의 사별 또는 이혼 등에 인해 혼자 남은 노년층 가구의 증가에 의한 것으로 설명된다(윤홍식 외, 2011). 최근 비혼율의 증가를 고려해 볼 때, 독신가구는 곧 2세대 가구를 넘어서는 대세가 될 것으로 전망된다.

반면, 2세대 가구와 3세대 이상 가구는 점차 감소하고 있는데 2세대 가구는 1990년에 66.3%에서 2000년에는 60.8%, 2015년에는 48.8%이며, 3세대 이상 가구는 1990년에는 12.5%에서 2000년에는 8.4%, 2015년에는 5.5%로 나타나고 있다.

〈표 2-2〉 세대별 가구구성 변화 (단위: 천 가구, %)

가구구성 가구원 수	1990년 (3.77명)	2000년 (3.12명)	2010년 (2.7명)	2015년 (2.5명)
총 가구 수	11,355	14,312	17,339,422	19,111,030
1세대 가구	10.7	14.2	17.4	17.4
2세대 가구	66.3	60.8	51.3	48.8
3세대 이상 가구	12.5	8.4	6.2	5.5
독신가구	9.0	15.5	23.9	27.2
비혈연 가구	1.5	1.1	1.2	1.1
합계	100.0	100.0	100.0	100.0

출처: 통계청(1990, 2000, 2010, 2015b).

2) 한부모가족의 증가

〈표 2-3〉은 한부모가족의 구성 변화 및 조이혼율의 변화를 제시한 것이다. 전체 가구 중 한부모의 비율은 점진적으로 증가하고 있다. 1990년에는 7.8%인 한부모가족의 비율이 2000년에는 7.9%, 2012년에는 9.3%, 2015년에는 9.5%로 나타나 거의 10가구 중 1가구는 한부모인 것으로 해석된다. 또한 인구 1,000명당 이혼건수를 나타내는 조이혼율도 1990년에는 1.1명에서 2000년에는 2.5명, 2015년에는 2.1명으로 2배가량 증가하였다. 이는 한부모가 되는 이유로 이혼이 가장 큰 영향을 미치는 것으로 생각된다. 다음의 한부모가족의 구성 변화를 보면 이 현상은 더욱 뚜렷해진다.

한부모가족의 구성 이유를 보면 2000년도까지는 사별이 과반수를 차지하였다. 그러나 2012년이 되면서 이혼이 76.4%로 사별(18.2%)을 훨씬 능가하고 있으며, 2015년에는 더욱 증가 추세를 보이고 있다.

〈표 2-3〉 한부모가구의 구성 및 조이혼율의 변화

연도	한부모가구 수 (단위 : 천 가구, %)					전체 가구 중 한부모가구 비율	이혼건수	조이혼율 (천 명당)
	유배우	사별	이혼	미혼(1990,2000)/ 기타(2012,2015)	계			
1990	227	498	79	85	889	7.8	45,694	1.1
	25.5	56.0	8.9	9.6	100.0			
2000	252	502	245	122	1,121	7.9	119,455	2.5
	22.5	44.7	21.9	10.9	100.0			
2012	−	459	1,928	135	2,522	9.3	114,316	2.3
	−	18.2	76.4	5.4	100.0			
2015	−	403	1,967	182	2,552	9.5	109,153	2.1
	−	15.8	77.1	7.1	100.0			

출처: 통계청. '전체 가구 중 한부모가구 비율(e-나라지표)', '혼인상태(2012)', '한부모혼인상태(2015a)', '시도/인구동태건수 및 동태율: 이혼 건수, 조이혼율'

3) 다문화가족의 생성 및 증가

20세기 말 '세계화'의 추세와 더불어 초국가적 이주가 활발해지면서 우리 사회에도 외국인의 유입이 본격적으로 시작되었다. 1980년대에는 주로 외국인 노동자의 인권문제 등으로 사회적 관심이 쏠려 있었으나, 2000년대에는 결혼이민자 여성이 급증하면서 이들에 대한 관심으로 전환되었으며, 점차 '다문화사회' 또는 '다문화가족'이라는 용어가 친숙하게 되었다.

여기서 '다문화사회'는 외국 태생 인구비율이 3%에서 5%에 이를 때를 규정하는 것으로, 우리 사회는 이미 3%를 넘어섰으므로 다문화사회로 볼 수 있다. 정부의 다문화 관련 정책 대상은 결혼이민자 및 귀화자, 외국인 노동자, 북한이탈주민, 외국국적 동포 등으로 분류되고 있으며, 이들의 민족적·인종적·문화적 다양성에 따라 사회적 욕구도 다변화되고 있다. 그러나 한국에서 '다문화'라는 용어는 결혼이민에만 한정하여 사용되고 있으므로 외국인 노동자나 북한이탈주민, 외국국적 동포는 「다문화가족지원법」에서 제외되고 있다(조홍식 외, 2017).

현재 다문화 혼인의 현황 및 결혼이민자의 연도별 증가 추세를 살펴보면 〈표 2-4〉 〈표 2-5〉와 같다. 우선 다문화 혼인의 비중은 2013년에는 8.3%에서 점차 감소하여 2014년에는 8.0%, 2015년에는 7.4%로 낮아지고 있다.

〈표 2-4〉 **다문화 혼인의 비중(2013~2015년)** (단위: 건, %)

		전체			다문화 혼인			한국인(출생 기준) 간 혼인		
		2013년	2014년	2015년	2013년	2014년	2015년	2013년	2014년	2015년
혼인 건수		322,807	305,507	302,828	26,948	24,387	22,462	295,859	281,120	280,366
(비중)		(100.0)	(100.0)	(100.0)	(8.3)	(8.0)	(7.4)	(91.7)	(92.0)	(92.6)
전년대비	증감	-4,266	-17,300	-2,679	-2,276	-2,561	-1,925	-1,990	-14,739	-754
	증감률	-1.3	-5.4	-0.9	-7.8	-9.5	-7.9	-0.7	-5.0	-0.3

출처: 통계청(2015b), p. 4.

〈표 2-5〉 **결혼이민자 증가 추세** (단위: 명)

연도	2009년	2010년	2011년	2012년	2013년	2014년	2015년	2016년
인원	125,087	141,654	144,681	148,498	150,865	150,994	151,608	152,374
전년대비 증감률	2.1%	13.2%	2.1%	2.6%	1.6%	0.1%	0.4%	0.5%

출처: 법무부 출입국(2014, 2016). 외국인정책통계연보.

〈표 2-5〉에 의하면, 결혼이민자는 2010년에 13.2% 증가를 기점으로 매년 감소 추세에 있다가 2014년에 최소치에 달한 후 다시 조금씩 증가하고 있다. 그리고 전체 결혼이민자 중 여성은 85.3%인 반면, 남성은 14.1%로 나타나 결혼이민자 대부분은 여성에 치중되어 있음을 알 수 있다. 결혼이민자의 국적은 중국

40.5%, 베트남 26.8%, 일본 8.2%, 필리핀 7.1%로 집계되어 주로 한국인과 외모가 비슷한 중국과 베트남 등에 몰려 있었다(법무부 출입국, 2016).

2. 가족관계의 변화

앞서 제시한 바와 같이, 가족의 구조적 변화와 다양성이 진행되면서 가족 내 관계와 역할 등도 동시에 변하고 있다. 또한 저출산·고령화 현상은 자녀에 대한 가치관 및 태도에 변화를 가져왔으며, 노인 돌봄의 문제를 야기하고 있다. 이와 더불어, 여성의 고학력화와 경제활동 참여의 증가는 가족 내 젠더관계의 변화를 요구하고 있다. 그럼에도 불구하고 기존의 가족관계를 중시하고 이를 유지하려는 사회적 관습과 전통은 가족 구성원에게 갈등과 혼란을 초래하고 있어서 문화적 지체 현상을 보이고 있는 실정이다. 여기서는 가족 내 세대관계, 저출산·고령화 시대의 가족관계, 여성의 노동시장 진출에 의한 경제력과 젠더관계의 변화를 다루고자 한다.

1) 가족 내 세대관계

우리 사회는 지난 수십 년에 걸쳐 3세대 중심의 확대가족에서 부부 중심의 핵가족으로, 심지어는 독신가구의 증가로 변화를 거듭하고 있다. 이에 따라 전통적인 가부장제는 불평등하고 수직적인 가족관계로 비판받고 있다. 전통적인 가부장제는 유교주의에 기반을 둔 것으로 가부장인 아버지이자 남편, 즉 남성에게 권위와 지배권이 부여되었다. 가족 구성원은 가부장에게 복종하는 것이 자연스럽고 불가항적인 법칙으로 인식하는 경향이 있었다. 그러나 현대의 정치·경제·사회적 소용돌이 속에서 유교적 가족제도는 전통과의 단절이라는 현대화의 기조 아래 서서히 붕괴되고 있다(조흥식 외, 2017).

이와 같이 가부장제의 약화는 부자관계보다 부부관계를 더 중시하는 풍조를 낳고 있다. 따라서 자녀에 대한 생각과 가치도 변하고 있는데, 조부모세대에서는 자녀에 대한 의존과 기대치가 높은 반면, 부모세대에서는 자녀에 대한 도구적 가치가 점차 낮아지고 있는 상황이다(권용은, 김의철, 2004). 그렇기 때문에 노후를

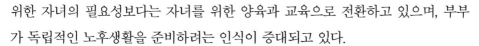

위한 자녀의 필요성보다는 자녀를 위한 양육과 교육으로 전환하고 있으며, 부부가 독립적인 노후생활을 준비하려는 인식이 증대되고 있다.

조흥식 등(2017)도 가족생활주기상의 변화에 의해 가족의 중심이 부자관계에서 부부관계로 이동하고 있으며, 이로 인해 부부 단위의 가족활동, 여가활동, 사회활동이 중시되고 활성화되고 있다고 지적했다. 그런 만큼 가족관계에서 부부간의 친밀성은 무엇보다 중요한 요인이며, 가족 구성원 간에 정서적 지지는 가족을 유지하는 필수적인 기능이 되고 있다.

2) 저출산·고령화 시대의 가족관계

저출산·고령화는 무엇보다 가족생활주기를 변화시킨다. 우선 만혼과 저출산은 여성의 가임기간을 급속도로 단축시킴으로써 자녀 출산 및 양육에 투자하는 기간을 줄이고 부부만의 생활시간을 늘린다. 특히 첫째아 출산에서 자녀의 결혼까지의 기간이 40년에서 30년으로 단축됨에 따라 노부부만의 생활은 그만큼 증가하게 된다(손승영, 2011).

이렇게 자녀 수가 감소하면서 노부모와의 관계보다는 자녀와의 관계를 더 중시하는 쪽으로 이동하고 있다. 과거에는 노부모가 집안 권력의 핵심이었지만 지금은 정서적, 심리적으로 고립되는 추세에 있다(한경혜, 1997). 특히 수명연장에 의한 고령화 현상은 자녀양육 외에도 노부모 부양이라는 과제를 주게 될 뿐만 아니라 노부모가 자녀들에게 경제적으로 의존하고 있는 경우에는 이들에게 학대를 당하는 경우도 허다하다.

최근 들어 노부부만 따로 사는 경향이 높아지면서 부양 제공도 자녀가 아닌 배우자로 전환되고 있다. 2004년도의 연구에 의하면, 주 간병인의 경우에 배우자가 36.1%로 가장 많았고, 다음은 장남·며느리(28.6%), 기타 아들·며느리(12.0%) 순으로 나타났다(손승영, 2011).

3) 여성의 경제력과 젠더관계

아직까지 대부분의 미혼남녀는 성별에 무관하게 남성이 가족의 경제를 책임져야 한다는 생각을 가지고 있다(엄명용, 김효순, 2011). 그럼에도 불구하고 외환위기를 거치면서 신자유주의 경제체제는 어쩔 수 없이 여성의 경제활동 참여를 유도하였는데, 경제위기 이후에 취업을 한 기혼여성은 기존의 취업기혼여성의 2배에 달했다(임인숙, 1998). 외환위기 이후에 가장이 실직하면서 가족의 실질적인 소득이 감소함에 따라 주부의 취업은 가족생계 유지에 꼭 필요하게 되었으며, 경제적 어려움을 극복하지 못한 경우나 주부의 경제 참여에 의한 부부갈등이 증가한 경우에는 가족이 해체되는 현상이 발생하였다. 그 당시 경제적 요인에 의한 이혼은 전체 이혼의 50%를 상회하였다(조성희, 1999).

여성이 원했든 아니든 여성의 경제력은 가부장적 젠더관계를 변화시켰다(손승영, 2011). 여성이 경제력을 지니게 되면 남편의 의존에서 벗어나 스스로 경제적인 통제력을 지니게 되고, 부부간의 의사결정에 강한 영향력을 행사할 수 있게 되어 보다 수평적인 부부관계를 유지하게 된다. 이는 기존의 전통적인 젠더관계와 성역할을 변화시킬 뿐만 아니라 전반적인 가족체계를 변화시키는 토대가 될 것이다.

물론 여기에는 사회적 저항도 만만치 않다. 맞벌이가 대세인 현재 상황에서 여성의 경제활동 참여에 대한 가장 큰 장애는 출산·양육과 가사노동이므로(공미혜 외, 2010) 여성에게 있어서 일과 가정의 양립은 여전히 어려운 과제로 남아 있다. 다음의 〈참고자료 2-1〉을 보면 한국 남성의 가사노동시간이 45분에 불과해 OECD 국가 중 최하위이며 여성의 1/5에 불과하다. 이런 상황에서 여성에게 경제력을 부여해 줄 일·가정 양립문제는 여전히 힘든 도전이며 큰 부담으로 작용한다.

참고자료 2-1 ▶ **한국 남성의 가사노동시간**

2017년 7월 4일 고용노동부가 발표한 OECD(경제협력개발기구) 통계와 한국노동패널 조사를 활용한 '자녀를 둔 부모의 고용 상황에 대한 분석 결과'에 따르면, 한국 남성의 가사분담률은 16.5%로 OECD 국가 중 최하위 수준이었다. 남성의 가사분담률이 높은 곳은 노르웨이(43.4%), 덴마크(43.4%), 스웨덴(42.7%) 등 북유럽 국가들이다. 한국은 통계가 잡힌 국가들 가운데 유일하게 하루 평균 남성의 가사노동시간이 45분에 불과했으며, OECD 평균 남성 가사노동시간은 138분이었다. 반면, 한국 여성은 하루 평균 남성의 5배가 넘는 227분을 가사노동에 할애했다.

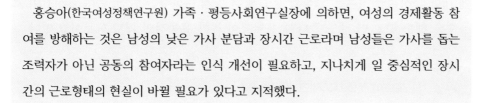

홍승아(한국여성정책연구원) 가족·평등사회연구실장에 의하면, 여성의 경제활동 참여를 방해하는 것은 남성의 낮은 가사 분담과 장시간 근로라며 남성들은 가사를 돕는 조력자가 아닌 공동의 참여자라는 인식 개선이 필요하고, 지나치게 일 중심적인 장시간의 근로형태의 현실이 바뀔 필요가 있다고 지적했다.

출처: 이투데이. http://www.etoday.co.kr/news/section/newsview.php?idxno=1510311의 자료를 요약함.

3. 가족가치관의 변화

가족주의는 가족을 유지하고 확대·재생산할 수 있도록 발전시켜 온 문화적 가치체계로 정의된다(손승영, 2011). 전통적으로 한국의 가족주의는 부계혈통주의에 토대를 두고 있었다. 그러나 부계혈통주의는 점차 그 색깔을 잃어 가고 있다. 특히 후기 산업사회를 지나면서 현재 우리 사회에서 가족주의는 공동체적 특성보다는 치열한 경쟁적인 상황에서 살아남을 수 있도록 개별적 이익집단으로의 특성을 보인다. 그럼에도 불구하고 많은 한국인은 여전히 이를 중요하게 생각하고 있으며, 가족을 위해 희생하는 삶에 가치를 부여한다. 따라서 한국의 가족주의는 개인주의 성향과 성취주의가 혼합된 '가족 단위의 집단적 개인주의'(임희섭, 1994) 또는 '가족이기주의'(공미혜, 1992)의 특성을 보인다고 할 수 있다.

1) 가족주의의 약화와 개인주의의 강화

우리 사회에서 가족주의의 근간을 이루는 요인은 부계혈통주의에 의한 것이었다. 부계혈통주의는 저출산, 여성의 경제활동 참여율의 증가, 이혼율 증가, 모계 중심의 돌봄 역할의 증가 등에 의해 약화되는 추세이다(손승영, 2011). 무엇보다 결혼하여 양육한 자녀가 노후의 부양책이 될 것이라는 생각이 변화되면서 결혼과 자녀 출산에 대한 가치관도 급변하고 있다.

〈표 2-6〉에 의하면, 결혼을 '반드시 해야 한다'와 '하는 것이 좋다'에 응답한 비율이 1998년에 비해 2014년도에는 현저하게 낮아졌다. 성별로 비교해 볼 때, 결혼

에 대한 긍정적인 생각은 남성의 경우에 더 높게 나타나는 반면, 여성은 시간이 흐를수록 '해도 좋고 안 해도 좋다'에 응답률이 높아 유동적인 태도를 보이고 있다.

〈표 2-6〉 결혼에 대한 태도의 변화(단위: %)

연도	성별	반드시 해야 한다	하는 것이 좋다	해도 좋고 안 해도 좋다	하지 않는 것이 좋다/ 하지 말아야 한다	모르겠다
1998	여성	30.5	37.4	28.9	1.6	1.5
	남성	36.9	42.6	18.4	0.8	1.4
2006	여성	21.6	38.9	33.6	3.1	2.7
	남성	30.0	45.1	21.1	1.3	2.5
2014	여성	13.5	38.8	43.2	2.5	2.0
	남성	16.3	45.2	34.4	1.7	2.4

출처: 통계청(1998, 2006, 2014). 한국의 사회지표.

〈표 2-7〉을 살펴보면, 이혼에 대한 태도도 시간이 흐를수록 허용도('경우에 따라서 할 수 있다'와 '이유가 있다면 하는 것이 좋다')가 증가하고 있는데 1998년도에는 36%에서 2014년도에는 52%로 과반수를 넘어서고 있다. 이혼에 대한 태도 역시 여성이 남성보다 허용도가 높게 나타나 성별 차이를 보인다. 즉, 남성보다는 여성이 이혼에 대해 보다 긍정적인 태도를 보이고 있다고 해석된다.

〈표 2-7〉 이혼에 대한 태도 변화(단위: %)

연도	성별	이혼은 절대 안 된다	가급적 이혼은 안 해야 한다	경우에 따라서 할 수 있다	이유가 있다면 하는 것이 좋다	모르겠다
1998	여성	18.1	38.9	31.4	9.7	1.9
	남성	19.9	43.8	26.7	7.3	2.2
2006	여성	17.0	36.8	34.5	8.1	3.6
	남성	22.0	44.2	24.0	5.4	4.4
2014	여성	10.0	29.8	43.6	13.5	3.0
	남성	12.7	36.4	36.1	10.3	4.5

출처: 통계청(1998, 2006, 2014). 한국의 사회지표.

　또한 결혼생활에서 자녀 출산을 선택적으로 생각하는 경향이 높아지면서 저출산과 남아선호사상에 영향을 미치고 있다. 물론 우리 사회에서 저출산은 선택적 자녀 출산이라는 개인주의적 사고방식에 의한 것이 결코 아니지만 이전에 비해 결혼과 출산 간의 연관성이 약화된 것은 사실이다. 윤홍식 등(2011)은 전국 기혼 여성을 대상으로 한 가족보건실태조사를 인용하여 '자녀가 반드시 필요하다.'는 생각이 1997년에는 73.7%에서 2006년에는 53.8%로 급감한 반면, '없어도 무관하다.'는 생각은 9.4%에서 12.1%로 증가해 자녀에 대해 보다 유연한 태도로 변하고 있다고 지적했다.

　남아선호사상에 의한 성비 불균형은 1990년대 초반에 극심하게 나타났다(공미혜, 2015). 그 당시 신생아의 성비는 여아 100명당 남아 116명으로 나타났으며, 셋째 이후의 남아는 여아의 거의 2배 이상으로 보고되었다. 2000년도에 들면서 성비 불균형은 점차 줄어드는 추세이나 아직도 셋째 이후의 남아 비율은 여전히 높은 비율을 차지하고 있다.

　그러나 자녀를 1명 정도만 낳고 있는 지금의 초저출산 시대에서는 딸과 아들 구별 없이 잘 키우는 것이 부모에게 중요한 과제가 되고 있다. 특히 맞벌이가 증가하는 상황에서 일·가정 양립을 위해서는 자녀양육을 안심하고 맞길 수 있는 모계 중심의 가족관계를 필요로 한다. 이제 출산은 가족차원의 결정이 아니라 여성 개인의 선택이 되고 있다(장경섭, 2016). 이는 사회경제적으로 양극화되는 상황에서 자녀에게 적절한 지원을 해 줄 수 없는 계층의 부모는 자녀의 결정과 선택을 존중할 수밖에 없는 상황적 개인주의를 수용해야 하기 때문이다. 더욱이 노년기의 급격한 연장은 자녀에게 부양 부담을 주기 때문에 부모세대는 스스로 이 문제를 해결해야 하는 입장에 놓이게 된 것이다. 소위 주택연금 또는 토지연금 제도의 도입과 확산은 부모자녀 간의 도덕적 의무를 중시하는 가족주의의 소멸을 의미한다(장경섭, 2016).

　그럼에도 불구하고 아직도 청년세대 중 상당수가 가족주의를 수용하고 있지만 이런 가족주의는 가족적 맥락에서 승계되는 것이 아니라 독립적으로 형성, 유지해야 하는 과제라는 것이다(장경섭, 2016). 이것은 결국 현재의 사회경제적인 상황이 가족주의에서 개인주의로 전환되는 과정에 있음을 의미하는데, 이 과정은 서구와는 다른 형태를 보인다. 다시 말해, 한국 가족의 특성은 과거에 비해 공동체적인 성격은 약화되고 '가족의 개별화' 또는 '가족 구성원의 개인화'가 강화되는 배타적 가족주의로 진행되고 있다(손승영, 2011).

2) 변형된 가족주의

앞에서 제시한 것처럼, 우리 사회에서 가족은 아직도 중요한 삶의 가치로 평가되고 있으므로 일부 학자는 한국 가족의 변화를 서구의 개인주의화로 보지 않고 '가족 단위의 집단적 개인주의' 과정으로 보기도 한다(임희섭, 1994). 가족이 중요한 만큼 가족을 위해 책임과 의무를 다해야 하는 부담은 항상 존재한다. 따라서 현재 한국 가족은 가족 외부와는 배타적이며 동시에 가족 내부의 갈등과 긴장을 내포하는 변형된 가족주의를 나타내고 있는데, 이러한 가족주의는 도구적 가족주의, 가족이기주의, 유사 가족주의 등으로 명명되고 있다(신수진, 1998).

변형된 가족주의 또는 가족이기주의는 다른 사회적 관계에서 불신과 배타성의 특성을 보인다. 특히 경쟁을 기본 원리로 하는 산업자본주의 하에서 가족끼리의 경쟁은 다른 가족과의 화합보다는 배타적 이기주의를 유발한다. 다시 말해, 배타적 이기주의는 내 가족이 먼저이고 내 아들딸이 소중하기 때문에 경쟁에서 다른 가족을 반드시 넘어서도록 만든다. 특히 여성은 가족 내에서 남편과 자녀가 경쟁에서 살아남을 수 있도록 자원과 정보를 제공하는 역할을 하고 있는데, 이 역할이 바로 신(新) 현모양처의 역할이다(공미혜, 2004). 배타적 가족이기주의는 과시적 소비주의와 결합하여 결혼식, 돌잔치, 입학식 등 가족행사와 교육 등에서 계층 간 차별화를 강화하고 있다. 예를 들어, 호화 혼수 및 호텔 결혼식, 외제 유아용품, 국제유치원 교육 등은 부유층뿐만 아니라 중산층까지 전파되어 확대되는 실정이다.

그러나 가족의 지위를 상승 또는 재생산하도록 강화하던 가족이기주의는 가족 구성원에게 갈등과 부담을 초래하게 되었다(손승영, 2011). 가족의 생존을 위해 희생하는 부모세대의 가치관은 자신의 의지대로 살고자 하는 자녀세대의 가치관과 충돌을 일으킨다. 그러나 부모로부터 경제적으로나 정서적으로 자율성을 확보하지 못한 자녀세대는 의존과 독립 사이에서 갈등을 경험한다. 최근 들어 취업이 쉽지 않은 사회경제적 여건은 자녀들에게 과다한 교육기간 속에 머물게 하고 미

래의 삶을 포기하도록 부추긴다. 소위 'N포세대'라는 신조어는 바로 이러한 상황에서 만들어진 것이다(〈참고자료 2-2〉 참조).

참고자료 2-2 ▸ N포세대

N포세대는 'N가지를 포기한 세대'를 뜻하는 신조어이다. 처음 삼포세대로 시작되어 'N가지를 포기한 세대'로 확장되었다. 삼포세대(三抛世代)는 연애, 결혼, 출산 3가지를 포기한 세대를 말하며, 오포세대(五抛世代)는 집과 경력을 더하여 5가지를 포기한 것을 말한다. 칠포세대(七抛世代)는 여기에 희망/취미와 인간관계까지 포함하여 7가지를 포기한 세대를 일컫는다.

출처: 위키백과. https://ko.wikipedia.org/wiki/

혜럴드경제(http://news.heraldcorp.com/view.php?ud=20170806000102)에 의하면, 취업준비생을 대상으로 한 조사에서 74%가 취업준비로 연인과 이별했거나 연애를 포기한 경험이 있다고 응답했다. 연애를 포기한 이유로는 금전적인 이유가 가장 높았으며, 이들의 87%는 'N포세대'라는 말에 공감을 나타내었다. 또한 이들은 자신이 포기한 것으로 꿈(12%), 삶의 가치(12%), 친구 등 인간관계(10%), 희망(10%) 등을 제시하여 점점 N의 가짓수가 확대되고 있는 실정이다.

설령 결혼한다고 해도 부부가 맞벌이를 해야 하는 상황이면 다시 부모에게 자녀의 양육 및 가사노동을 의존하게 된다. 이렇게 부모에게 물질적·정서적 지원을 받고 있음에도 불구하고 세대 간의 격차는 더욱 심화되어 의사소통에 문제를 일으키는 경우가 허다하며, 나중에는 부모의 부양문제와 겹쳐져 심각한 가족불화를 경험하게 된다.

지난 6월에 방송된 〈PD수첩(2017. 6. 20.)〉에서는 축복이 아닌 공포가 된 100세 시대의 부양전쟁을 다루었다. 효의 개념이 점차 희박해지는 지금, 부양의 형태도 조건적인 형태로 진화하면서 부모자녀 간의 갈등도 심화되고 있다는 것이다. 〈PD수첩〉에 의하면, 2016년 전국 법원의 주요 혈연 간 소송건수는 총 2,584건으로 부양료 청구소송은 매년 증가 추세라고 한다. 대개는 부모를 부양하겠다는 목적으로 자녀에게 집과 돈을 증여했으나 이를 지키지 않고, 심지어는 부모를 집에서 쫓아내는 바람에 소송을 제기하는 경우이다.

이와 같이 우리 사회의 가족주의는 개인주의화 및 개인의 자율성 증대와 더불어 자녀의 물질적 · 정서적 의존성의 잔존에 의해 변형된 상태로 진행 중이다. 전통적인 가족주의의 가치관은 희박해지고 있지만 여전히 남아 있기 때문에 이는 가족 구성원 간의 갈등을 야기한다. 따라서 변화를 주도하는 개인과 변화를 지체하는 가족이 어떻게 상호작용하는가에 의해 갈등의 정도와 그 해결책도 달라질 것으로 보인다.

4. 가족의 도전

이상에서 살펴본 바와 같이 우리 사회에서 가족의 구조적 · 가족관계적 · 가치적 변화는 가족을 둘러싼 환경에 의해 비롯된 것이며, 따라서 이에 대한 해결책도 사회구조적으로 설정이 되어야 한다. 우선 가족구조가 결혼율과 출산율의 감소, 이혼율의 증가에 의한 한부모가족의 증가, 다문화가족의 증가 등에 의해 소가족화와 다양화로 변화하고 있다. 또한 여성의 고학력화와 경제활동 참여의 증가는 가족 내 젠더관계의 변화를 야기하고 있으며, 후기 산업사회를 거치면서 경쟁적인 사회에서 살아남기 위해 공동체적 가치관보다는 가족 단위 개인주의의 특성을 지니게 되었다.

이러한 가족 변화를 수용할 수 있는 가족정책도 가족의 변화만큼 다양성을 포함해야 할 것으로 생각된다. 이에 따라 앞으로 가족이 안고 있는 도전은 다음과 같은 면을 고려할 필요가 있다.

첫째, 무엇보다 가족이 직면한 도전은 양성 평등의식의 수용이다. 지난 20년 동안 높은 출산율과 여성 경제활동 참여율의 두 마리 토끼를 잡은 국가들의 공통적인 특징은 일과 가족생활의 양립을 지원하는 정책이 성공한 결과라고 한다. 특히 프랑스와 호주의 정책 변화를 보면 '여성의 노동'을 지원하는 방향에서 '남성의 육아'를 지원하는 방향으로 전환하여 여성과 남성 모두에게 노동권과 부모권을 보장하고 있다. 육아휴직제에 '아버지 쿼터(daddy-quota)' 제도를 도입하여 남성의 육아참여를 적극적으로 지원하고 있으며, 나아가 성 평등한 부모관계를 유도

하고 있다(홍승아 외, 2015).

둘째, 현재 가족의 또 다른 도전은 '정상가족 이데올로기'를 해체하고 가족의 다양성을 수용할 수 있는 시각으로 확대되어야 한다는 점이다. 여전히 우리 사회에서 가족정책은 성인부모와 혈연으로 맺어진 자녀를 '정상가족' 또는 '건강가족'으로 규정하고 이들 가족원의 보호와 육성, 가족관계의 회복을 중점으로 시행되어 오고 있다. 그러나 이런 가족보다는 다른 형태의 다양한 가족이 급증하고 있는 실정을 고려한다면 무엇보다 가족에 대한 시각이 확대되어야 하고, 그런 만큼 보편주의에 근거한 정책으로 나아가야 한다.

셋째, 가족의 다양한 변화를 고려하여 가족정책을 수립할 때 대상별 가족에 대한 지원을 강화해야 한다. 지난 10년간 독신가구와 노인가구는 급증하고 있으며 성별·세대별·계층별 구성에 따라 이들의 욕구와 문제도 다르게 나타난다. 이런 점을 고려하여 고용문제, 자녀양육지원, 주거문제 등을 보다 구체적으로 접근해야 한다.

생각해 보기

1. 현재 한국 사회에서 가족의 변화는 피할 수 없는 현상이 되고 있다. 우리 주위에서 감지되는 가장 큰 가족의 변화는 무엇인지 생각해 보자.
2. 독신가구의 증가와 함께 달라지는 현상에 대해 다각도로 생각해 보자.

참고문헌

공미혜(1992). 가족이기주의에 대한 여성학적 비판. 가족학 논집, 제4집, 1-19.
공미혜(2004). 성과 성정치학, 서울: 한울 아카데미.
공미혜, 성정현, 이진숙(2010). 여성복지론, 서울: 신정.
공미혜, 성정현, 이진숙, 한정원(2015). 여성복지론, 서울: 신정.
권용은, 김의철(2004). 자녀가치와 출산율. 아동교육, 13(1), 211-226.
법무부출입국(2014). 외국인정책통계연보.
법무부출입국(2016). 외국인정책통계연보.
손승영(2011). 한국 가족과 젠더. 경기: 집문당.
신수진(1998). 한국의 가족주의 전통과 그 변화. 이화여자대학교 대학원 박사학위논문.

엄명용, 김효순(2011). 미혼남녀의 향후 일-가정 양립방안, 부부 성역할 태도, 저출산 문제에 대한 견해 간 관계 탐색연구. 한국인구학, 34(3), 179-208.

윤홍식, 송다영, 김인숙(2011). 가족정책. 경기: 공동체.

이동원, 박옥희, 함인희, 구자순, 김종숙, 최선희, 김현주, 원영희, 장화경, 공선영, 김미숙, 김혜경, 이여봉(2006). 변화하는 사회 다양한 가족. 경기: 양서원.

임인숙(1998). 대량실업 시대의 가족 변화. 경제와 사회, 40, 1-22.

임희섭(1994). 한국의 사회변동과 가치관. 서울: 나남.

조성희(1999). 실직 이후 부부의 이혼가능성. 가족과 문화, 11(2), 25-45.

조흥식, 김인숙, 김혜란, 김혜련, 신은주(2017). 가족복지학. 서울: 학지사.

장경섭(2016). 가족주의, 개인화, 압축 근대성: 개인-가족-사회관계의 21세기적 재편. 2016년 추계 한국가족치료학회 자료집.

통계청(1990). 인구주택총조사.

통계청(1998). 한국의 사회지표.

통계청(2000). 인구주택총조사.

통계청(2006). 한국의 사회지표.

통계청(2010). 인구주택총조사.

통계청(2012). 혼인상태.

통계청(2014). 한국의 사회지표.

통계청(2015a). 다문화인구동태.

통계청(2015b). 인구주택총조사.

통계청(2015). 한부모혼인상태.

한경혜(1997). 인구의 고령화와 가족생활. 생활과학연구, 22, 119-126.

홍승아, 최진희, 진미정, 김수진(2015). 가족 변화 대응 가족정책 발전방향 및 정책과제 연구. 서울: 여성정책연구원.

e-나라지표. www.index.go.kr

위키백과. https://ko.wikipedia.org/wiki/

이투데이(2017. 7. 4.). 한국 남성 가사노동시간 '하루 딱 45분'. http://www.etoday.co.kr/news/section/newsview.php?idxno=1510311

해럴드경제(2017. 8. 6.). 74% "연애도 포기" …… 꿈 상실시대 'N포세대'. http://news.heraldcorp.com/view.php?ud=20170806000102

제2부

가족복지와 가족정책

제3장 가족복지의 이해

이 장에서는 가족복지의 개념과 접근방법을 살펴본다. 가족복지의 개념은 단위로서의 가족의 복지를 정의할 것인지 개별 가족 구성원의 복지를 의미하는 것인지에 따라 달라질 수 있는데, 분명한 것은 가족복지는 개인이 아닌 가족과 연관된다는 사실이다. 가족복지는 그 자체로 목적이면서 목적을 성취하기 위한 방법의 의미도 포함하고 있다. 가족복지는 가족의 행복과 효과적 기능 수행을 목적으로 가족과 가족 구성원에 대한 직접적 서비스와 실천, 제도와 정책적 노력을 포함하는 전문적인 사회복지 활동이다. 사회복지의 발달 과정에서 가족은 실천의 주요 초점이었으며, 치료와 원조의 대상이자 지원체계이며, 동반자라는 이중적 역할을 수행하였다. 현대 사회에서 사회복지는 가족의 기능과 역할을 지원하고 대체함으로써 개별 가족의 부담을 경감하는 역할을 하고 있으며, 가족과 사회복지의 영역 구분이 점점 감소하고 있다. 가족복지의 가족정책 접근과 가족복지실천 접근은 각각 거시적·구조적 방식과 미시적·직접적 방식의 상반된 방식을 보여 준다. 가족정책 접근은 국가가 주체가 되어 전체 가족을 대상으로 예방적 차원에서 이루어지며, 가족복지실천 접근은 특정한 욕구와 문제를 가진 개별 가족에 대해 직접적·치료적 개입으로 실행된다.

1. 가족복지의 개념

1) 전체 단위로서의 가족복지 대 가족 구성원의 가족복지

가족복지의 개념을 정의하기는 쉽지 않다. 우선 가족복지의 대상이 문제가 된다. 단위로서의 가족 전체를 대상으로 하는 복지라는 의미인지, 가족 구성원의 복지라는 의미인지 불확실하다. 가족복지가 단위로서의 가족 전체의 복지를 의미한다면, 가족 구성원 전체의 이해관계가 동일하고 일치한다는 것을 전제로 한다. 이것은 가족학자들이 '가족전체성(family wholeness)'이라고 부르는 개념으로, 가족전체성이란 가족을 각 개별 구성원으로 나누어 보는 것이 아니라 한 가족원의 변화가 다른 가족원에게도 연쇄적으로 영향을 미친다는 상호 관련된 단위로 보는 개념이다. 자녀가 행복하면 부모가 행복하고, 부모가 행복하면 자녀가 행복하고, 아내가 행복하면 남편이 행복하고, 남편이 행복하면 아내가 행복하다는 논리이다. 단위로서의 가족 전체의 복지를 지향할 경우에는 필연적으로 가족의 연대와 안정성을 지향한다.

반면, 가족복지가 가족 구성원 개개인의 복지를 뜻한다면 이것은 가족 개개인의 이해와 욕구가 다를 수 있다는 것을 전제로 한다. 가족 안에서 가족 구성원 각자의 권력과 이해관계가 동일하지 않기 때문에 복지의 내용도 다양하다고 보는 것이다. 물론 가족 구성원은 가족이라는 단위로 묶여 있기 때문에 이해관계가 완전히 대립될 수는 없다. 그러나 가족 구성원의 복지를 강조하는 입장에서는 개인의 다양성을 존중하고 권리와 복지를 강화하는 것과 가족 전체의 복지는 별개의 것이라고 본다. 예를 들어, 5세 이하의 자녀가 있는 모든 가구에 대해 아동수당을 제공할 경우에 이는 가족 구성원 전체에게 동일한 이익을 주기 위한 것이 아니다. 보편적 아동수당은 부모의 능력에 따른 아동 양육의 여건의 차이를 줄임으로써 다양한 가족환경 속에서도 모든 아동이 기본적인 돌봄과 보호를 받을 수 있도록 하기 위한 것이다.

이처럼 가족복지가 가족의 복지인지, 가족 구성원의 복지인지가 불명확하고 실제 정책과 실천 현장에서도 이 두 가지가 혼합되어 있는 경우가 많지만, 가족복지를 정의할 때 분명한 점은 가족과의 연관성이다. 아동이나 여성 등 특정한 대상에 초점을 두더라도 단지 시민으로서의 개인이 아니라 가족 구성원으로서의 개인이라는 점에 초점을 맞추고 가족과의 관련성 속에서 고려된다. 즉, 가족복지는 가족과의 연관성 속에서 복지를 상정한다는 점이 중요하다. 앞서 예로 든 아동수당도 직접적으로는 아동의 복지를 목표로 하지만, 간접적으로는 부모의 아동 양육에 도움을 준다는 점에서 가족의 양육 기능을 강화하는 역할도 하기 때문에 가족복지 영역에 속한다고 볼 수 있다.

가족과의 연관성 속에서 가족복지를 정의한다고 하더라도 가족은 사회의 기본 제도로서 지역사회, 전체 사회와 긴밀하게 연결되어 있기 때문에 사회문제나 사회제도로부터 직·간접적인 영향을 받을 수밖에 없다. 따라서 가족복지 영역은 사회복지의 다른 분야인 여성, 아동, 노인, 장애인 복지와 중복되기도 한다(조흥식 외, 2013). 특히 우리나라의 경우에는 외국의 가족서비스 센터와 같이 가족복지에 특화된 기관이 존재하지 않고, 종합사회복지관 사업에서 가족복지사업이 아동, 노인, 장애인 등 개별 사회복지 분야 안에 포함되어 실행되는 만큼 현실적으로 가족복지의 영역을 명확히 정의하기가 어렵다.

2) 목적으로서의 가족복지 대 방법으로서의 가족복지

가족복지를 정의함에 있어 목적과 방법도 문제가 된다. 가족복지가 가족을 위한 복지인가, 아니면 목적 달성을 위한 방법으로서의 의미인가? 가족복지가 가족을 위한 복지라면 이는 그 자체로 목적이 된다. 즉, 가족 구성원과 가족 전체가 욕구를 충족하고 적절히 기능하여 행복한 삶을 사는 것이 가족복지라면, 이때 가족복지는 궁극적인 목적의 의미이다. 실제로 가족복지의 고전적인 정의는 "가족과 그 구성원의 사회적 기능을 효과적으로 증진시킴으로써 가족 구성원 모두의 행복을 도모하기 위한 사회복지의 한 분야"(Feldsman & Sherz, 1967)이다. 그렇다면 가족 구성원의 행복이란 구체적으로 무엇일까? 짐머만(Zimmerman, 1995)은 가족복지에 해당하는 지표로 소득, 실업, 만족감, 자존감, 정서적 균형, 이혼율, 십대 출산율, 교육적 성취, 빈곤 등이 포함된다고 하였다. 그러나 가족복지의 구체적 내용에도 불구하고 목적으로서의 가족복지는 시대와 사회에 따라 다르게 규정될 수 있으며, 개별 가족의 상황에 따라서도 달라질 수 있다.

한편, 가족복지에는 가족의 복지를 위해 가족대상 정책과 서비스를 실천한다는 의미도 포함된다. 즉, 방법으로서의 가족복지는 가족복지라는 목적을 이루기 위해 가족 단위, 혹은 가족을 대상으로 하는 전문적이고 조직적인 사회복지 활동이라는 의미이다. 방법 측면에서의 가족복지에 대한 정의로는 콜린스(Collins), 조던(Jordan)과 콜먼(Coleman)의 정의를 들 수 있다(이화여자대학교 사회복지연구회 역, 2001). 이들에 의하면, 가족복지는 가족의 변화를 위해 가족의 강점을 강화하고, 가족지원을 통해 가족이 가족기능을 수행하고 유지하도록 하며, 가족기능 수행에서의 변화를 통해 효과적이고 만족스러운 일상생활을 지속하도록 돕는 것이다.

이와 같이 가족복지는 그 자체로 목적이면서 목적을 성취하기 위한 방법이라는 의미도 포함하고 있다. 즉, 가족복지는 가족의 행복과 효과적 기능 수행을 목적으로 가족과 가족 구성원에 대한 직접적 서비스와 실천, 제도와 정책적 노력을 포함하는 전문적인 사회복지 활동이라고 정의할 수 있겠다.

2. 가족과 사회복지

1) 가족 중심 사회복지의 발달

사회복지의 출발점부터 가족에 대한 관심과 가족 중심의 실천이 존재하였다. 사회복지 영역에서 가족에 대한 관심은 이미 사회복지의 시초로 여겨지는 자선조직협회(COS)의 활동 시기부터 시작되었다. 자선조직협회의 활동은 개인이 아닌 가족이 관심의 대상이자 원조의 단위가 되었다. 미국 사회복지실천의 개척자인 리치먼드(Richmond)는 그의 저서 『사회진단(Social Diagnosis)』에서 가족을 개인에게 중요한 영향을 미치는 유일한 환경으로 인식하였으며, 가족을 사회복지실천의 주요 영역으로 취급하였다.

이후 1930년대에 미국 중심의 초기 사회복지실천은 정신분석이론의 영향으로 인간의 심리적 문제나 장애가 가족 내의 병리적 관계나 의사소통, 어머니와의 불충분한 유대관계 때문에 발생하는 것으로 보았으며, 개인 문제의 원인을 가족에서 찾으려는 경향이 강하였다. 가족은 사회복지실천의 주요 대상이자, 개인의 생활환경으로서 중요하게 다루어졌다. 또한 1970년대 이후에는 가족 해체와 학대 등의 문제가 증가함에 따라 가족이 지원과 보호의 대상으로 인식되었다. 이후 사회복지실천에서는 가족을 문제의 원인이라기보다는 문제를 해결할 수 있는 자원체계로서 인식하였다. 특히 1990년대 이후에는 사회복지실천에서 강점관점과 임파워먼트 실천이 보편화됨에 따라 가족의 강점과 탄력성에 주목하기 시작하였으며, 오늘날에는 가족을 문제해결 과정에서 전문가의 협력자이자 대등한 동반자로 인식하게 되었다(성정현 외, 2010).

개별 인간의 인격과 성격에 영향을 미치는 존재로서의 가족에서부터 의존인구의 증가와 빈곤가족의 증대, 청소년과 노인 문제 등 사회문제로서의 가족에 대한 관심에 이르기까지 사회복지에서 가족의 중요성은 다양한 영역과 방식에 걸쳐 있다. 이후 사회복지에서 가족과 관련된 실천은 가족복지사업, 가족정책, 가족사회사업, 가족치료 등의 명칭으로 다양하게 발전하였다(조흥식 외, 2013). 가족이 경험하는 문제에 대해 사회복지 차원에서 정책적으로 개입하여 해결하고자 하는 방식은 영국을 비롯하여 프랑스, 독일 및 스칸디나비아 국가 등 사회복지가 선진적으로 발전한 유럽을 중심으로 시작되었으며, 가족에 대한 실천적인 접근으로서의 다양한 형태의 서비스와 프로그램은 미국을 중심으로 발달하였다.

이처럼 사회복지의 발달 과정에서 가족은 치료와 원조의 대상이자 지원체계이며 동반자라는 이중적 역할을 수행하며 변화해 왔다. 현재 사회복지실천의 영역에서 가족은 서비스 전달의 중심에 있으며, 가족 중심 실천 원칙이 중요시되고 있다. 가족 중심 실천 원칙이란 가족이 개입의 단위가 되어 가족과 전문가 간의 협력을 고려하며, 가족의 강점과 자원을 활용하며, 문제를 가진 가족 구성원뿐만 아니라 모든 구성원에 대한 지원과 변화를 지향한다는 의미이다(Briar-Lawson, Lawson, Hennon, & Jones, 2001). 가족 중심 실천은 부모를 비롯한 가족원을 원조 과정에 참여시킴으로써 가족의 권한을 강화하는 것으로, 사회복지실천의 모든 과정에서 고려해야 하며 문제해결을 위한 통합적이고 효과적인 접근이다.

2) 가족과 사회복지의 관계

사회복지에서 가족과 가족문제는 중요한 관심의 대상이다. 특히 전통 사회와 달리 자본주의화된 현대 사회에서는 개인의 정서적 지지와 만족에 대한 욕구가 커진 반면, 전통 사회에서 가족 구성원이 수행하던 돌봄과 양육 기능이 약화되고 가족 간의 정서적 유대와 친밀감이 저하되었다. 이에 따라 가족 내에서의 개인의 경험도 변화하였을 뿐 아니라 가족의 기능을 대신할 사회적 돌봄과 양육의 제도화가 발전하게 되었다. 결국, 근대 이후의 사회복지의 발전은 가족이 수행하던 돌봄과 양육의 기능을 사회적으로 제도화한 것이라고 할 수 있다. 그럼에도 불구하고 현대 사회에도 가족은 존재하고 있으며 사회의 기본 단위로서 가족 구성원의 기본적 욕구를 충족하는 중요한 기능을 수행하고 있다. 따라서 사회복지와 가족은 사회 구성원의 돌봄과 양육, 정서적 지지에 있어 상호 보완적인 역할을 수행한다고 할 수 있다.

그러나 현대 사회에서 개별 가족은 다양한 문제와 어려움에 봉착하였으며 국가는 사회복지제도를 통해 가족에 개입하고 가족을 보호하지 않으면 안 될 상황이 되었다. 즉, 가족이 돌봄과 양육의 기능을 수행하는 데 사회복지 차원의 도움과 노력이 필요하다는 것이다. 가족의 돌봄과 양육 기능을 원조하지 않을 경우에 사회 구성원의 재생산과 유지에 차질이 생기고, 결국은 사회 자체의 존속이 불가능해진다. 특히 세계적으로 심화되고 있는 고령화와 저출산, 가족의 다양화 경향에 따라 각국에서 가족은 사회정책의 핵심적 영역으로 자리하게 되었다.

우리나라는 전통적으로 유교의 영향으로 가부장적 가족 전통이 강하며 가족을 혈연 중심으로 생각하고 폐쇄적인 영역으로 간주하여 가족의 문제를 스스로 해결하는 경향이 강하였다. 그 결과, 우리나라에서 가족문제는 사회적 해결 방식보다는 개별 가족에게 맡겨졌고, 소수의 요보호 가족에게만 선별적으로 개입하는 '선 가족 후 사회복지' 기조를 유지하였다. 이 과정에서 가족의 애정과 유대, 효를 강조하는 가족이데올로기를 부각함으로써 돌봄과 양육을 개별 가족에게만 떠넘기는 결과를 가져왔다(김영화, 이진숙, 이옥희, 2010). 그러나 저출산과 고령화, 비혼과 가족해체 등 오늘날 한국 사회가 당면한 문제들은 가족에게만 모든 부담을 떠넘기기보다 사회복지가 가족의 기능과 역할을 지원하고 대체함으로써 개별 가족의 부담을 경감해야 한다는 것을 보여 준다. 더 나아가, 가족의 기능이 실패할 때에만 사회복지가 개입하는 것이 아니라 교육과 예방, 일상생활 지원 등을 통해 가족과 사회복지의 영역 구분이 점점 감소하고 있다.

3. 가족복지의 필요성

현대 사회에서 가족문제는 점점 더 복잡해지고, 가족의 욕구는 다양화되므로 개별 가족 단위나 가족 내부에서 이를 해결하기보다는 사회적 접근과 전문적 개입을 통하여 해결하는 것이 효과적이다. 가족 대상 정책과 가족 중심의 실천이 필요한 이유를 구체적으로 살펴보면 다음과 같다(최경석 외, 2006).

1) 가족 기능의 변화와 책임의 과부하

현대의 가족은 과거의 가족이 수행하던 가족 기능의 상당 부분을 더 이상 수행할 수 없게 되었다. 가족원 수의 감소와 여성의 사회 참여, 가족 주거 규모의 축소 등으로 아동과 노인, 장애인과 환자에 대한 가족의 돌봄 기능은 축소되었고, 학교와 병원, 사회복지시설과 서비스가 가족의 돌봄 기능을 상당 부분 대체하였다.

그러나 가족 기능의 전반적 약화와 양육 및 돌봄의 사회화에도 불구하고, 가족은 과거보다 더 많은 책임으로 과부하 상태에 있다고 보는 입장도 있다. 이것은 여성 취업의 증가, 평균수명의 증가, 자녀 교육에 대한 기대치 증가, 복지국가의 쇠퇴와 신자유주의에 따른 가족 책임 강조로 가족의 책임은 오히려 과거보다 더 큰 부담으로 작용하고 있다는 것이다.

예컨대, 아동 양육의 경우에 과거에는 형제자매, 확대가족과 지역사회 등을 통해 분담되기도 하였으나, 현대에는 여성이 취업을 포기한 채 혼자서 양육을 담당하거나 취업모가 양육과 노동을 모두 담당함으로써 과부하 상태에 빠지는 경우가 많다. 또한 아동에 대한 교육의 질과 학력 경쟁이 심화되면서 각종 교육 관련 서비스와 정보를 수집하고 관리하여 경쟁력을 키우는 것도 중요한 역할이 되었다. 실제로 많은 한국인이 아동 양육과 교육에 대한 부담감으로 결혼과 출산을 미루거나 포기하는 현실을 고려할 때 한국 사회에서 가족의 돌봄과 관련된 기능적 과부하는 심각하다. 이에 따라 가족의 기능을 지원하고 가족의 과중한 부담을 감소시킬 수 있는 가족복지 서비스가 더욱 강화되고 다양화되어야 함을 알 수 있다.

2) 가족에 대한 국가의 책임 강화

1980년대 이전까지 자유주의 국가에서 가족 구성원의 돌봄과 보호는 가족의 책임으로 간주되었으며, 국가가 가족을 지원하는 것이 오히려 문제를 일으킨다는 주장이 대세를 이루었다. 특히 1980년대에 보수정권이 집권하던 당시 미국에서는 복지국가의 가족지원이 가족해체를 촉진하고 한부모가족 증가에 책임이 있다는 주장이 대두되어 한부모가족이나 빈곤가족에 대한 지원이 축소되는 근거로 작용하였다.

그러나 1990년대 이후에 세계적으로 다양한 가족형태가 출현하고, 여성의 노동시장 참여가 가속화하였으며, 고령화문제가 심각하게 대두되면서 가족에 대한 국가의 책임이 더욱 강화되는 경향을 보이고 있다. 사회적 돌봄 서비스가 가족의 기능을 약화시키거나 포기하게 만들 것이라는 추측과 달리 서구 복지국가의 경험으로 볼 때 이를 입증할 만한 자료는 없다(최성재, 1995). 즉, 국가가 제공하는 돌봄 서비스의 증가는 가족의 보호기능을 약화시키기보다는 가족의 기능을 지원하고 강화하는 효과가 있는 것으로 보고되었다. 특히 가족주의 전통이 강하게 유지되는 한국 사회에서는 가족에 대한 국가의 책임 강화가 가족의 약화나 돌봄 기능 축소로 연결되기보다는 가족의 유대와 기능을 보완하는 방향으로 작용할 가능성이 더욱 크다고 하겠다.

3) 다양한 가족의 등장과 욕구의 다양화

비혼 독신가구와 무자녀가족의 증가, 이혼과 재혼 및 동거 가족의 증가, 독거노인과 노인부부 가족의 증가 등 현대 사회의 가족은 그 어느 때보다 다양한 형태와 욕구를 보여 준다. 이러한 다양한 가족형태와 가족욕구의 복합성은 이를 충족시켜 줄 수 있는 변화된 형태의 가족복지 대책을 필요로 한다. 이에 따라 대다수의 복지국가가 가족의 다양성을 문제로 보던 접근 방식에서 벗어나 가족의 다양성을 인정하고 가족의 욕구에 따라 지원하는 방식을 취하고 있다. 다수의 유럽 국가는 현실적인 가족의 변화를 인정하고 특정한 가족형태와 정상가족에 대한 지향을 포기한 결과, 가족형태와 상관없이 가족의 욕구를 고려한 지원 제도와 프로그램을 실행하고 있다(Harding, 1996).

유럽의 선진 복지국가들을 중심으로 2000년대 이후에 실행된 혼외 자녀에 대한 동등한 법적 지위 부여, 법적 결혼 여부와 상관없는 부부 지위 인정, 한부모가족이나 무자녀가족에게 불리한 제도 개선 등은 개별 가족이 국가가 규정한 자격에 의해서가 아니라 개별 가족의 욕구에 의해 필요한 사회적 지원을 받을 수 있

도록 하였다. 그 결과, 개별 가족의 복지 수준이 향상되고 가족의 사회적 기능이 제고됨으로써 급격하게 증가하는 이혼이나 저출산으로 야기되는 문제를 경감하는 데 기여하였다.

4) 사회문제의 해결 단위로서의 가족의 유용성

과거에 가족은 개인문제의 근원으로 지목되었으나, 가족은 문제를 가진 구성원을 가장 잘 도울 수 있으며 실제로 어려운 개인을 가장 많이 돕고 있는 자원체계이다. 대부분의 사회에서 장애나 중독, 의존적인 가족 구성원에 대한 돌봄을 가장 많이 수행하고 있는 것은 가족이며, 현대 사회의 많은 문제를 해결하는 데 가족은 여전히 중요한 역할을 한다. 가족은 오랫동안 시간과 경험을 공유하면서 서로의 문제를 잘 알고 있으며, 서로가 무엇을 원하는지 가장 잘 안다. 또한 오랫동안 함께 문제를 극복하고 살아오는 동안에 누적해 온 지식과 통찰력, 능력을 가지고 있다. 따라서 외부의 전문가가 전문적 지식과 기술을 가지고 개입할 때 가족은 중요한 협력자이자 동반자로서 기능한다. 이에 따라 가족은 각종 사회문제를 해결하는 데 중요한 자원으로 인식된다.

4. 가족복지의 접근방법

가족복지의 접근방법에는 크게 거시적 방법으로서의 가족정책 접근방법과 미시적 방법으로서의 가족복지실천 접근방법이 있다. 거시적 방법은 가족문제를 사회 전체 차원의 문제로 다루며, 가족이 전체 사회의 제도적 구조와 적합한 관계를 유지할 수 있는 조건이나 환경을 조성하는 방법이다. 미시적 방법은 문제나 특별한 욕구를 가진 가족과의 만남을 통해 가족에게 직접 서비스를 제공하는 방법이다(조흥식 외, 2013). 거시적 방법은 가족 단위의 가족복지에 초점을 둔 구조적이고 제도적인 접근의 정책이고, 미시적 방법은 개별적이고 특수한 욕구와 문제에 대한 직접적 개입으로 이해할 수 있다. 거시적 방법과 미시적 방법은 서로 다른 접근방법이지만 가족의 복지를 목표로 한다는 점에서 상호 보완적 관계에 있다.

1) 가족정책 접근

가족정책 접근은 가족의 구조적 문제에 대하여 제도적, 환경적, 거시적으로 접근하는 것이다. 즉, 특별한 문제나 욕구를 가진 가족에 개별적, 직접적으로 접근하는 것이 아니라 정부가 주체가 되어 가족을 대상으로 의도적 목표와 계획을 가지고 실행하는 모든 활동이 가족정책이 된다(Kamerman & Kahn, 1978). 특히 가족정책 접근은 문제가 발생한 사후에 문제해결이나 치료적 차원에서 접근하기보다 예방적 차원에서 접근하며, 개별 가족이 아닌 전체 가족을 대상으로 한다는 점에서 선별적이기보다 보편적 특징을 갖는다.

가족정책 영역은 매우 광범위하기 때문에 아동과 노인, 장애인 등 여러 대상별 사회복지 분야를 포괄하기도 하고, 소득 보장이나 주거 정책 등 가족의 생활과 관련된 제도와도 관련된다. 이와 관련하여 가족정책은 명시적 가족정책과 묵시적 가족정책으로 분류되기도 한다(NASW, 1995). 명시적 가족정책은 정부가 특정한 정책을 행할 때 그 목표가 가족과 분명하게 관계된 것으로, 가족에 특정적이고 일차적으로 직접 관여하는 정책이다. 예컨대, 보육정책, 일·가정 양립 지원 정책, 한부모가족 및 다문화가족 지원 정책 등은 명시적 가족정책으로 볼 수 있다. 묵시적 가족정책은 모든 목표가 가족과 관련되지 않더라도 가족과 관련이 있고, 정책의 결과가 간접적으로 가족에게 영향을 미치는 것이다. 예컨대, 국민기초생활보장제도나 건강보험제도, 임대주택 정책, 조세우대 제도 등은 그 목표가 가족의 생활과 밀접한 관계가 있고, 가족의 삶에 중요한 영향을 미치기 때문에 묵시적 가족정책에 포함될 수 있다.

2) 가족복지실천 접근

가족복지실천은 각 가족의 개별적이고 구체적인 문제해결과 심리사회적 욕구 충족을 도모하기 위해 직접적이고 개별적인 서비스를 제공하는 것이다. 가족복지실천은 전문적인 가족복지기관이 가족의 생활을 보호하거나 가족의 기능을 회복시키고, 가족이 문제를 해결하도록 도우며, 가족 구성원의 성장과 발달을 촉진하고, 가족이 사회적 자원에 접근할 수 있도록 하는 활동이라고 정의할 수 있다.

　가족복지실천은 가족복지 서비스 제공을 통해 이루어지는데, 저소득층 가족이나 가족 기능상 문제나 어려움을 가진 가족을 주된 대상으로 한다. 즉, 가족 보존과 기능의 강화를 가족복지실천의 초점으로 두고, 문제를 가진 가족을 정상가족으로 변화시키는 치료적 기능의 의미가 강하게 내포되어 있다. 우리나라의 가족복지 서비스는 문제를 가진 가족에 대한 치료적 기능에 집중함으로써 상대적으로 전체 가족의 기능을 지원하고 예방적 차원의 실천이 상대적으로 미약하다는 지적을 받고 있다(김인숙, 2011).

　가족복지실천에 포함되는 대표적인 서비스와 프로그램은 다음과 같다(NASW, 1995; 조홍식 외, 2013에서 재인용)

(1) 가족에 대한 직접적 개입

　사회복지 전문가나 전문기관이 부부 및 부모자녀관계, 세대 간 갈등, 학대나 폭력 등의 가족문제에 직접 개입하는 방법이다. 가족 내 개인의 문제라고 하더라도 문제를 가진 개인과 그 가족이 함께 실천의 대상이 됨으로써 가족 단위의 개입은 점점 중요해지고 있다. 가족에 대한 직접적 개입은 가족 구성원 개인, 가족 내 하위집단, 가족 전체에 적용되며, 가족의 환경요인을 함께 고려한다. 가족에 대한 직접적 개입은 면접과 상담, 서비스 연결 등의 방법으로 실행되며, 필요한 경우에는 지역사회 관련 기관과의 연계 및 협력을 통해 개입이 이루어진다.

(2) 가족돌봄

　가족돌봄(family caregiving)은 장애인이나 노인, 장애 아동, 만성질환자를 둔 가족 등 가족 내에서 발생하는 장애와 돌봄 문제에 대해 돌봄 서비스를 제공함으로써 가족의 역할 수행과 능력을 향상시키는 것이다.

(3) 가족계획사업

　가족계획은 임신 및 출산 등의 가족계획과 관련하여 가족에게 각종 건강보호 서비스를 제공하는 것이다. 산전 검사 및 위험사정, 낙태, 출산 관련 서비스와 상담, 불임부부에 대한 인공수정 지원 등이 포함된다.

(4) 가족생활교육

가족생활교육은 가족 구성원의 생활과 성장 및 발달에 필요한 지식을 습득하도록 도움으로써 가족 내에서의 역할 수행이 원활히 이루어지도록 하는 것이다. 결혼 전 준비교육, 부부관계 향상 프로그램, 부모 역할 훈련, 치매노인 가족이나 재혼가족 등 특수한 상황에 있는 가족의 적응을 돕기 위한 교육이다. 가족생활교육은 소집단을 구성하여 이루어지며, 강의나 실습, 토론 등의 방식을 활용하여 집단참여자의 가족문제 해결 및 치료를 병행한다.

(5) 가족보존과 가족지지 서비스

가족보존 서비스는 가족의 위기로 자녀가 보호를 받지 못하는 상황에 놓인 가족에게 개입하여 가족해체를 막고 아동이 가족 내에서 양육될 수 있도록 돕는 서비스이다. 이혼 위기 가족을 대상으로 한 상담이나 법률상담, 주간보호 및 일시보호 서비스, 아동 위탁보호 및 입양과 관련된 각종 프로그램이 이에 해당한다. 가족지지 서비스는 모든 가족을 대상으로 보편적이고 예방적인 서비스를 제공하여 가족 간의 스트레스를 줄이고 가족생활의 안정을 높이기 위한 서비스이다. 가사지원 서비스, 가족대상 각종 캠프나 가족여가 프로그램 등이 해당한다.

(6) 가족치료

가족치료(family therapy)는 가족 내의 역기능적 문제나 정서적 문제를 해결하기 위한 전문가의 임상적 개입이다. 가족치료 전문가들은 다양한 이론과 모델을 적용하여 상실되거나 약화된 가족기능을 회복시키고자 한다. 가족치료는 다양한 가족문제에 전문가가 직접 개입한다는 점에서 가족에 대한 직접적 개입과 공통점이 있으나, 보다 심리정서적인 가족관계에 초점을 두고 가족 구성원 간의 상호작용의 변화를 추구한다는 점에서 차이가 있다.

(7) 가족옹호

가족옹호(family advocacy)는 불평등이나 빈곤, 차별 등으로 사회에서 불리한 위치에 있는 가족들이 정당한 권리를 주장하고 지역사회에서 필요한 자원과 서비스를 확보하도록 돕는 활동이다. 가족옹호의 목표는 가족의 생활 조건을 향상

시키기 위하여 공공 및 민간 서비스를 향상시킬 뿐 아니라 새롭고 변화된 형태의 서비스를 개발하는 데 있다. 가족옹호에는 가족을 대신하여 서비스를 확보하거나 이들을 위한 서비스와 자원을 개발하는 것, 가족이 공통의 문제를 해결하기 위해 상호 협력하고 행동하도록 조직화하는 것 등이 포함된다.

생각해 보기

1. 단위로서의 전체 가족의 복지와 개별 가족 구성원의 복지 개념을 구별해 보고, 공통점과 차이점을 생각해 보자.
2. 현대 사회에서 가족과 사회복지가 상호 보완적 역할을 하는 경우를 예로 들어 생각해 보자.
3. 가족복지의 필요성을 현대 가족의 특성과 관련하여 생각해 보자.
4. 가족정책 접근과 가족복지실천 접근의 차이 및 각각의 장단점을 생각해 보자.

참고문헌

김영화, 이진숙, 이옥희(2010). 성인지적 가족복지론. 경기: 양서원.

김인숙(2011). 한국가족의 현주소와 가족정책의 방향. 복지동향, 5, 5-7.

성정현, 여지영, 우국희, 최승희(2010). 가족복지론. 경기: 양서원.

손병덕, 황혜원, 전미애(2014). 가족복지론. 서울: 학지사.

이화여자대학교 사회복지연구회 역(2001). 가족복지실천론(An Introduction to Family Social Work). Collins, D., Jordan, C., & Coleman, H. 저. 서울: 나눔의 집. (원저는 1999년에 출판)

조흥식, 김혜란, 김혜련, 신은주(2013). 가족복지학. 서울: 학지사.

최경석, 김양희, 김성천, 김진희, 박정윤, 윤정향(2006). 한국 가족복지의 이해. 서울: 인간과 복지.

최성재(1995). 복지국가와 가족. 한국가족학회 편, 복지국가와 가족. 서울: 하우.

Briar-Lawson, K., Lawson, H. A., Hennon, C. B., & Jones, A. R. (2001). *Family-Centered Policies and Practices: International Implications*. New York: Columbia University Press.

Feldman, F. L., & Scherz, F. H. (1967). *Family social welfare: Helping troubled families*. New York: Atherton Press.

Harding, L. F. (1996). *Family, state, and social policy*. London: Macmillan.

Kamerman, S. B., & Kahn, A. J. (1978). *Family policy: Government and families in fourteen countries*. New York: Columbia University Press.

NASW(1995). *The encyclopedia of social work* (12th ed.). Washington, DC: NASW Press.

Zimmerman, S. L. (1995). *Understanding family policy: Theories and applications*. Thousand Oaks, CA: Sage.

제4장 가족정책

　이 장에서는 가족정책의 개념, 관점과 범주를 살펴보고 우리나라 가족정책의 내용 및 전달체계를 제시하였다. 가족정책의 개념은 가족복지정책을 포괄하고 있으며, 대상으로서의 가족뿐만 아니라 목적으로서의 가족 통제와 지원의 개념이 포함된다. 가족정책의 관점은 사회구성원의 돌봄과 복지에 대한 가족 및 국가의 책임에 따라 자유주의적 관점과 보수적 관점, 평등주의 관점으로 분류된다. 우리나라의 가족정책은 통합적 법체계를 갖추고 있지 않으며, 가족지원 관련 정책과 양육 및 돌봄 관련 정책 범주로 설정할 수 있다. 가족지원 정책에는 통합적 가족지원법으로서의 「건강가정기본법」과 「한부모가족지원법」 「다문화가족지원법」 가정폭력 관련법이 포함되고, 양육 및 돌봄 관련 정책에는 「남녀고용평등과 일·가정 양립 지원에 관한 법률」 「영유아보육법」 및 「아이돌봄지원법」, 노인장기요양보험제도 등이 해당된다. 우리나라의 가족복지전달체계는 중앙정부의 보건복지부와 여성가족부, 지방자치단체(이하 '지자체')의 가족 및 복지 관련 주무부서, 건강가정지원센터와 다문화가족지원센터를 비롯한 공공 및 민간 가족복지 관련 기관과 시설이 모두 포함된다. 가족정책의 핵심전달체계인 건강가정지원센터는 시·도 및 시·군·구 건강가정지원센터로 운영되며, 가족돌봄나눔, 가족교육, 가족상담, 가족문화, 지역사회연계 등의 사업을 수행한다. 앞으로 우리나라의 가족정책은 탈가족화와 성평등을 지향해야 한다.

1. 가족정책의 개념

1) 가족정책과 가족복지정책

대부분의 산업화된 국가는 출산율 저하와 고령화, 노동시장의 불안정성과 가족구조의 변화, 여성의 경제활동 참여 증가에 따라 돌봄의 위기를 경험하고 있다. 이와 같은 문제를 해결하기 위하여 복지국가는 사회를 안정적으로 유지하고 재생산하기 위하여 적극적으로 가족과 관련된 사회정책을 모색하고 있다(Lewis, 1998).

그런데 이론적 논의나 현실 정책에서 가족정책(family policy)과 가족복지정책(family welfare policy)이 혼용되고 있다. 가족정책은 사회정책의 한 분야로서, 사회적 차원에서 가족을 대상으로 정부가 가족과 관련된 문제에 개입하여 행하는 정책이라고 할 수 있다. 이러한 맥락에서 보면 가족은 한 국가의 복지정책의 주요 대상이며, 국가가 제공하는 복지서비스 수혜의 주요 통로가 된다. 가족복지정책은 가족의 복지(well-being)라는 목표를 달성하기 위하여 국가가 행하는 정책으로, 해당 사회에서 가족이 경험하는 여러 문제에 대처하고 가족 구성원의 욕구 충족과 삶의 질 향상을 위해 국가가 의도적으로 취하는 조치나 노력이라고 볼 수 있다. 가족의 복지라는 의도적 목표를 설정한 정책을 가족복지정책으로 본다면, 가족정책에는 국가가 다른 목적을 위해 가족에 대해 행하는 정책 범주도 포함되기 때문에 가족정책이 가족복지정책보다 포괄적인 의미라고 할 수 있다.

그러나 가족정책과 가족복지정책의 두 가지 개념은 현실적으로 명확히 구분하기 어려우며, 오늘날 복지국가가 행하는 거의 모든 정책이 가족에게 영향을 미치기 때문에 사실상 혼용되고 있다. 이 책에서는 가족정책과 가족복지정책을 모두 포괄하여 가족정책이라는 용어로 통일하여 사용할 것이다. 따라서 광범위한 의미에서 가족정책이란 "정부가 가족에게 직·간접적으로 영향을 미치는 모든 활동"(Zimmerman, 1995)이다.

2) 대상으로서의 가족정책

가족정책을 정부가 가족에게 영향을 미치는 모든 활동으로 정의할 경우, 이 정의는 지나치게 포괄적이고 모호하기 때문에 가족정책의 범위가 매우 방대해지고 경계가 모호하다는 문제가 있다. 특히 아동복지정책, 노인복지정책, 여성복지정책 등 기존의 사회복지의 수혜 대상을 기준으로 수립된 여러 정책과 중복될 수 있기 때문에 어디까지가 가족정책의 영역인지 모호하게 된다. 예컨대, 치매 관련 정책에는 치매노인에 대한 돌봄과 치매노인을 돌보는 가족을 지원하는 정책이 모두 포함되는데, 이 두 가지 정책은 개념적으로는 구분되지만 현실적으로 밀접히 관련되어 있고, 정책상으로도 항상 동반될 수밖에 없다. 가족정책은 가족을 대상으로 하지만, 가족은 개별 구성원이 모여 구성된 전체적 단위이기 때문에 특정 가족 구성원의 문제가 가족 전체의 관계나 가족의 생활에 직접적인 영향을 미친다.

단위로서의 가족을 대상으로 할 경우에 특정 구성원의 문제를 해결할 때에도 다른 가족 구성원과의 관계나 가족의 유지 및 해체라는 관점을 고려해야 한다. 따라서 가족정책은 가족과 가족문제에 대해 접근할 때 가족을 집합적으로 다루며, 개인을 다루더라도 개인을 가족과 연계하여 다루게 된다. 가족정책은 가족 내의 아동, 노인, 여성 등 특정 구성원뿐만 아니라 정책이 가족 전체에 대한 영향을 고려하기 때문에 이런 면에서 다른 사회정책과 구분된다(김영화 외, 2010). 그러나 사회 자체가 변화하고 가족의 개념 자체도 유동적이기 때문에 정책의 대상을 가족으로 상정하는 가족정책은 일시적으로 합의하는 유동적 개념이다.

3) 목적으로서의 가족정책

가족정책을 정의할 때 다른 중요한 기준은 정책의 목적을 중심으로 하는 접근이다. 가족정책의 대상을 중심으로 하는 논의가 정책의 경계를 보여 준다면, 목적을 중심으로 하는 논의는 정책의 관심사와 방향을 보여 준다. 퀘하(Quha, 1994)는 가족정책을 "공유된 사회적 가치를 반영하고, 특정 국가의 가족과 관련된 사회적 목표를 획득하기 위해 만들어진 포괄적인 행위의 계획"으로 정의함으로써 가족과 관련된 사회적 목표를 강조하였다(양옥경 외, 2007: 34에서 재인용). 또한 짐머만(Zimmerman, 1995)은 가족정책에서 가족의 복지를 극대화하는 것이 가장 중요한 목적이라고 하였으며, 가족의 복지와 관련된 지표로 소득, 실업, 만족감, 자존감, 정서적 균형, 이혼율, 십대 출산율, 교육적 성취, 빈곤 등을 제시하였다.

그러나 가족정책에는 가족의 복지라는 목적뿐 아니라 다른 의도나 목적을 가지고 있더라도 가족을 대상으로 하거나 가족과 관련된 다른 정책도 포함된다. 즉, 국가가 추구하는 특정한 목표를 달성하기 위해 가족을 수단이나 단위로 상정하는 정책도 가족정책에 포함될 수 있다. 예를 들어, 출산율 증대를 위해 국가가 가족계획이나 출산수당 관련 정책을 실행하는 경우 또는 노동력 수급을 조절하기 위하여 여성의 경제활동 참여를 장려하려는 목적으로 육아휴직이나 모성수당제도를 신설하는 경우가 대표적이다. 이때 가족정책은 가족이나 가족 구성원의 복지를 위한 것이라기보다는 출산율이나 노동력 수급을 위한 수단으로서의 의미가 더 강조된다.

가족정책의 목적이 무엇인가에 따라 가족정책의 방식은 지원(support)과 통제(control)의 상반된 두 가지 방식으로 나타난다(Harding, 1996). 즉, 가족정책은 가족의 욕구 충족과 문제해결을 돕는 지원의 방식으로 실행되기도 하고, 특정한 가족형태(예를 들어, 양부모-유자녀가족)를 유지하게 하거나 특정한 기능(예컨대, 돌봄)을 가족이 담당하도록 강제하는 통제의 방식으로 작동되기도 한다.

이상과 같은 가족정책의 개념에 대한 논의를 바탕으로 가족정책을 정의하면, 국가가 가족과 관련하여 그 사회가 추구하는 목표를 실현하기 위한 의도를 가지고 가족 및 가족 구성원으로서의 개인을 대상으로 행하는 일련의 정책이라고 할 수 있다(양옥경 외, 2007). 그리고 가족정책의 목표에는 국가와 사회의 지향성에 따라 지원과 통제의 개념이 모두 포함된다.

2. 가족정책의 관점과 범주

1) 가족정책의 관점

한 사회의 가족정책은 가족이란 무엇이며 어떠해야 하는가에 대한 해당 사회의 가치와 전제를 담고 있으며, 해당 사회의 가족의 가치와 규범에 대한 합의를 전제로 한다. 특히 사회구성원의 돌봄과 복지를 가족이 책임져야 한다고 보는 입장과 국가가 책임져야 한다고 보는 입장 사이에서 책임의 경계를 둘러싸고 가족정책의 관점의 차이가 나타난다(Harding, 1996). 국가의 가족에 대한 개입과 관련된 가족정책의 관점을 자유주의적 관점과 보수적 관점, 평등주의 관점 등을 통해 살펴보면 다음과 같다.

(1) 자유주의적(방임) 관점

자유주의적 관점은 가족에 대한 정부의 개입을 최소화하여 개별 가족에게 자유를 부여하고 가족구성원의 복지를 가족 스스로 책임지도록 하는 입장이다. 가족은 사회를 유지하고 통제하는 데 가장 중요한 제도이기 때문에 가족이 붕괴되면 사회도 위협받는다는 시각에 기반하여 전통적인 가족구조와 가족이 담당하는 기능을 유지해야 한다고 본다. 따라서 가족정책은 합법적 혼인과 일부일처제에 입각한 가족의 형성, 부모와 자녀로 이루어진 가족구조, 어머니의 자녀양육을 전제로 한다. 정부의 가족 원조가 오히려 가족의 기능을 저하시키고 가족의 해체를 초래한다고 보기 때문에 정부의 가족에 대한 개입을 최소화하여 소수의 저소득층에 지원하는 데 역점을 둔다.

(2) 보수적(가족보호) 관점

보수적 관점은 저출산과 고령화로 인한 문제를 해결하기 위하여 국가가 출산과 자녀 양육, 가족 돌봄에 적극적으로 개입한다. 사회의 노동력 재생산이라는 측면에서 가족의 출산과 양육기능을 강화하고 양육에 따른 경제적 부담을 완화하는 데 초점을 맞추어 보육시설과 각종 수당, 모성보호 정책을 통해 출산과 양육을 지원한다. 국가는 개별 가족의 양육과 돌봄 기능을 지원함으로써 결과적으로 여성의 가족 내 양육과 돌봄 역할을 강화하고 지원한다. 이를 위해 가족의 양육과 돌봄에 대한 보상의 성격을 가진 수당(가족수당, 아동수당, 양육수당, 돌봄수당 등)을 가족에게 제공하는 방식을 선택한다.

(3) 평등주의(진보적) 관점

평등주의 관점은 현대 사회의 가족이 붕괴되기보다는 변화하는 것으로 인식하며 다양한 가족의 존재와 선택을 존중해야 한다는 입장이다. 이에 따라 국가는 변화하는 가족의 욕구를 파악하고 이에 맞는 가족정책을 실행해야 한다고 본다. 가족정책은 특정한 가족형태를 고수하기보다는 다양한 가족의 선택을 지지하고, 가족기능의 변화에 따라 가족의 욕구를 충족하는 사회적 서비스를 제공한다. 양육과 돌봄 기능을 개별 가족에게 맡기기보다는 보육과 요양 서비스 등 사회제도를 통해 지원하며, 특정한 욕구나 문제를 가진 가족뿐 아니라 전체 가족이 가족정책의 대상이 된다. 또한 가족정책이 출산과 양육과 관련하여 여성의 선택과 평등을 지향함으로써 가족과 사회 모두에서 성평등이 실현될 수 있도록 수립되어야 함을 강조한다. 이를 위해 남성과 여성이 개인 시민으로서 사회적 노동과 가족 내 양육 및 돌봄 역할 모두를 수행하는 성평등적 가족정책을 지향한다. 예를 들어, 보육서비스를 통해 가족의 자녀 양육을 사회적으로 분담하고 부성 휴가제도 등을 통해 여성과 남성이 모두 자녀양육에 참여하도록 지원한다.

〈표 4-1〉 가족정책의 관점

구분	자유주의적(방임) 관점	보수적(가족보호) 관점	평등주의(진보적) 관점
가족가치	성별 분리에 근거한 전형적인 가족형태 지향	성별 분리, 여성의 양육 및 돌봄 역할 지원	개인의 행복 추구와 권리 강조
가족정책 개입방식	• 최소한의 개입 • 사후대처로서의 개입	• 적극적 개입 • 사전예방적 개입	• 적극적 개입 • 사전예방적 개입
가족정책 개입시기	가족이 해체되거나 빈곤에 빠졌을 때	출산과 양육, 돌봄으로 인해 경제적 부담이 증가할 때	양육 및 돌봄과 경제활동의 양립이 불가능할 때
일·가족 양립정책 방식	• 가족 차원의 성별 분업 • 시장을 통한 가족 단위의 보육서비스 구입 • 빈곤가족을 위한 보육료 지원	• 여성 경제활동 참여의 순차적 양립 • 출산과 양육, 돌봄에 대한 여성의 역할을 보상하는 수당, 보충적 사회보장 급여 제공 • 만 3세 이후의 공공보육	• 여성의 지속적 경제활동 참여 보장 • 남녀 모두 일·가족 양립 • 만 1세 이후의 공공보육 • 출산휴가, 부모휴가, 의무적 아버지 휴가

출처: 송다영(2005), p. 230 재구성.

2) 가족정책의 범주

가족정책에는 어떤 정책이 포함되는가? 가족정책의 명확한 범주를 제시하는 것은 사실상 불가능하다. 가족정책의 목표와 대상이 다른 영역과 중첩되어 명확히 경계를 설정하기가 쉽지 않고 가족정책의 목표와 대상이 뚜렷하지 않은 경우도 많기 때문이다. 여기서는 가족정책의 범주를 가족의 기능과 욕구에 기반을 둔 범주, 그리고 시장과 사적 영역을 중심으로 하는 노동권과 부모권에 기반을 둔 범주를 중심으로 가족정책에 포함되는 내용을 살펴보고자 한다.

(1) 가족의 기능과 욕구에 기반을 둔 범주

가족의 기능을 중심으로 하는 범주 구분은 가족정책의 범주를 거론할 때 가장 빈번하게 활용된다. 가족의 사회적 기능은 경제적 기능, 노동력 재생산 기능, 양육 및 돌봄 기능, 성적 및 정서적 기능, 사회 유지와 통제 기능 등으로 구분할 수 있다. 가족의 기능은 가족의 역기능이나 부적응의 맥락에서 가족의 욕구나 가족 문제와도 관련된다. 가족의 기능과 역할을 수행하기 위하여 충족되어야 할 가족의 욕구는 소득 유지 및 주거 안정, 모성 및 건강, 양육과 돌봄, 심리정서적 욕구, 가족 윤리 및 규범 등이다(성정현 외, 2010). 가족의 기능과 욕구에 따른 가족정책의 범주를 제시하면 〈표 4-2〉와 같다.

〈표 4-2〉 가족의 기능과 욕구에 기반을 둔 가족정책 범주

가족의 기능	가족의 욕구	가족정책 및 프로그램
경제적 기능	소득 유지 및 주거 안정	• 사회보험, 공공부조, 가족수당, 조세감면 등의 소득보장정책 • 주택 지원 정책
노동력 재생산 기능	모성 보호 및 건강 보장	• 임신 및 출산 지원 정책 • 출산 휴가 • 의료보장 및 보건 프로그램
양육 및 돌봄 기능	양육 및 돌봄	• 육아휴직 • 아동수당 • 양육비 지원 • 보육 프로그램

양육 및 돌봄 기능	양육 및 돌봄	• 입양 및 위탁 프로그램 • 부모휴가 • 가족간병 휴가 • 노인 및 장애인 관련 돌봄 및 요양 프로그램
성적 및 정서적 기능	심리정서적 욕구	• 가족 상담 및 치료 프로그램 • 가정폭력 관련 프로그램 • 기타 대인적 서비스
사회 유지와 통제 기능	가족 윤리 및 규범	• 가족 관련법(상속, 증여, 이혼 및 재혼, 친권 등)

출처: 성정현 외(2010), p. 55 재구성.

(2) 노동권과 부모권에 기반을 둔 범주

고티에(Gauthier, 1996)는 여성의 노동시장 참여와 한부모가족의 문제해결을 위한 정부의 지원에 초점을 두고 가족정책을 두 가지 범주로 개념화하였다. 한 범주는 여성이 노동시장에 참여할 수 있도록 하는 노동권 보장을 위한 가족정책으로, 아동보육과 조세정책이 포함된다. 다른 한 범주는 가족 돌봄에 대한 보상적 측면, 즉 부모권 보장을 위한 가족정책으로 출산휴가, 육아휴직이 포함된다.

서구에서 초기 가족정책은 아동수당 등을 통하여 가족 내 아동을 지원하는 방식이었으나, 오늘날에는 여성의 노동시장 참여 증가로 인한 노동과 가족생활 간의 양립을 지원하는 일·가정 양립정책이 핵심을 이루고 있기 때문에 노동권과 부모권이 중요해지고 있다. 노동권과 부모권에 기반한 범주는 공적 영역을 대표하는 시장영역과 사적 영역을 대표하는 가족영역을 중심으로 가족을 지원하는 정책을 의미한다. 여기에 시장영역과 가족영역에서 가족의 역할을 수행하도록 지원하는 조건의 보장과 가족기능 수행 결과에 대한 보장이라는 또 하나의 축이 추가될 수 있다(양옥경 외, 2007). 시장영역과 가족영역에서의 노동권과 부모권을 중심으로 조건과 결과의 보장 측면을 고려하여 가족정책을 범주화하면 〈표 4-3〉과 같다.

〈표 4-3〉 노동권과 부모권에 기반을 둔 가족정책 범주

구분	조건의 보장	결과의 보장
노동권(시장영역)	• 보육의 사회화(공교육 강화) • 방과 후 프로그램 • 노동시간 선택제	• 소득공제 • 사회보험 • 퇴직연금
부모권(가족영역)	• 육아휴직 • 부모보험 • 출산휴가 • 한부모가족 지원	• 공공부조 • 주부연금 • 아동수당 • (가족)돌봄 수당

출처: 양옥경 외(2007), p. 37 재구성.

3. 우리나라 가족정책의 내용

가족정책의 내용과 범위가 매우 포괄적이고 유동적이어서 가족정책의 내용을 모두 다루는 것은 불가능하다. 특히 우리나라의 경우에는 최근까지도 「민법」의 가족관련 규정(「가족법」)을 통해 가족의 개념과 규범을 제시하였으나, 이는 가족을 지원하는 정책이라고 보기 어렵다. 현재 우리나라는 가족에 대한 국가의 지원과 복지 제도를 포괄하는 통합적 법체계를 갖추고 있지 않으나, 가족지원 관련 정책과 양육 및 돌봄 관련 정책을 가족정책 범주로 설정하여 해당 법의 내용을 살펴보고자 한다. 통합적 가족지원법으로서의 「건강가정기본법」과 「한부모가족지원법」「다문화가족지원법」「가정폭력방지 및 피해자 보호 등에 관한 법률」과 「가정폭력범죄의 처벌 등에 관한 특례법」을 가족지원 정책에서 살펴보고, 양육 및 돌봄과 관련된 정책에서는 「남녀고용평등과 일·가정 양립 지원에 관한 법률」「영유아 보육법」「아이돌봄지원법」, 노인장기요양보험제도를 살펴본다.

1) 가족지원 정책

(1) 「건강가정기본법」

「건강가정기본법」은 2004년에 제정, 공포되어 2005년부터 시행되었으며, 국가

가 가족에 대한 개입의사를 가족정책의 이름으로 표명한 우리나라 최초의 법적 장치이다. 따라서 「건강가정기본법」에는 우리나라 가족정책의 기본 방향과 내용이 담겨 있다(윤홍식, 송다영, 김인숙, 2012). 「건강가정기본법」은 총칙, 건강가정정책, 건강가정사업, 건강가정전담조직, 보칙의 5개 장과 37개 조로 구성되어 있다. 주요 내용은 다음과 같다.

〈총칙〉

법의 목적과 기본이념, 정의, 국민의 권리와 의무 등을 규정하고 있다. 가족의 개념을 "혼인, 혈연, 입양으로 이루어진 사회의 기본 단위"로 규정하고, 건강가정을 "가족 구성원의 욕구가 충족되고 인간다운 삶이 보장되는 가정"으로 규정하고 있다.

〈건강가정 정책〉

여성가족부 장관은 관계 중앙행정기관의 장과 협의하여 건강가정기본계획을 5년마다 수립하여야 하며, 건강가정기본계획에는 ① 가족기능의 강화 및 가정의 잠재력 개발을 통한 가정의 자립 증진 대책, ② 사회통합과 문화계승을 위한 가족 공동체 문화의 조성, ③ 다양한 가족의 욕구 충족을 통한 건강가정 구현, ④ 민주적인 가족관계와 양성평등적인 역할 분담, ⑤ 가정친화적인 사회환경의 조성, ⑥ 가족의 양육·부양 등의 부담 완화와 가족해체 예방을 통한 사회비용 절감, ⑦ 위기가족에 대한 긴급 지원책, ⑧ 가족의 건강증진을 통한 건강사회 구현, ⑨ 가족지원정책의 추진과 관련한 재정조달 방안, ⑩ 독신가구의 복지 증진을 위한 대책 등이 포함된다. 또한 국가 및 지방자치단체는 5년마다 가족실태조사를 실시하고 그 결과를 발표하여야 한다.

〈건강가정사업〉

건강가정사업에는 가정에 대한 지원, 위기가족 긴급지원, 자녀양육 지원의 강화, 가족 단위 복지증진, 가족의 건강증진, 가족부양의 지원, 민주적이고 양성평등한 가족관계의 증진, 가족 단위의 시민적 역할 증진, 가정생활문화의 발전, 가정의례, 가정봉사원, 이혼예방 및 이혼 가정 지원, 건강가정교육, 자원봉사활동의 지원 등에 대한 내용이 포함된다.

〈건강가정전담조직〉

건강가정전담조직으로 한국건강가정진흥원과 건강가정지원센터를 규정하고 있다. 한국건강가정진흥원은 다양한 가족의 삶의 질 제고 및 가족역량 강화를 위한 가족정책을 효율적이고 체계적으로 지원하고, 건강가정지원센터는 가정문제의 예방·상담 및 치료, 건강가정의 유지를 위한 프로그램의 개발, 가족문화운동의 전개, 가정 관련 정보 및 자료 제공 등의 기능을 수행하도록 규정하고 있다.

「건강가정기본법」은 가족문제를 정부 차원에서 의제화하고 가족문제 해결을 위한 국가의 대응을 규정하고 있는 우리나라 가족정책의 기본법으로서 의의가 있으나, 다음과 같은 제한점 때문에 개선의 필요성이 제기되고 있다.

첫째, 「건강가정기본법」은 가족정책과 서비스의 내용은 규정하고 있으나 집행에 대한 구속력을 부가하는 내용이 없어서 실효성이 부족하다. 둘째, 가족을 "혼인, 혈연, 입양으로 이루어진 사회의 기본 단위"로 규정함으로써 가족을 지나치게 협소하고 제한적으로 정의하여 정책 대상이 전형적 가족에 집중될 가능성이 크다. 셋째, 건강가정의 개념이 모호하고 추상적이어서 구체적인 지향점을 알기 어렵다. 넷째, 이 법에서 규정하고 있는 서비스와 프로그램이 양육기 자녀가 있는 가족에 집중되어 있어서 다양한 가족의 욕구와 문제를 해결하고 지원할 수 있는 서비스를 포괄하지 못한다(김영화 외, 2015; 윤홍식 외, 2012; 조홍식 외, 2013).

한편, 2006년부터 5년마다 건강가정기본계획을 수립하기 시작하여 2016년에 제3차 건강가정기본계획(2016~2020년)을 수립하였다. 제3차 건강가정기본계획에서는 '다양한 가족의 삶의 질 향상'과 '남녀 모두 일·가정 양립 실현'이라는 정책 목표 아래 6대 정책과제와 이에 따른 20개의 단위과제를 제시하였다(〈표 4-4〉 참조).

<표 4-4>   **제3차 건강가정기본계획(2016~2020년)의 정책과제와 단위과제**

1. 가족관계 증진을 위한 서비스 기반 조성	1-1. 맞춤형 가족교육 지원 1-2. 가족상담 활성화 1-3. 가족 여가활동 확대
2. 가족유형별 맞춤형 서비스 지원 강화	2-1. 맞벌이가족 지원 2-2. 한부모가족 지원 2-3. 다문화가족 지원 2-4. 취약 · 위기 가족 지원
3. 정부-가족-지역사회 연계를 통한 돌봄 지원 강화	3-1. 아이 키우기 좋은 여건 조성 3-2. 돌봄 부담 해소를 위한 지역사회 조성 3-3. 가족돌봄 여건 조성
4. 남성과 여성, 기업이 함께하는 일 · 가정 양립 실천	4-1. 일 · 가정 양립 제도 정착 4-2. 남성의 일 · 가정 양립 지원 강화 4-3. 기업의 일 · 가정 양립 실천 촉진
5. 생애주기별 출산친화적 사회문화 조성	5-1. 고비용 결혼문화 개선 5-2. 임산부 배려문화 조성 5-3. 행복한 육아문화 확산 5-4. 양성평등 가족문화 조성
6. 가족환경 변화에 대응한 정책 추진체계 강화	6-1. 가족정책 법 · 제도 정비 6-2. 가족정책 전달체계 강화 6-3. 새로운 가족환경 변화에 선제적 대응

출처: 여성가족부(2016), p. 11.

(2) 「한부모가족지원법」

우리나라의 한부모가족 정책은 1989년 「모자복지법」의 제정에서 시작되었다. 이 법은 2002년에 「모 · 부자복지법」으로 변경되었고, 2007년에 65세 이상의 노인과 손자녀로 구성된 조손가족까지 대상자를 확대하면서 「한부모가족지원법」으로 변경되었다. 「한부모가족지원법」은 지원의 대상과 범위, 지원내용과 한부모가족 복지시설 등에 대한 규정을 담고 있으며, 3년마다 한부모가족실태조사를 실시하도록 규정하고 있다. 「한부모가족지원법」에 의한 구체적인 사업 내용은 〈표 4-5〉와 같다.

〈표 4-5〉 한부모가족지원사업 내용

사업명 및 개요	사업대상	수행기관
〈한부모가족자녀 양육비 등 지원〉 • 아동양육비: 만 13세 미만의 자녀, 월 12만 • 추가아동양육비: 조손 및 만 25세 이상의 미혼 한부모 5세 이하의 자녀, 월 5만 원 • 학용품비: 중학생 · 고등학생 자녀, 연 5만4천 원 • 생활보조금: 시설 입소가구, 월 5만 원	소득인정액 기준 중위소득 52% 이하 한부모 및 조손가족	자치단체
〈청소년한부모 자립지원〉 • 아동양육비 : 월 17만 원 • 검정고시학습비, 고등학생교육비, 자립촉진수당 등 지원	소득인정액 기준 중위소득 60% 이하 만 24세 이하 한부모가족	자치단체
• 권역별 미혼모 · 부자 지원기관 운영 *미혼모 · 부의 임신 · 출산 · 자녀 양육을 위한 초기 양육 지원, 상담 및 정보 제공 등	미혼모 · 부자 가족	지방자치단체 17개 지원 기관
〈한부모가족복지시설 지원〉 • 시설 기능 보강 : 시설 신축, 증 · 개축, 개 · 보수, 장비 보강 지원 • 한부모가족복지단체 지원 : 시설종사자 역량 강화 등 • 한부모가족복지시설 입소자 상담 · 치료 지원 • 시설배치 사회복무요원 인력경비 지원 • 공동생활가정형(매입, 임대) 주거 지원	각 시설의 시설종사자, 시설입소자, 사회복무요원 등	자치단체 민간단체 한부모시설/단체
〈한부모가족 무료법률구조〉 • 한부모가족 대상 법률상담, 소송대리, 기타 법률사무 등 무료법률구조 지원	「한부모가족지원법」 제5조, 제5조의2 제2항 한부모가족	대한법률구조공단
〈법원연계 이혼위기가족 회복지원〉 • 이혼위기가족 대상 가족기능 강화를 위한 상담 · 교육 · 문화 서비스 제공	이혼을 준비 중인 부부와 아동	지방자치단체 (전문기관 선정 · 운영)

출처: 여성가족부(2017e), p. 14.

　그러나 한부모가족지원사업은 가장 중요한 생계비 및 양육비 지원의 자격 기준이 중위소득 50~60%의 저소득층으로 제한되며, 「국민기초생활보장법」에 의한 지원과 중복하여 지급되지 않기 때문에 지원 대상이 매우 제한적이다. 「한부모가족지원법」의 지원을 받는 가구는 전체 한부모가족의 약 1/3에 불과한 것으로 추

정된다. 또한 지원 수준이 너무 낮아서 한부모가족을 위한 실질적인 지원체계로
서는 미흡한 실정이다(김영화 외, 2015).

(3) 「다문화가족지원법」

「다문화가족지원법」은 2008년에 제정, 실행되었으며, 총 16개의 조항과 부칙으
로 구성되어 있다. 「다문화가족지원법」의 주요 내용은 다음과 같다.

〈생활정보 제공 및 교육지원〉

결혼이민자 등의 배우자 및 가족 구성원이 결혼이민자 등의 출신 국가 및 문화 등
을 이해하는 데 필요한 기본적 정보를 제공하고 관련 교육을 지원할 수 있다.

〈평등한 가족관계의 유지를 위한 조치〉

다문화가족이 민주적이고 양성평등한 가족관계를 누릴 수 있도록 가족상담, 부부
교육, 부모교육, 가족생활교육 등을 추진하여야 하고, 문화의 차이 등을 고려한 전
문적인 서비스가 제공될 수 있도록 노력하여야 한다.

〈가정폭력 피해자에 대한 보호 · 지원〉

결혼이민자 등이 가정폭력으로 혼인관계를 종료하는 경우 의견 진술 및 사실 확인
등에 있어서 언어통역, 법률상담 및 행정지원 등 필요한 서비스를 제공할 수 있다.

〈의료 및 건강관리를 위한 지원〉

결혼이민자 등이 건강하게 생활할 수 있도록 영양 · 건강에 대한 교육, 산전 · 산후
도우미 파견, 건강검진 등의 의료서비스를 지원할 수 있으며, 의료서비스를 제공
받을 경우 외국어 통역 서비스를 제공할 수 있다.

〈아동 · 청소년 보육 · 교육〉

다문화가족 구성원인 아동 · 청소년이 학교생활에 신속히 적응할 수 있도록 교육
지원 대책을 마련하여야 하고, 학과 외 또는 방과 후 교육 프로그램 등을 지원할
수 있다. 언어발달을 위하여 한국어 및 결혼이민자 등인 부모의 모국어 교육을 위
한 교재 지원 및 학습을 지원할 수 있다.

〈다국어에 의한 서비스 제공〉

결혼이민자 등의 의사소통의 어려움을 해소하고 서비스 접근성을 제고하기 위하여 다국어에 의한 서비스 제공이 이루어지도록 노력하여야 한다. 2013년부터 다국어로 상담과 통역이 가능한 다문화가족 종합정보 전화센터(1577-1366)를 설치 · 운영하고 있다.

(4) 「가정폭력방지 및 피해자보호 등에 관한 법률」「가정폭력범죄의 처벌 등에 관한 특례법」

「가정폭력방지 및 피해자보호 등에 관한 법률」은 1997년에 제정되었으며, 총 22개 조항으로 구성되어 있다. 가정폭력, 가정폭력행위자, 피해자의 정의와 일시보호, 상담소 및 시설요건 등을 규정하고 있으며, 국가와 지방자치단체의 가정폭력 예방과 방지를 위한 책무를 명시하고 있다. 「가정폭력범죄의 처벌 등에 관한 특례법」(이하 「특례법」)은 1998년에 제정되었으며, 가정폭력 범죄의 형사처벌 절차에 관한 특례를 정하고 가정폭력범죄자에 대한 환경의 조정 및 교정을 위한 보호처분을 명시하고 있다.

① 가정폭력의 정의

「특례법」에서는 가정폭력을 "가정구성원 사이의 신체적, 정신적 또는 재산상 피해를 수반하는 행위"로 규정하고, 가정구성원으로 배우자, 직계존비속, 계부모와 자녀관계, 기타 동거 친족이거나/이었던 경우로 규정하고 있다(제2조).

② 가정폭력범죄의 신고 및 고소, 처리

가정폭력범죄의 신고 및 고소는 피해자를 포함하여 누구든지 할 수 있으며, 경찰, 검찰, 수사기관, 법원 등에서 이를 처리하도록 명시하고 있다.

③ 가정폭력 가해자 및 피해자 보호처분 및 명령

판사는 가해자에 대한 최장 6개월 간의 보호처분(접근 행위 및 친권행사 제한, 사회봉사명령이나 수강명령, 보호관찰, 보호 및 치료, 상담 위탁 등)을, 피해자에 대해서는 최장 6개월의 피해자보호명령을 내리도록 명시하고 있다.

2) 양육 및 돌봄 관련 정책

(1) 「남녀고용평등과 일 · 가정 양립 지원에 관한 법」

고용상의 여성노동자에 대한 성차별을 해소하기 위하여 1987년에 「남녀고용평등법」이 제정되었으나 기혼여성 노동자는 자녀양육과 사회적 노동의 이중 역할 및 출산 후 경력 단절로 인해 고용상 지위가 개선되기 어려웠다. 이에 정부에서는 2007년에 「남녀고용평등법」을 「남녀고용평등과 일 · 가정 양립 지원에 관한 법률」로 개정하였다.

이 법에서 가족 지원과 관련된 부분은 '3장 모성보호' 부분으로, 출산 전후 휴가에 대한 지원 , 배우자 출산휴가, 육아휴직 및 육아기 근로시간 단축, 육아지원을 위한 그 밖의 조치, 직장 복귀를 위한 사업주의 지원, 직장어린이집 설치 및 지원, 근로자의 가족 돌봄 등을 위한 지원 등에 관한 내용을 담고 있다. 주요 내용은 다음과 같다.

〈출산 전후 휴가에 대한 지원 및 배우자 출산휴가〉

「근로기준법」에 따른 출산 전후 휴가 또는 유산 · 사산 휴가를 사용한 근로자에게 휴가기간에 대하여 통상임금에 상당하는 금액(이하 '출산전후휴가급여 등'이라 한다)에 따라 사업주가 지급하는 것으로 본다. 배우자가 출산한 경우 3일 이상 5일 이내의 휴가를 주어야 하며, 휴가기간 중 최초 3일은 유급으로 한다.

〈육아휴직 및 육아기 근로시간 단축〉

만 8세 이하 또는 초등학교 2학년 이하의 자녀(입양한 자녀를 포함한다)를 양육하기 위하여 1년 이내의 육아휴직을 신청할 수 있다. 육아휴직 급여는 휴직 기간 동안 매월 통상임금의 40%가 지급된다(상한액: 월 100만 원, 하한액: 월 50만 원). 사업주는 육아휴직을 이유로 해고나 그 밖의 불리한 처우를 해서는 아니 되며, 육아휴직을 마친 후에는 휴직 전과 같은 업무 또는 같은 수준의 임금을 지급하는 직무에 복귀시켜야 한다. 육아휴직을 신청할 수 있는 근로자가 육아휴직 대신 최장

> 1년간 육아기 근로시간 단축을 할 수 있으며, 단축 시 근로시간은 주당 15시간 이상 30시간 미만이다.
>
> 〈근로자의 가족 돌봄 등을 위한 지원〉
> 근로자가 그 부모, 배우자, 자녀 또는 배우자의 부모의 질병, 사고, 노령으로 인하여 가족을 돌보기 위한 가족돌봄휴직(무급)을 최장 90일까지 신청할 수 있다.

「남녀고용평등과 일·가정 양립 지원에 관한 법률」은 기업에 대해 가족친화적 지원과 책임을 요구하는 내용을 담고 있지만 "~수 있다"라는 권고사항 위주로 되어 있어 실행에 대한 강제성과 구속력이 부족하기 때문에 실효성이 매우 미흡하다. 지원 영역이 주로 아동에 집중되어 어린 자녀를 둔 맞벌이가족을 우선적으로 지원하고 있으며, 육아나 돌봄 휴직급여도 수준이 낮거나 무급이어서 임금보전이 되지 않고, 휴직기간이 짧다는 문제점을 가지고 있다. 또한 일·가정 양립을 모성보호 조항에서 다루는 것은 여전히 자녀 양육과 가족 돌봄을 여성의 문제로 국한함으로써 기업이 여성 고용을 기피하도록 하는 원인이 될 수 있으며, 남성의 양육 참여에 관한 조항은 배우자 출산휴가(최대 5일)에 불과하여 성평등을 촉진하기에 매우 미비하다.

(2) 「영유아보육법」

1991년에 제정된 「영유아보육법」은 6세 미만의 취학 전 영유아의 보호와 교육뿐만 아니라 보호자의 경제적·사회적 활동이 원활하게 이루어지도록 함으로써 영유아 및 가정 복지 증진에 이바지함을 목적으로 한다(동법 제1조). 저출산문제가 심각해지기 시작한 2004년과 2008년에 걸쳐 대폭 개정된 「영유아보육법」은 여성의 노동권 보장을 위한 사회적 책임강화와 보육의 질 개선을 강조한다. 주요 내용은 어린이집의 설치 및 운영, 보육료 지원 등이다. 가족 지원과 관련된 보육료 지원 및 가정양육수당에 대하여 살펴보면 다음과 같다.

〈보육료 지원〉

만 0~5세까지 어린이집을 이용하는 영유아(장애아 및 다문화가족 아동의 경우 12세까지)에 대해 소득 및 재산 수준에 상관없이 보육료를 지원한다. 만 0~2세의 경우 만 0세는 43만 원(종일형)/34만4천 원(맞춤형), 만 1세는 37만8천 원/30만2천 원, 만 2세는 31만3천 원/25만 원을 지원받는다. 3~5세(누리과정)의 경우 22만 원을 지원받는다(2018년 기준).

〈가정양육수당〉

보육료 지원 아동과의 형평성을 위해 어린이집을 이용하지 않는 아동에 대해서도 양육수당을 지급한다. 12개월 미만은 20만 원, 12~24개월 미만은 15만 원, 24개월 이상부터 만 5세(취학 전 연령의 12월)까지는 10만 원을 지원받는다(2018년 기준).

「영유아보육법」상 가정양육수당은 가정 양육, 특히 어린이집 이용 이전의 영아 양육을 국가가 지원한다는 점에서 의의가 있으나, 여성이 가정에서 자녀를 양육하도록 함으로써 노동시장 참여를 제한한다는 점과 양육의 가치에 비해 보상 수준이 너무 낮고 일과 양육을 병행해야 하는 한부모가정은 원천적으로 지원을 받을 수 없다는 한계를 가지고 있다.

(3) 「아이돌봄지원법」

「아이돌봄지원법」은 부모의 맞벌이 등의 사유로 양육 공백이 발생한 가정의 만 12세 이하의 아동을 대상으로 아동의 집으로 아이돌보미가 찾아가는 아이돌봄서비스를 제공하여 부모의 양육 부담을 경감하고 시설보육의 사각지대를 보완하고자 2016년부터 시행되었다. 시간 단위 돌봄(1회 2시간 이상)을 제공하는 '일시 돌봄'과 만 36개월 이하 영아를 종일 돌보는 '영아종일제'로 구분된다. 1일 1회 4시간 이상 양육 공백이 발생하는 가정(취업 한부모, 장애부모, 맞벌이 가정, 다자녀 가정, 기타 양육 부담 가정)에 대해서는 월 120~200시간 이내에서 정부가 비용을 지원하지만, 양육 공백이 발생하지 않는 경우(전업주부 등)에는 비용을 전액 본인이 부담해야 한다.

(4) 노인장기요양보험제도

노인장기요양보험제도는 인구 고령화와 노인 돌봄 문제가 사회적 이슈로 부각되면서 2008년부터 실행되었다. 65세 이상 어르신 또는 65세 미만의 노인성질환자로서 장기요양등급판정위원회(국민건강보험공단)에서 1~5등급을 판정받은 경우를 대상으로 하며, 서비스 내용은 시설급여(요양시설 입소)와 재가급여(방문요양, 방문목욕, 방문간호, 주야간보호)로 구성된다. 1~2등급은 시설급여를, 3~5등급은 재가급여를 받을 수 있으며, 재가급여의 경우에는 15%, 시설급여의 경우에는 20%의 본인부담금을 내야 하나 기초생활수급자는 본인부담금이 면제된다. 가족의 노인 돌봄과 직접 관련된 가족요양보호사와 특별현금급여(가족요양비)의 내용은 다음과 같다.

〈가족요양보호사〉

가족요양보호사란 가족(배우자, 직계혈족 및 형제자매, 직계혈족의 배우자, 배우자의 직계혈족 및 배우자의 형제자매)이 요양보호사 자격을 취득한 후 돌보는 노인의 요양보호사로 지정되어 이들의 돌봄서비스에 대한 급여를 현금으로 지급하는 것이다. 가족요양보호사는 월 160시간 이상 상근하는 직업을 가지고 있지 않은 경우에 한하며, 가족요양보호사에 의한 방문요양 급여는 월 20일 범위 내에서 1일 60분의 급여비용만 산정하고, 가족요양보호사가 65세 이상인 경우와 수급자가 치매로 인한 문제행동이 있는 경우에는 월 20일을 초과하여 1일 90분의 급여비용이 산정된다. 가족요양보호사의 급여액은 대략 월 20~25만 원이다.

〈특별현금급여(가족요양비)〉

노인장기요양보험은 가족의 노인 돌봄 부담을 사회적 제도를 통해 경감함을 목적으로 요양시설과 요양서비스를 제공하지만, (도서나 산간벽지, 천재지변, 감염병 및 정신장애 등의 이유로) 가족, 친지, 이웃 등으로부터 요양서비스를 받을 때 요양제공자에게 월 15만 원(2018년 현재)의 현금급여를 제공한다.

노인장기요양보험제도는 노인 돌봄을 사회적으로 제도화하였다는 의미가 있으나, 장기요양등급을 인정받기가 어려워서 전체 노인의 7% 정도만 서비스를 받고 있고, 등급을 인정받은 경우에도 비용의 본인부담 수준이 높은 편이며, 가족 돌봄과 관련된 지원이 미흡하다. 특히 가족요양보호사의 경우에는 여성의 가족 내 돌봄을 고착화하는 측면과 현금 급여의 오용가능성, 가족의 비전문적 서비스에 대한 의존과 공적 서비스 발달의 지연 등이 문제로 지적되고 있다(최인희, 김정현, 2013).

4. 가족정책의 전달체계

가족복지정책의 전달체계는 가족복지정책과 서비스를 수급자나 이용자에게 원활하게 전달하기 위하여 마련된 조직체계이다. 가족복지정책의 주체는 정부(중앙정부와 지자체)이지만 전달체계에는 공공조직과 민간 사회복지기관 및 조직이 모두 포함된다. 따라서 우리나라의 가족복지전달체계는 중앙정부의 보건복지부와 여성가족부, 지자체의 가족 및 복지 관련 주무부서, 건강가정지원센터와 다문화가족지원센터를 비롯한 공공 및 민간 가족복지 관련 기관과 시설이 모두 포함된다. 다음에서는 가족정책의 전반적인 전달체계를 살펴보고, 가족정책의 핵심전달체계인 건강가정지원센터와 다문화가족지원센터를 살펴본다.

1) 전달체계

중앙정부의 가족정책 주무부서는 보건복지부와 여성가족부이다. 2005년에 가족 관련 업무가 여성가족부로 이관되기 전까지 가족복지를 주관하던 행정부서는 보건복지부였다. 보건복지부 내에서 가족복지 업무는 요보호가족에 대한 사후지원서비스 제공이나 가정의례 보급이나 홍보와 같은 지엽적인 업무에 치중되었다. 가족복지 업무는 보건복지부 내에서 주요업무로서의 위상을 갖지 못하고 사회적 상황이나 정권 변화에 따라 부처 이동을 거듭하였다. 예컨대, 한부모가족지원 업무는 보건복지부에서 담당하다가 2004년에 여성가족부로 이관되었고, 2008년에 보건복지부가 보건복지가족부로 개편되면서 보건복지가족부로 이관되었으며, 2010년에는 정부 조직의 개편으로 다시 여성가족부로 이관되었다(송다영, 2005). 이처럼 우리나라의 가족정책은 전체를 총괄하는 주무부처의 부재와 거듭된 변동으로 정책 집행에 많은 한계를 가지고 있다.

현재 보건복지부에서는 인구정책실의 업무가 가족정책과 관련된다. 인구정책실에서는 인구아동정책관, 노인정책관, 보육정책관을 두고 아동, 노인, 보육 관련 사항을 총괄한다. 다만, 「남녀고용평등과 일·가정 양립 지원에 관한 법률」의 경우에는 기업과 관련되므로 고용노동부에서 관할한다. 여성가족부의 가족지원과, 가족정책과 등에서 가족정책과 관련된 업무를 관할한다.

〈표 4-6〉 가족정책의 중앙정부 주무부서

가족정책 범주	관련 법 및 제도	주무부서
가족지원	「건강가정기본법」	여성가족부
	「한부모가족지원법」	여성가족부
	「다문화가족지원법」	여성가족부
	「가정폭력방지 및 피해자보호 등에 관한 법률」	여성가족부
양육 및 돌봄	「남녀고용평등과 일·가정 양립 지원에 관한 법률」	고용노동부
	「영유아보육법」	보건복지부
	「아이돌봄지원법」	보건복지부
	노인장기요양보험제도	보건복지부

지자체에서 광역시 또는 도, 시·군·구 단위의 가족정책 업무는 광역시에서, 도의 경우 여성가족정책실이나 여성가족국에서, 시·군·구의 경우에는 사회복지과나 여성가족과, 여성정책과, 가정복지과 등에서 이루어진다. 서울특별시의 경우에는 여성 가족정책실 내에 여성가족, 출산육아, 외국인다문화, 아동청소년 관련 담당관을 두어 가족정책 업무를 담당하고 있으며, 부산광역시의 경우에는 여성가족국에서 여성가족, 출산보육, 아동청소년 업무를 담당한다. 그러나 지자체마다 가족정책 관련 부서의 위상이 정확하지 않고 업무가 여러 과에 분산되어 있어 가족정책 업무에 있어 통합성과 체계성이 부족하다. 가족정책이 추구하는 목표를 효과적으로 실현할 수 있도록 통합적이고 포괄적인 전달체계가 구축되어야 할 것이다.

한편, 중앙정부 및 지자체의 전달체계와 별도로 가족 관련 서비스는 민간 사회복지 및 가족관련 기관과 시설도 가족정책의 전달체계에 포함된다. 가족정책의 전달체계에 포함될 수 있는 기관들로는 사회복지관, 건강가정지원센터, 다문화가족지원센터, 노인 및 아동, 장애인, 정신장애인 복지시설, 모자복지시설, 보육시설, 가정폭력상담소 및 보호시설 등이 포함된다. 이들 기관들은 관련 가족정책에 따라 대상별로 특성화된 서비스를 제공한다.

2) 건강가정·다문화가족지원센터

건강가정지원센터와 다문화가족지원센터는 가족정책의 핵심전달체계이다. 최근에는 건강가정지원센터와 다문화가족지원센터가 통합되면서 건강가정·다문화가족지원센터가 늘어나고 있다. 건강가정지원센터는 2004년에 3개소 설립으로 시작되었으며, 다문화가족지원센터는 2006년에 '결혼이민자가족지원센터'라는 명칭으로 21개소로 시작되어 2008년의 「다문화가족지원법」 제정 이후에는 '다문화가족지원센터'로 변경되었다. 2016년부터 건강가정지원센터 및 다문화가족지원센터의 통합서비스가 실시되기 시작하여 2017년 현재 전국적으로 건강가정·다문화가족지원센터 101개소, 건강가정지원센터 66개소가 운영되고 있다(여성가족부, 2017a).

전달체계로서의 건강가정지원센터는 여성가족부의 계획 및 사업비 지원으로 운영되며, 중앙관리기관인 한국건강가정진흥원을 두고 전국 시·도 및 시·군·구 건강가정지원센터로 운영된다. 한국건강가정진흥원은 각 지역 건강가정지원센터의 사업지원과 평가, 직원교육, 사업 매뉴얼 개발 등의 기능을 하고 있다. 시·도 센터는 시·군·구 센터에 대한 인적자원 역량 강화(교육지원), 특성화사업 및 정책지원(사업지원), 네트워크 활성화(연계) 및 홍보 등의 사업을 실행한다.

시·군·구 건강가정지원센터의 주요사업은 가족돌봄나눔, 가족교육, 가족상담, 가족문화, 지역사회연계의 5개 영역이다. 독립형 건강가정지원센터는 5개 영역의 수행사업을 모두 실시하도록 되어 있고, 다기능화센터는 4개 영역의 사업을 수행한다. 가족교육, 가족상담, 가족문화 영역은 필수이며, 가족돌봄나눔 영역과 지역사회연계 영역 중 1개 영역을 선택한다(〈표 4-7〉 참조). 이외에 여성가족부의 별도예산으로 추진되는 사업으로 아이돌봄지원사업, 취약 및 위기가족 돌봄지원(가족역량 강화사업), 법원연계 이혼위기가족 회복지원사업, 권역별 미혼모·부자 지원기관 운영 지원사업, 공동육아나눔터 사업, 워킹맘·워킹대디 지원센터 운영 등이 있다.

〈표 4-7〉 시·군·구 건강가정지원센터의 공통사업

영역 \ 구분	시·군·구 건강가정지원센터의 공통사업	내용
가족돌봄 나눔 *3가지 사업 중 2가지 선택	모두가족 봉사단	기존의 가족봉사단의 활동 내용을 '돌봄'을 주제로 전환하여 운영
	모두가족 품앗이	전업주부와 맞벌이 주부가 함께 운영하는 품앗이, 남성이 참여하는 품앗이 등 다양한 그룹 운영
	아버지-자녀가 함께 하는 돌봄 프로그램	1일 2시간 이상, 연간 24시간 이상
가족교육	생애주기별 가족교육	• 가족 내에서 발생하는 문제를 예방하고 가족 구성원의 역량을 강화시키기 위한 부모, 부부, 조부모, 자녀 등 가족을 대상으로 한 생애주기별 다양한 교육 • 예비/신혼기·중년기·노년기 부부교육 등 • 예비부모교육, 영유아기·아동기·청소년기 자녀를 둔 부모교육
	남성 대상 교육	• 아버지교육, 찾아가는 아버지 교육, 남성 대상 자기돌봄 교육 등 • 연간 20시간 이상
가족상담	가족(집단)상담	• 생애주기에 따라 발생하는 가족 내 다양한 갈등과 문제해결을 위한 상담사업 • 개인을 대상으로 하는 개별적 접근과 가족 구성원이 함께 참여하는 가족 단위의 통합적 접근을 포함 • 가족 단위의 면접상담 유도 • 연간 상담 실적이 100명 이하인 센터는 가족집단 상담을 연간 2건 이상 반드시 포함
가족문화	가족사랑의 날	연 10회, 수요일, 연간 20시간 이상 (※참여자의 상황 등을 고려하여 요일 변경 가능)
	가족친화문화 프로그램	가족캠프, 가족축제, 가족체험활동 등
지역사회 연계	지역사회 협의체 참여, 협약 및 연계사업	지역사회 협의체, 유관기관 네트워크 활용 및 참여

출처: 여성가족부(2017a), pp. 42-43.

한편, 다문화가족의 안정적인 정착과 가족생활을 지원하기 위하여 설립된 다문화가족지원센터에서는 가족교육 및 자녀교육과 상담, 통·번역 및 정보 제공, 역량 강화 지원 등 종합적 서비스를 제공한다. 다문화가족지원센터는 시·도 거점센터와 시·군·구 센터가 있다. 다문화가족지원센터 프로그램은 가족, 성평등, 인권, 사회통합, 상담, 홍보 및 자원 연계 등의 영역에서 실행된다. 다문화가족지원센터의 프로그램과 사업내용은 〈표 4-8〉과 같다.

〈표 4-8〉 **다문화가족지원센터의 프로그램과 사업**

영역	기본 프로그램	별도 지원사업
가족	다문화가족 이중언어환경 조성사업, 가족관계향상 프로그램 등	• 다문화가족방문교육 • 언어발달지원사업 • 통·번역서비스사업 • 다문화가족사례관리사업 • 결혼이민자 멘토링사업 • 다문화가족 자녀성장 지원사업
성평등	배우자부부 교육 등	
인권	다문화이해 교육 등	
사회통합	취업지원, 자조모임 등	
상담	가족상담, 사례관리 등	
홍보 및 자원 연계		

출처: 여성가족부(2017a), p. 11.

건강가정지원센터와 별도로 운영되어 왔던 다문화가족지원센터는 서비스 전달체계의 이원화와 다문화가족에게 집중되는 서비스 문제 등으로 통합 논의가 지속적으로 이루어졌다. 그러나 건강가정지원센터와 다문화가족지원센터의 정체성과 서비스 내용 및 대상의 상이성으로 인하여 성급한 통합에 대한 우려도 존재하였다(이승미 외, 2012). 2016년부터 건강가정지원센터와의 통합운영기관으로 변경되기 시작하였으며, 통합센터의 조직유형은 확대형과 일반형으로 지역 여건과 특성에 맞게 시행하도록 하고 있다. 2017년 기준 확대형으로 101개소, 일반형으로 118개소가 운영되고 있다(여성가족부, 2017b).

건강가정지원센터는 가족정책의 중추적 전달체계임에도 불구하고, 기존의 가족복지와 관련된 사업을 수행하는 종합사회복지관, 여성 관련 기관 및 여성 단체 상담소의 서비스와 기능 면에서 중첩된다는 지적을 받고 있다. 또한 기존의 가족복지 관련 기관과 명확한 관계를 설정하고 있지 못하고, 통합적인 서비스를 구축하기 위한 네트워크가 없는 상황에서 업무 중복 혹은 가족에 대한 접근방식의 상이함으로 인해 갈등을 초래하는 측면이 문제로 지적된다. 특히 기존의 사회복지관에서 건강가정지원센터의 주요 사업과 관련된 서비스를 이미 제공하고 있음에도 불구하고 경제적 계층별로 별도의 지원 기관이 존재해야 하는가에 대한 비판이 제기되었다(조흥식 외, 2013). 또한 최근 건강가정지원센터와 다문화가족지원센터의 통합과 관련된 찬반 논쟁 등 가족정책 전달체계 상의 혼란을 극복하는 것도 주요 과제로 제기되고 있다.

5. 우리나라 가족정책의 방향과 과제

지금까지 우리나라의 가족정책은 출산 억제 및 촉진 정책, 일부 가족에 대한 부분적인 지원이 위주가 되었으며 가족 내의 양육과 돌봄 기능을 개별 가족, 특히 가족 내 여성에게 전담하도록 하였다. 그러나 앞으로 가족정책은 가족을 통한 복지가 아니라 가족 부담의 사회화, 즉 탈가족화의 방향으로 수립되어야 한다. 특히 앞으로의 사회는 점차 일자리 부족과 고용 불안정 때문에 소득 안정화와 개인화에 기반을 둔 자아실현의 욕구가 증가하고 여성의 노동시장 진출이 확대되어 남녀 맞벌이가 보편화될 것이다. 이에 따라 전통적 가족정책을 유지하기가 어려울 것이므로, 가족 안에서 이루어졌던 양육과 돌봄의 책임을 가족과 사회가 분담하는 '탈가족화'가 새로운 가족정책의 패러다임이 되어야 한다(송다영, 정선영, 2013). 무엇보다 아동의 양육과 노인 돌봄이 개별 가족의 책임이 아니라 공공의 책임이라는 사회적 합의가 이루어져야 하고, 이를 기반으로 정책과 서비스가 개발되어야 할 것이다. 이에 따라 아동과 노인에 대한 양육과 돌봄 시설의 확충, 양육 및 돌봄 서비스 제공 확대, 변화하는 가족형태 및 가족문화에 따른 가족지원 제도의 정비 등이 주요 과제가 된다.

또한 앞으로의 가족정책은 여성에게 가족과 노동을 모두 요구하기보다는 성평등한 분담을 지향해야 한다. 여성의 노동시장 참여가 확대되고 있는 상황에서 일·가정 양립문제를 여성의 문제로만 강조하여 모성 보호를 중심으로 지원하기보다는 사회구성원 전체의 문제로 설정하여 추진해 나가야 한다. 성평등적 가족정책은 두 가지 축으로 구성되는데, 하나는 여성이 노동시장에 참여하는 데 방해되는 요인과 조건을 제거하는 '여성의 시장화'이고, 다른 하나는 양육 및 돌봄 노동에 남성의 참여를 사회적으로 제도화하는 '남성의 가족화'이다(김인숙, 2011). 가족정책은 고용정책과 긴밀하게 연결되어 모든 사회구성원이 사회적 노동에 참여하는 동시에 가족 역할을 수행할 수 있도록 각종 지원을 강화하고 확대해 나가야 한다. 일·가정 양립정책은 부모 역할과 사회적 노동의 양립을 가능하게 함으로써 가족의 고용 기회를 강화하고 가족 빈곤을 예방할 수 있으며, 현재 우리나라의 심각한 사회문제인 저출산 문제의 해결에도 효과적이다. 이를 위해서는 자녀를 양육하고 가족원을 돌보는 일에 남성의 참여를 촉진하는 방향으로 가족정책이 전환되어야 할 것이다.

마지막으로, 앞으로 가족정책은 다양한 가족의 형태와 구조, 가족 안의 다양한 삶을 지원해야 한다. 결혼이나 출산은 더 이상 강제적인 규범이나 제도적 규율이 아니며, 생애주기의 변화와 비정형화에 따라 다양한 가족관계가 출현하고 있다. 이에 따라 새로운 가족구조와 관계를 떠받치고 지원해 줄 새로운 가족정책이 필요하다. 결혼한 유자녀가족 위주의 가족정책에서 벗어나 비혼가족, 독신, 노인만으로 이루어진 가족, 공동생활과 유사가족 등 새로운 가족의 출현에 걸맞는 유연하고 다양한 가족정책이 제시되어야 할 것이다.

생각해 보기

1. 가족정책과 가족복지정책의 개념을 구분해 보고, 대상으로서의 가족정책과 목적으로서의 가족정책을 구분해 보자.
2. 우리나라의 가족정책은 가족정책의 세 가지 관점(자유주의적 관점, 보수적 관점, 평등주의 관점) 중 어느 관점에 해당하는지 생각해 보자.
3. 일 가정의 양립을 지원하기 위한 가족정책의 종류를 생각해 보자.
4. 다문화가족 지원센터의 기능과 개선점에 대해 생각해 보자.
5. 앞으로 우리나라의 가족정책이 지향해야 할 주요 방향성에 대해 생각해 보자.

참고문헌

김영화, 이진숙, 이옥희(2015). 성인지적 가족복지론. 경기: 양서원.

김인숙(2011). 한국 가족의 현주소와 가족정책의 방향. 복지동향. 5, 5-7.

선우덕, 강은나, 황주희, 이윤경, 김홍수, 최인덕, 한은정, 남현주, 서동민, 이선희(2016). 노인장기요양보험의 운영 성과 평가 및 제도모형 재설계 방안. 한국보건사회연구원.

성정현, 여지영, 우국희, 최승희(2010). 가족복지론. 경기: 양서원.

손병덕, 황혜원, 전미애(2014). 가족복지론. 서울: 학지사.

송다영(2005). 가족복지서비스 전달체계 수립을 위한 방향과 원칙에 관한 탐색적 연구. 한국사회복지학, 57(4), 225-251.

송다영, 정선영(2013). 통합적 가족정책으로의 패러다임 전환을 위한 과제. 비판사회정책, 39, 145-189.

양옥경, 이재경, 김인숙, 윤홍식, 송다영, 박영희, 정순둘, 김유순, 김신열, 이은주, 류미란, 최명민, 이선혜(2007). 가족복지의 정책과 실천. 경기: 공동체.

여성가족부(2016). 제3차 건강가정 기본계획(2016~2020). 여성가족부.

여성가족부(2017a). 2017년도 건강가정지원센터사업안내. 여성가족부.

여성가족부(2017b). 2017년도 다문화가족지원사업안내. 여성가족부.

여성가족부(2017c). 2017년도 다문화가족지원센터사업안내. 여성가족부.

여성가족부(2017d). 2017년도 아이돌봄지원사업안내. 여성가족부.

여성가족부(2017e). 2017년도 한부모가족지원사업안내. 여성가족부.

유지영, 성문주(2013). 우리나라 국민연금에 대한 성인지적 분석. 디지털정책연구, 11(3), 1-12.

윤홍식, 송다영, 김인숙(2012). 가족정책: 복지국가의 새로운 전망. 경기: 공동체.

이승미, 송혜림, 라휘문, 박정윤(2012). 가족복지전달체계 통합을 위한 기초연구. 한국가정관리학회지, 30(5), 1-15.

조흥식, 김혜란, 김혜련, 신은주(2013). 가족복지학. 서울: 학지사.

최인희, 김정현(2013). 가족요양보호사와 가족돌봄자의 돌봄부담 영향요인 비교연구. 가족과 문화. 25(3), 159-185.

Gauthier, A. (1996). *The State and the Family*. New York: Oxford University Press.

Harding, L. F. (1996). *Family, State and Social Policy*. London: Macmillan.

Koerin, B. B., Harringan, M. P., & Secret, M. (2008). Eldercare and Employed Caregivers: A Public/Private Responsibility?. *Journal of Gerontological Social Work*, *51*(1/2), 143-161.

Lewis, J. (1998). *Gender, Social Care and Welfare State Restructuring in Europe*. Aldershot: Ashgate.

Zimmerman, S. L. (1995). *Understanding Family Policy: Theories and Applications*. Thousand Oaks, CA: Sage.

제3부

◇◇◇◇◇◇◇◇◇◇◇◇◇◇◇◇◇◇◇◇◇◇◇◇

가족복지실천

제5장 가족 사정

가족이 직면한 도전을 해결하고 욕구를 충족시키기 위해서는 먼저 가족 관련 당사자들에 대한 이해와 현재의 상황에 대한 사실 파악이 우선되어야 한다. 따라서 가족과 관련된 정보들을 수집하고 파악된 정보에 기반해서 당사자들과 함께 개입 계획을 세우며 서비스 방향과 목표를 수립하게 된다. 여기서의 정보는 개인 심리내적 측면과 가족체계 및 가족 간의 상호작용에 대한 정보와 함께 그들이 처한 사회적 환경 및 개인의 성장배경이라는 측면도 포함한다. 이 장에서는 서비스 제공과 목표 설정을 위한 사정에 요구되는 자료 수집 방법과 영역, 그리고 정보 및 사실 파악을 위해 일반적으로 현장에서 활용하는 도구들을 살펴보도록 한다.

1. 가족 사정

가족 구성원 개인이나 가족원 모두에게 필요한 서비스를 제공하기 위해서는 먼저 가족이 어떤 상황에 처해 있고, 그들이 직면한 도전은 무엇이고, 그 도전을 어떻게 다루어 왔으며 활용 가능한 자원과 강점은 무엇인지를 파악해 나가야 한다. 이런 자료 수집 과정을 통해서 가족과 그들의 환경에 대한 이해를 넓혀 나가게 된다. 이렇게 수집된 기본 자료에 근거해서 접근방식에 대한 가설적 토대를 구성하며, 필요한 자원과 지원 체계 그리고 서비스 형태와 개입 수준, 목표를 설정하게 된다. 이러한 체계적 과정을 사실 파악을 통한 사정이라고 한다. 더 쉬운 말로 표현하면, 가족을 둘러싼 여러 가지 현황과 형편을 파악하고 이해해서 전체적으로 판단하고 평가하는 과정이다.

수집된 정보를 통한 사정은 대개 개입 초기에 이루어지지만 새로운 사실이 드러나고 정보가 추가되면서 지속적으로 이루어지며, 이에 따라 제공되는 서비스도 수정되거나 추가되기도 한다. 가족 사정은 가족을 하나의 단위로 보며, 그 가족 고유의 상호작용 방식과 자원 및 관계 등을 파악해서 서비스의 방향을 결정하게 된다. 여기에 부가해서 필요한 경우에는 구성원 개인에 대한 사정과 서비스, 그리고 부부에 대한 사정과 서비스도 병행하게 된다.

초기단계의 사정은 필요한 정보를 파악해서 서비스의 방향을 결정하기 위하여 이루어진다. 가족이 처한 도전은 무엇이며 욕구가 어떻게 충족되고 또는 충족되지 못하는지, 자원은 무엇인지 등 가족 간의 상호작용 방식과 가족체계에 대한 초기단계의 자료를 수집한다.

중기단계의 사정은 서비스가 제공되는 과정을 다루는 것으로, 서비스 전달에 어려움은 없는지, 서비스는 적절한지, 만족하는지, 서비스를 통해서 변화가 일어나고 있는지 등을 사정한다. 마지막으로는 서비스 종결을 위한 사정이 이루어진다. 서비스를 통해서 욕구가 해결되었는지, 어떤 변화가 일어났는지, 그리고 종결에 따른 감정처리를 다룬다. 이외에도 새로운 상황이나 정보가 드러나고 변화가 요구되면 언제든지 사정을 다시 하게 된다.

가족 사정에서 주의할 점 중 하나는 전문가에 의해서 모아진 객관적인 자료에 대한 사정뿐만 아니라 가족의 주관적 사정으로 그들이 처한 상황에 대한 가족 구성원 당사자의 입장과 반응, 느낌, 해결법과 그 의미 등을 포함해야 한다. 예를 들어, 집안에 쓰레기를 쌓아 두어서 문제가 생기는 경우라면 객관적으로는 불결하고, 감염의 위험이 있으며, 주변에서 냄새로 인한 민원이 제기된다. 하지만 정작 당사자들은 별 문제로 여기지 않으며 쓰레기가 아니라 자원으로 여겨 계속 수집하고 있는 경우도 있다. 가정폭력이나 음주의 경우에도 객관적으로는 심각한 문제로 여겨지지만 본인과 가족은 문제의식이 별로 없는 경우가 있다. 이외에도 문제에 대한 당사자의 생각과 해결법이 그들 나름의 방법을 가지고 있는 경우가 많다. 이런 당사자의 지식과 방법은 존중되어야 하며 전문가와 함께 논의되고 깊이 고려되어야 한다. 왜냐하면 그런 당사자의 지식과 방법이 당사자들에게 더 유용하며 적용 가능한 방법이기 때문이다.

그리고 사정을 위한 자료 수집을 하다 보면 정해진 형식과 양식에 따라 사무적으로 처리해 나갈 수 있지 않은가라는 의문이 들 수도 있다. 그러나 결코 그렇지 않다. 왜냐하면 사회복지의 특징이자 큰 강점은 대인서비스라는 점 때문이다. 사

람을 돕기 위한 서비스는 사람 간의 만남과 상호작용을 통해 주고받는 소통의 과정이다. 그리고 사람 간의 대화를 통해서 서로 공감하고 이해하며 지지하는 과정 자체도 사실 파악만큼이나 중요하고 치료적 효과를 가지는 상호작용으로 간과될 수 없기 때문이다. 그래서 기계적이고 사무적인 자료 수집 과정과 인간적인 만남과 교류를 통한 소통과 사실 파악은 질적인 면에서 전혀 다른 것이다(최선화, 2012: 18-19).

2. 사정의 영역

가족복지에서는 가족 구성원으로서의 개인뿐만 아니라 전체로서의 가족, 즉 체계로서의 가족에 대한 접근이 동시에 이루어져야 한다. 이러한 관점은 특히 가족치료에서 체계가 각 구성원에게 영향을 미친다는 관점이다. 그러므로 가족체계와 상호작용 및 역동성에 대한 사정을 포함해야 한다.

가족체계에서 가장 중요한 체계는 부부 하위체계, 그리고 자녀가 있는 경우에는 부모 하위체계가 된다. 이들과 대비되는 형제자매 하위체계가 있다. 각 체계는 고유의 기능을 가지며, 부모는 자녀보다 힘과 권위의 우위에 놓이게 된다. 이들 체계 간의 상호작용으로 의사소통 방식과 유형, 경계선과 위계, 가족규칙 등이 존재한다. 그 외에도 가족 신화나 가족의 비밀 등이 가족 모두의 삶에 어떤 영향을 미치는지를 살펴보아야 한다. 이런 가족체계에 대한 사정은 구조적 가족치료와 경험적 가족치료 등 제7장의 가족치료 부분에서 좀 더 자세히 다루어진다.

부부체계에 대한 사정은 부부관계 만족도, 성관계, 의사소통, 외도, 폭력, 성역할 갈등 등의 영역이 다루어진다(김유숙 외, 2017: 71-79). 이외에도 문화 차이 또는 장애 유무, 그리고 약물남용 등 부부관계와 만족도에 영향을 미치는 요소와 영역들이 다루어지게 된다.

가족의 발달주기도 가족의 삶에 큰 영향을 미치며 각 시기마다 고유의 과업을 수행해 나가게 된다. 따라서 발달주기에 맞는 과업을 수행해 나가도록 돕기 위해서는 가족이 처한 발달주기에 대한 이해와 함께 발달과업을 달성할 수 있도록 도와 나가야 한다.

〈표 5-1〉 정문자의 한국가족생활주기

생활주기	특징적 가족문제	공통적 가족문제
결혼 전기	• 부부간의 지나친 밀착 또는 경직 • 아버지와 자녀 간의 불화 • 어머니의 지나친 자녀 간섭	• 가족 간의 갈등 • 대화 단절 • 부부 갈등, 불화, 폭력 • 이혼 • 경제적 문제
결혼 적응기	• 인척과의 갈등 • 불안정한 생활패턴 • 불성실한 가정생활	
자녀아동기	• 가족유대감 약화 • 부정적인 양육 태도 • 부모자녀 간의 삼각관계 • 자녀의 컴퓨터 게임	
자녀청소년기	• 아버지의 외도, 음주, 폭력 • 자녀에 대한 아버지의 무관심 • 자녀에 대한 어머니의 간섭 • 부모자녀 간의 삼각관계	
자녀독립기	• 친척, 원가족 갈등 • 성인 자녀에 대한 간섭 • 남편의 무관심, 부인의 의존성	
노년기	• 가족 내에서의 소외감 • 결혼한 자녀와의 밀착감 • 남편의 불성실, 음주, 외도	

출처: 김인규(2009).

　가족의 자원과 강점 파악도 강조되어야 할 영역이다. 모든 사람과 가족은 그들 나름의 강점과 자원을 가지고 있다. 드러나는 강점과 자원이 부족하다고 해도 잠재적인 자원이 있으며, 이런 자원과 강점을 찾아내고 키워 나가야 한다. 한덕연(2017: 71)은 사회복지를 실천하는 전 과정에서 당사자에게 묻고 의논하고 부탁하면 당사자에게 새로운 강점이 생겨난다고 했다. 인격적으로 귀하게 대접 받는 경험, 주체로서 무엇인가 이루어 내는 경험, 그 성취감으로 얻는 자존감 같은 강점이 생기며, 이것이 인생을 살아가는 데 소중한 자산이 되고, 어려움을 대처하는 저력이 되며, 복지를 이루는 바탕이 된다.

〈표 5-2〉 병리적 접근과 강점기반 접근의 비교

병리적(pathology) 접근	강점기반(strength) 접근
• 개인은 하나의 '사례'로 규정되며, 개인의 증상을 진단한다.	• 개인은 고유한 존재로 규정되며, 그의 특성과 자원은 강점이 된다.
• 치료의 초점은 문제이다.	• 치료의 초점은 가능성에 있다.
• 개인의 진술은 전문가의 재해석을 통해 진단이 내려진다.	• 개인의 진술은 그 사람을 이해하기 위한 중요한 과정이다.
• 상담자는 내담자가 자신의 이야기를 합리화하는 것은 아닌지 의구심을 갖는다.	• 상담자는 내담자의 내면을 이해하기 위해 노력한다.
• 유년기에 겪은 트라우마는 성인기 병리의 예측 요인이다.	• 유년기에 겪은 트라우마는 예측 가능하지 않다.
• 치료는 전문가가 세운 치료 계획에 의해 이루어진다.	• 가족, 개인, 공동체의 참여에 의해 개입 활동이 이루어진다.
• 전문가의 기술과 지식은 실천을 위한 자원이다.	• 개인, 가족, 공동체의 강점, 능력, 적응 기술 등은 실천을 위한 자원이다.
• 서비스의 목적은 증상의 영향을 감소시키고, 개인과 가족, 공동체에 미치는 부정적인 결과를 감소시키는 데 있다.	• 서비스의 목적은 개인과 가족의 삶이 성공적으로 영위되고, 공동체에 대한 소속이 형성되도록 도와주는 데 있다.

출처: 김유숙, 전영주, 김요한(2017)에서 재인용.

3. 사정 방법

1) 관찰 및 면접

　가족에 대한 개입은 사례 발굴이나 의뢰 또는 가족 구성원 중 한 명이 상담을 신청하면서 이루어지게 된다. 이렇게 개입이 시작되면 먼저 의뢰인에 대한 접수 면접에서 가족 전체에 대한 면접으로 나아가게 된다. 면접은 내담자와 사회복지사가 대화를 통해서 그들이 처한 형편이나 어려움과 자원을 파악하고, 도움을 받고자 하는 의도를 알아내는 과정을 의미한다. 그런데 이런 자료 수집 과정과 사정이 개입을 위한 준비 과정이면서 동시에 상담과 치료적 효과를 가져올 수 있는 과정이 되기도 한다는 사실을 명심해야 한다.

　이렇게 가족과 관련된 당사자와의 면접을 통해서 가족에 관한 많은 정보를 파악하게 된다. 여기에 더해서 가족과 함께 생활하는 주변 이웃이나 자주 가는 동네 가게 주인이나 친구, 아동의 교사 및 다니는 교회나 사찰의 종교인에 대한 면담을 통해서도 중요한 정보, 특히 당사자가 말하지 않는 사실을 파악하기도 한다.

가족에 대한 관찰은 가족 내의 잘 드러나지 않는 가족관계의 특성과 의사결정 과정, 힘과 위계 그리고 권위의 사용 등에 대한 중요한 정보를 얻을 수 있는 방법이다. 가족에 대한 관찰은 가족을 만나는 순간부터 이루어진다. 처음 만났을 때의 옷차림, 태도, 자리를 정하는 방식, 말하는 순서, 가정방문 시에 집안의 내부 환경에 대한 관찰 등 전문가는 작은 것에서도 중요한 정보를 찾아낼 수 있는 민감성을 발휘해야 한다. 그러나 관찰이 지나치게 주관적이거나 편향되지 않기 위해서는 객관적인 정보와 함께 분석될 필요가 있다.

어릴 적 가뭄이 극심해진 어느 해, 어머니는 나더러 굶고 있는 이웃이 얼마나 되는지 알아보라고 하셨다. 동네에는 벌써 누가 굶는다는 소문이 퍼지기 시작했다. 어린아이인 나로서는 그때 남의 집에 양식이 있는지 없는지 알 수 있는 길이 없어 정말 난감했다. 어린 마음에도 직접 찾아가서 물어보는 것은 도리가 아닌 것 같았다.

그래서 할 일 없이 온 동네를 골목골목 돌아다녀 보기도 하고, 못 둑에 올라가 보기도 하고, 뒷동산으로 올라가서 동네를 내려다보기도 했다. 그러다 마침 저녁 때가 가까워 오자 사람들이 움직이는 모습이 보이기 시작했다. 마당이나 부엌에서 분주히 움직이는 사람, 식사 준비를 위해 물을 길러 가는 사람들도 보였다. 그런 와중에도 아무런 움직임이 없는 집들도 눈에 들어 왔다. 소문으로 들려오는 집들이 주로 그랬다. 잠시 후 각자의 집 굴뚝에서 연기가 피어오르는 것을 목격하자 나는 박수를 치고 온 동네를 뛰어다니기 시작했다. 연기가 나는 집은 저녁을 지을 양식이 있는 집이고, 연기가 나지 않는 집은 먹을 것이 없다는 것으로 판단한 것이다. 그래서 집집마다 굴뚝을 살펴며 다녔고, 굴뚝이 낮은 집은 손으로 온기가 있는지 없는지 확인하며 다녔다.

그런데 이상한 집이 하나 있었다. 연기가 나긴 나는데 밥을 지을 만큼 모락모락 나질 않고 아주 가늘고 약한 연기가 피어오르는 집이었다. 이상해서 부엌으로 직접 들어가 보니 양식이 없어 식사 준비는 못하고 물이라도 따뜻하게 마시고 자

려고 물만 끓이고 있었다. 나는 관찰한 내용을 어머니에게 보고드렸다(최선화, 2012: 12-13)

2) 가계도

　가족에 대한 개입에서 가장 쉽게 기본적으로 이루어지는 자료 수집 도구는 가계도이다. 가계도를 통해서 가족 구성원과의 관계, 동거 여부 등 기본적인 정보를 파악할 수 있기 때문에 많은 정보를 한눈에 쉽게 파악할 수 있는 장점이 있다. 가계도를 그릴 때 당사자에게 가계도가 무엇인지, 왜 그리는지를 먼저 설명하고 직접 그리도록 하는 것이 좋다. 이렇게 하면 당사자가 스스로 가족과 가족관계를 생각해 보는 기회가 되기도 하고 성찰할 수 있기 때문이다. 그리고 본인이 그린 가계도에 대한 설명을 들으며 당사자와 이야기를 나누어 보는 것도 좋으며 필요하면 수정하기도 한다.

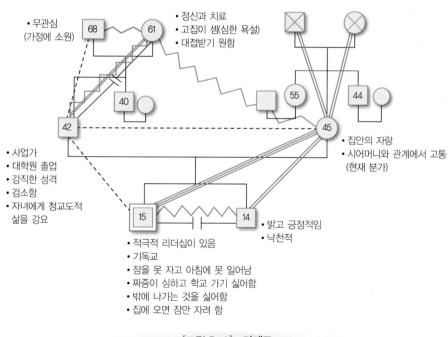

[그림 5-1] 가계도

출처: 최연실, 정영순(2006).

가계도는 가족구조에 대한 기본적인 형태로 기초 정보를 중심으로 그리지만 필요하면 관계도, 3세대 가계도 등 요구되는 다른 중요한 정보를 첨가해서 그리게 한다. 그런데 이런 가계도는 기본 구조는 같지만 누가 그리느냐에 따라 관계도가 달라질 수 있다. 즉, 어머니가 보는 관점과 아버지가 보는 가족관계가 다를 수 있기 때문에 누구의 관점에서 본 것인지와 가족 간의 인식의 차이를 파악할 수 있다. 여기에 더해서 어린 아이일 경우에는 동물로 가족을 표현하는 동물가족도를 그리기도 하고, 인형이나 모래놀이를 이용한 가계도를 만들기도 한다.

3) 가족연대기표

연대기표는 그동안 가족에게 일어난 일들에 대한 정보를 한눈에 파악하기 쉽다는 장점이 있다. 연대기표는 가족생활 전체를 표로 만드는 것이 어렵거나 불필요하다면 일어난 중요한 사건들을 중심으로 만든다. 시기에 대한 구분도 자유롭게 할 수 있으며, 대개는 가족발달단계에 따라서 작성하지만 중요한 시기는 좀 더 자세히 서술하기도 한다. 이렇게 연대기표를 작성하게 되면 반복되는 패턴을 찾아내기 쉽고 현재 처한 도전과 욕구에 대한 시간적 흐름도 쉽게 드러나는 장점이 있다.

〈표 5-3〉 **가족연대기표**

연대	사회적 역할	가족관계	출생 및 사망	주거	사회
유년기 (1930년대)	• 자녀	• 가부장적 • 대가족	• 동생들 병사 사망	• 일본	• 일제강점기
10대 (1940년대)	• 가사노동 • 제2양육자 • 노동력	• 8남매 • 이복동생	• 친척들 사망 4.3 • 주민들 사망 6.25	• 제주도	• 한국전쟁

20대
(1950년대)
	• 신학교
	• 경제적
	  부양자
	• 물질
		• 더부살이
		• 여성가족
		  (이모)
			–	• 부산	• 산업화

30대 (1960년대)	• 아내 • 어머니	• 시부모 부부 • 득남, 득녀	• 남동생의 죽음 • 시부 사망	• 경기도	• 경제성장 • 중산층의 출현

40대 (1970년대)	• 전업주부 어머니 • 가계 경제를 위한 장사	• 시모 • 부부 • 자녀	• 부친 사망	• 부산	• 경제성장 • 중산층의 출현
50대 (1980년대)		• 부부 • 자녀	• 시모 사망		• 소비사회
60대 (1990년대)		• 자녀 결혼 • 손녀 양육	• 모친 사망	• 경기도	• 학력 중심 사회

출처: 길은영(2016).

4) 생태도

생태도는 가족을 둘러싼 주요 사회적 환경과 자원의 흐름을 나타낸다. 생태도는 가족을 원 중앙에 배치하고 가족과 연관되고 가족의 삶에 영향을 미치는 환경과 자원들을 배치한다. 예를 들어, 친척, 학교, 직장, 교회, 보건소, 이웃, 친구, 강아지, PC방 등을 표시하고 관계의 성격과 흐름을 표시한다.

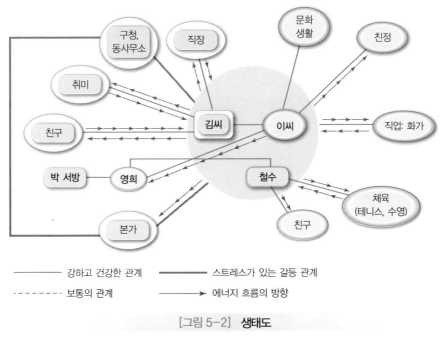

[그림 5-2] 생태도

출처: 권신영 외(2017), p. 118.

생태도를 보면 가족과 관련된 자원 파악과 함께 제한점도 알 수 있다. 이런 제한점을 통해서 가족이 직면한 도전들을 해결해 나갈 수 있는 단서도 파악할 수 있다. 즉, 더 개발되고 보완되어야 할 자원이 무엇인지, 관계를 재정립해야 할 자원은 어떤 것인지를 한눈에 알 수 있게 된다.

5) 체크리스트 및 문장 완성

어려움과 도전에 처한 가족 중에는 본인이 스스로를 표현하는 데 어려움을 겪는 사람들도 많다. 아니면 성격적으로 소극적이어서 잘 표현하지 못하는 사람들도 있다. 이럴 경우에 체크리스트를 주어서 체크하게 하거나 간단한 문장을 만들어 완성하게 하는 것이 도움이 된다.

〈표 5-4〉 **아동용 문장 완성 검사**

1. 우리 아빠는 _____.
2. 엄마와 아빠가 함께 있을 때 _____.
3. 우리 가족은 _____.
4. 우리 엄마는 _____.
5. 내가 아빠에게 바라는 것은 _____.
6. 나는 아빠를 좋아하지만 _____.
7. 우리 가족이 나를 대하는 태도는 _____.
8. 아빠와 내가 함께 있으면 _____.
9. 엄마와 내가 함께 있으면 _____.
10. 우리 가족은 나를 _____.
11. 나는 엄마를 좋아하지만 _____.
12. 나의 형제(자매)는 _____.
13. 내가 엄마에게 바라는 것은 _____.
14. 부모가 나에게 어떤 일을 하라고 하면, 나는 _____.
15. 내가 가족에게 바라는 것은 _____.

출처: 윤치연(2005), p. 78.

6) 생육사

가계도는 간편해서 편리한 점도 있지만 많은 정보를 포함하고 있지 않다. 그래서 어려움에 직면한 가족 구성원 중 특정 개인 또는 가장에 대한 더 많은 정보가 요구되기도 한다. 이럴 때 생육사를 활용한다. 생육사는 한 개인이 태어나기 전부터 지금까지 살아온 이야기를 서술한 것이다. 그래서 기억에 남는 중요한 사건이나 관계 등이 생육사에 녹아 있게 된다. 생육사에는 개인이 태어난 환경과 상황을 포함해서(예를 들어, 원하는 아이였는지, 태어날 때 가족의 상황이 어려웠는지 등) 성장 과정에서 일어난 이야기들을 가능하면 자세히 서술하게 한다. 이런 자료를 통해서 개인과 가족관계, 그리고 가족이 처한 상황에 대한 이해를 넓힐 수 있다.

> 김 씨는 아들이 귀한 집안의 셋째 딸로 태어났다. 부모님, 특히 조부모님은 아들을 간절히 바라는 상황이어서 또 딸이 태어난 것을 달갑게 여기지 않았다. 어머니는 이런 시부모님에게 죄스러운 마음에 딸을 살갑게 대하지도 못했고, 아버지는 가족의 경제 사정이 여의치 않아서 타지에서 일을 하고 있어 집에 잘 오지도 않았다. 김 씨는 성장하는 내내 조부모의 딸에 대한 차별을 겪으며 자랐고, 본인의 성정체성에 대한 수치심을 가지고 있었다. 그래서 본인이 남자가 아닌 것이 못마땅하고 남자가 되기를 원했기에 치마는 입지 않았고 사내아이처럼 자라나게 되었다. 직장에서도 남자들과 같은 육체적 노동을 마다하지 않았고 술도 같이 마시며 책임감도 강했다. 그러다 유약한 남편을 만나자 자신이 나서서 가장 역할을 도맡게 되었다. 그러나…….

7) 사회력

가족에 대한 개입도 전체로서의 가족뿐만 아니라 가구주나 의뢰 당사자 등 중요한 개인에 대한 정보를 깊이 파악할 필요가 있다. 이럴 경우에 생육사와 함께 전체적인 정보를 파악하고 기술하기 위해서 사회력 조사를 실시하기도 한다. 특히 가족에서 중요한 영향력을 갖는 개인에 대한 정보는 가족을 도와 나가는 중요한 초점이 되기도 한다. 일반적으로 사용되는 사회력 조사 양식은 다음과 같다. 기관의 특성에 따라 가감이 가능하며, 각 기관 고유의 양식을 활용하기도 한다.

〈표 5-5〉 사회력 조사 양식

기본 신상에 관한 정보	
이름	
생년월일	
나이	
직업	
주소	
연락처	
교육 정도	
결혼 유무	
가족 관계	
사회력	
가족 배경과 출생 시 가족 상황	
성장 과정	
교육 과정	
직업 경험	
중요한 인간관계	
중요 사건과 영향	
제시된 욕구와 관련된 자원 및 제한점	
본인의 강점, 자원, 제한점 (신체적, 지적, 정서적, 인간관계적, 영적)	
사회적 관계망에서의 자원, 제한점 (가족, 친구, 이웃, 소속 단체)	
지역사회의 자원 및 제한점	

기관과의 관계 및 사정 결과	
개입 동기	
제시된 문제와 개인의 자원 및 제한점에 대한 종합평가	
기관의 자원과 제한점	
사정 결과, 개입 계획 및 목표 설정	

출처: 최선화(2015), pp. 106-107.

생각해 보기

1. 본인 가족의 가계도와 생태도를 작성해 보자.
2. 본인과 다른 가족 구성원이 생각하는 가계도를 작성해서 비교해 보자.
3. 본인 가족의 가족체계를 분석해 보고, 가족과 토론해 보자.

참고문헌

권신영, 공정원, 김미영, 방미나(2017). 가족복지론. 경기: 어가.

길은영(2016). 손녀를 돌보는 어느 조모의 생애사를 통한 모성 연구. 숙명여자대학교 대학원 박사학위논문.

김유숙, 전영주, 김요한(2017). 가족평가. 서울: 학지사.

김인규(2009). 일반인이 지각하는 가족 내 역할 발달과업 연구. 사회과학논총, 제24집, 제2호, 51.

윤치연(2005). 심리검사 워크샵, 부산심리상담센터. 부산: 부산심리상담센터출판부.

최선화(2012). 일상으로서의 사회복지실천과 상담. 경기: 공동체.

최선화(2015). 풀어쓴 사회복지실천기술. 경기: 공동체.

최연실, 정영순(2006). 가계도 작성에서의 신뢰도: 가족치료 전공 대학원생들 대상으로. 상담학연구 2006, Vol. 7, No. 3, 930.

한덕연(2017). 복지요결. servent@welfare.or.kr

제6장   가족생활교육

가족생활교육은 가족의 문제가 발생하기 전에 실시하는 실천영역으로, 가족의 기능을 보다 강하게 만들어 가족문제를 예방하는 것을 목적으로 한다. 모든 연령층의 개인, 부부, 가족을 대상으로 할 수 있으므로 평생교육적 특성을 가지며, 건강가정지원센터, 종교기관, 복지관, 학교 등 다양한 장소와 대상으로 실시할 수 있다. 이 장에서는 먼저 가족생활교육의 의미, 목적, 특성, 기본 가정 등을 살펴본다. 둘째, 대표적인 가족생활교육의 영역인 결혼준비교육, 부부관계 향상교육, 부모교육, 부모자녀관계 향상 교육 등을 세부적으로 고찰해 본다. 마지막으로, 가족생활교육 프로그램의 개발과 실시에 관한 구체적인 절차와 내용을 살펴보도록 한다. 부록으로 현장에서 실행된 생애주기별 및 다양한 가족을 위한 가족생활교육 프로그램을 볼 수 있도록 하였다.

1. 가족생활교육의 이해

1) 가족생활교육의 의미

가족복지실천을 위한 대표적인 영역으로 가족생활교육, 가족치료, 가족사례관리 등 세 가지가 있다([그림 6-1] 참조). 가족치료와 가족사례관리는 이미 발생한 문제로 고통 받고 있는 가족에게 개입하는 실천영역이다. 반면, 가족생활교육은 문제가 발생하기 전에 예방을 위해 사전에 실시하는 실천영역이다. 우리나라의 가족생활교육 전달체계는 건강가정지원센터와 다문화가족지원센터가 중심이 되어, 종교기관, 사회복지관, 기업 등에서도 실시하고 있다.

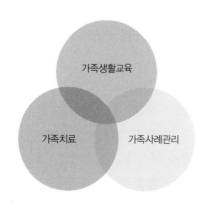

가족생활교육
• 가족생활교육 프로그램 개발
• 기능적 건강가족 대상
• 광범위하며 포괄적인 지식 기반
• 교육적/예방적 초점

가족치료
• 치료적 개입
• 관계 어려움이나 문제를 가진 가족 대상
• 사정과 진단
• 심리치료 지향

가족사례관리
• 코디네이션 서비스
• 가족옹호 활동
• 취약위기가족 대상
• 가족의 욕구 충족에 초점

[그림 6-1] **가족복지실천의 내용 범주**

출처: Darling(2014).

가족생활교육은 모든 연령층의 개인과 부부, 가족이 교육 대상이 될 수 있으며, 가족에 관한 교육내용을 가족생활에 관심을 가진 이들을 위해 실시하므로 평생교육적 특성을 갖는다. 즉, 가족생활교육의 대상은 가족생활에 어려움을 가진 사람들뿐만 아니라 건강하고 기능적인 가족이 될 수 있으며, 가족생활교육을 통해 문제해결 능력, 스트레스 대처 능력, 감성 관리, 가족원 간의 적응과 협상, 의사소통 등 가족문제를 미리 예방하고 해결하는 잠재력을 키울 수 있다.

2) 가족생활교육의 목적 및 특성

가족생활교육의 궁극적 목적은 '가족을 강하게 만드는 것'이다. 즉, 가족생활교육을 통해 가족의 기능 향상과 가족원의 심리적·정서적·사회적 복지 수준을 증진시킴으로써 가족생활을 풍요롭게 만드는 것이다(이기숙, 전영주, 2003). 정현숙(2016)에 의하면, "가족생활교육이란 아동에서 노인까지 개인과 가족의 전반적인 삶의 질을 높이고, 가족 및 사회에서 나타나는 다양한 문제해결을 돕기 위해 개인과 가족의 잠재력을 계발하고 강화시키는 평생교육"이라고 정의하였다.

한편, 가족생활교육의 특성은 다음과 같이 제시되었다(이기숙, 전영주, 2003; 한국가족상담교육연구소, 2010).

첫째, 가족생활교육은 치료적 접근보다 교육적 · 예방적 접근을 취한다.

둘째, 가족생활교육은 개인과 가족의 잠재력 계발에 초점을 둔다.

셋째, 가족생활교육은 생애주기 전반에 걸친 개인과 가족의 규범적 발달과 비규범적 발달을 모두 포함한다.

넷째, 가족생활교육은 다학제적 연구영역이며 실천영역이다.

다섯째, 가족생활교육은 다양한 가치관을 존중하며, 다양한 현장에서 제공된다.

여섯째, 가족생활교육은 가족과 관계된 사회문제 감소에 초점을 둔다.

일곱째, 가족생활교육은 인지적 · 행동적 · 정서적 접근을 동시에 취한다.

3) 가족생활교육의 기본 가정

가족생활교육은 가족생태체계모델을 기반으로 하며([그림 6-2] 참조) 가족생활교육의 기본 가정은 다음과 같다.

첫째, 개인과 가족, 사회는 서로 유기적으로 연결되어 있다. 가족은 두 명 이상의 개인으로 이루어진 집단인 동시에 사회의 기본 단위로의 특성을 갖는다. 즉, 가족은 개인과 사회(국가)의 매개의 역할을 하며, 개인과 가족이 사회에 미치는 영향력과 사회가 개인과 가족에게 미치는 영향력을 인식하며 사회 구성원으로서 책임과 권리에 대해 민감해야 한다.

둘째, 모든 인간은 성장 잠재력이 있으며, 모든 관계는 더 나은 관계로 나아갈 수 있는 성장 가능성이 있다. 더 나은 결혼생활과 가족관계를 위해서는 개인적 노력뿐만 아니라 외부의 지원이 필요하다. 가족생활교육을 통해 개인의 강점을 찾고 효율적 의사소통과 갈등 해결 방식 등 가족관계 향상을 위한 기술을 배우고 실천함으로써 개인과 가족이 성장하며, 사회가 건강해질 수 있다.

셋째, 대부분의 사회에서 결혼과 가족은 일반적으로 선호하는 삶의 방식이다. 최근 여러 요인으로 인해 독신가구가 급증하고 있으나 여전히 가족 공동체는 많은 사람이 선호하고 보존하고자 하는 생활방식이다. 가족생활교육은 행복한 가족 공동체를 유지하고 발전시키기 위한 분야로, 특히 빠르게 변화하는 사회의 가족생활을 위해서 교육의 필요성이 요구된다.

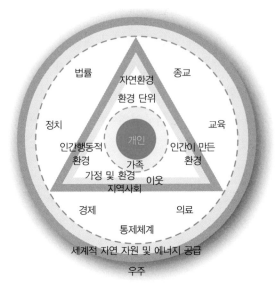

[그림 6-2]　**가족생태체계모델**

출처: Darling(2014).

2. 가족생활교육의 영역

1) 커플관계 향상교육

(1) 결혼준비교육

결혼준비교육은 부부의 연을 맺고자 약속한 사람들이 결혼으로 인해 발생할
수 있는 여러 가지 도전과 어려움을 미리 예측해 보면서 사전에 준비하고 조정하
며 필요한 기술들을 습득하기 위한 교육이다. 결혼준비교육의 필요성은 이혼율
이 높아져서 이제는 혼인관계가 평생 지속될 가능성이 낮아지고 있기 때문에 결
혼의 성공을 위해서 젊은이들 사이에 관심이 증가하고 있다. 특히 서로 다른 환
경과 문화적 배경을 지닌 사람들이 함께 살아간다는 것은 쉽지 않은 도전으로,
발생할 수 있는 차이와 갈등을 조정하고 대처할 수 있는 능력을 향상시킴으로써
더 만족스럽고 행복한 결혼생활을 하기 위한 노력의 일환이다. 이런 교육을 통해
서로 간의 차이와 다른 기대를 찾아내서 합의와 타협을 통해 격차를 좁혀 나갈

수 있다. 더 나아가서, 문제나 갈등이 발생할 상황에 대한 대처방법을 익혀 나감으로써 혼인에 대한 확신을 가질 수 있도록 돕고 있다. 이러한 노력은 결혼생활에서 발생할 수 있는 어려움에 대해서 준비한다는 측면에서 가족 갈등을 줄일 수 있는 예방적 접근이라 할 수 있다.

우리나라에서 결혼준비교육은 초기에는 종교집단을 중심으로 시도되다가 이제는 보편화되어 건강가정지원센터와 다문화가족지원센터에서 받을 수 있다. 특히, 문화적 차이가 있는 집단 간의 혼인에서는 필수요소로 권장되고 있다. 결혼준비교육의 교육내용은 프로그램에 따라 약간씩 차이가 있으나, 의사소통 기술, 갈등 해결, 재정관리, 역할 기대, 성에 대한 태도 등의 내용을 공통적으로 다루고 있다.

최근에 와서 강조되는 점은 성평등적 시각과 태도, 그리고 일·가정 양립을 위한 역할 기대와 분담 등이다. 성평등적 태도는 사회 전반에 걸쳐 인권의식이 높아지고 여성의 교육수준이 높아지면서 이성관계나 결혼관계에서 특히 강조되고 있다. 또한 여성의 취업이 보편화되면서부터 일·가정 양립을 위한 역할 분담과 남성의 가사노동 및 육아 참여가 당연한 것으로 받아들여지고 있다.

〈표 6-1〉 **결혼준비교육의 교육내용**

• 서약으로서의 결혼	• 갈등 해결	• 성적 관심과 기대
• 원가족과 각자의 성장 배경	• 의사결정 기술	• 자녀와 부모 역할
• 배우자의 기질과 성격	• 경제력과 재정관리 기술	• 종교적·도덕적 가치
• 의사소통 기술	• 여가 및 오락적 흥미	• 관계 장점 확인하기
• 역할 기대	• 인생 목표와 기대	• 결혼식 계획
• 배우자의 상호작용 형태		

출처: 정현숙(2016), p. 177.

(2) 부부관계 향상교육

우리 사회에서 결혼은 중요한 사회적 의미를 가지며, 최근으로 올수록 제도적 결혼에서 우애적 결혼으로 의미가 변화되고 있다. 서로 간의 관심과 사랑으로 출발한 결혼생활이지만 예기치 못한 상황에 직면하여 갈등이 깊어져 이혼에 이르는 경우도 적지 않다. 부부관계 향상교육은 부부가 서로 간의 이해를 높이며 차이를 해소해 나가기 위한 방안을 모색하고, 부부간의 관계를 강화시키기 위한 방안이다.

부부는 가족의 중심축으로, 부부간의 관계가 좋으면 직면한 문제들을 함께 풀어 나갈 수 있지만 그렇지 않고 갈등 상황에 놓이게 되면 부부뿐만 아니라 자녀들에게도 심각한 영향을 미치게 되며, 더 넓은 가족관계에도 어려움을 가중시키기도 한다. 그러므로 가족관계에서는 부부 두 사람의 관계를 강화하고 의무와 책임을 다하는 것이 가족에 대한 접근에서의 핵심이라 할 수 있다.

부부관계 향상교육은 결혼준비교육에서 더 나아가 직면한 문제나 갈등을 해결하기 위한 접근으로 상담, 치료 등을 병행하기도 한다. 교육에서는 부부 각자의 성장 과정에 대한 이해와 미해결 과제들을 다룸으로써 본인의 문제를 상대방에게 투사하지 않고, 상대방을 비난하지 않도록 돕고, 서로에 대한 이해와 배려가 생기도록 돕는다. 그리고 의사소통 방법을 개선하도록 도움으로써 안전하고 합리적인 방법으로 가족이 처한 현안문제들을 해결해 나가도록 돕는다.

부부관계 개선과 강화를 위한 교육내용에는 다음과 같은 것들이 포함된다. 원가족과의 분리와 새롭게 만든 부부관계의 결속 다지기이다. 원가족과의 분리와 새로운 가족에 대한 헌신은 특히 우리나라 문화에서 더 강조되어야 할 요소로 여겨진다. 원가족으로부터 정서적·경제적 독립이 확실히 이루어지지 않은 상태에서 결혼을 할 경우, 시댁이나 처가와의 갈등 가능성이 높으며 여기서 발생하는 문제가 여전히 한국의 부부관계 문제에서 높은 비중을 차지하고 있다.

정서적 만족감 제공은 부부간의 관계에 중요한 영향을 미친다. 그럼에도 불구하고 정서적 친밀감과 충족에 대한 인식이 부족한 경우가 많다. 우리나라 부부갈등의 내용을 살펴보면, 여성의 정서적 욕구충족에 대한 관심이 부족한 남성으로 인해서 부부간의 정서 차원에서의 접근이 상당한 효과를 보고 있다. 남편이 부인의 정서적인 욕구를 충족시켜 주면 부부관계의 친밀도와 서로에 대한 헌신이 증가하는 것을 볼 수 있다.

〈표 6-2〉 **부부관계 향상교육 프로그램의 주제영역**

주제	세부영역	
부부관계의 이해	• 사회 변화에 따른 가족의 변화 • 부부관계의 중요성 인식	• 관계의 시작 • 관계 성장을 위한 개인적 자원
성공적 부부관계	• 평등적 역할 • 여가활동 • 가족과 친척, 친구 • 종교적 지향	• 부부의 성 • 부모와 자녀 • 갈등 해결과 의사소통 • 재정관리
발달단계에 따른 부부관계	• 시간에 따른 결혼관계의 변화 • 발달적 위기와 발달과업	• 세대관계의 이해
부부관계의 위기	• 가정폭력 • 가족 스트레스	• 이혼과 별거
다양한 가족의 부부관계	• 재혼가족의 부부관계 • 분거가족의 부부관계	• 다문화가족의 부부관계 • 장애가족의 부부관계

출처: 정현숙(2016)에서 발췌, 수정.

2) 부모교육과 부모자녀관계교육

(1) 부모교육

부모 되기는 쉽지만 부모 역할을 하기는 어렵다는 속담처럼 부모 역할은 많은 어려움을 동반한다. 특히 현대 사회에서 여성 역할의 변화, 자녀 수의 감소, 사회적 기대에 대한 부담감, 사회정책의 부재 등의 요인으로 인해 부모 역할의 어려움은 더욱 가중되었고, 이에 따라 부모교육의 요구 또한 증가하고 있다.

부모교육이란 부모로서의 역할 기능을 원활하게 수행할 수 있도록 부모에게 정보나 지식을 전달하거나 기술을 가르치는 가족생활교육의 중요한 영역이다(Grotberg, 1983: 정현숙, 2016에서 재인용). 즉, 부모교육의 목적은 부모 역할에 대한 이해를 높이고, 인간발달과 관계에 대한 지식 및 기술을 가르치고, 지역사회 자원에 접근할 수 있도록 지원하는 것이다.

부모교육은 아동가족학, 교육학, 사회복지학, 심리학 등 다양한 분야에서 이루어져 왔으며, 일반적으로 부모교육에 포함되는 내용은 아동발달의 이해, 훈육 방법,

자존감, 의사소통 기술, 부모기의 단계, 건강, 일과 가족의 조화, 가족체계, 가족발달, 갈등 해결, 지역사회와의 협력과 네트워킹 등으로 다학제적인 특성을 갖는다.

　　부모교육을 받은 부모들은 부모 역할에 대한 자신감과 만족감을 갖고 의사소통이 향상되었으며(김향은, 정옥분, 1999), 부모자녀관계도 향상되었다고 한다(김혜순, 1997: 정현숙, 2016에서 재인용).

참고자료 ▶ **부모효율성 훈련(PET)**

　효과적인 부모 역할 훈련 프로그램으로 가장 널리 알려진 것은 부모효율성훈련 (Parent Effectiveness Training: PET)이다. PET는 토머스 고든(Thomas Gordon)이 만든 프로그램으로, 부모자녀 간의 의사소통 기술을 체계적으로 제시하고 있다. 이 프로그램의 특징은 부모와 자녀가 인격적으로 서로의 생각과 감정을 나눌 수 있는 방법을 제시하고 있다는 것이다. 즉, 부모는 아이들의 이야기를 적극적 경청을 통해서 경청하고 수용해 나가며 아이들에게 부모 자신의 느낌과 생각을 나-전달법(I-Message)을 통해서 아이들을 비난하지 않고 담백하고 솔직하게 자신의 느낌을 전달하도록 한다. 그리고 문제해결법으로는 무승부기법(Win-Win)을 통해서 모두가 이기는 해결법을 제안한다.

　이러한 방법은 자녀를 인격적 존재로 인식하며, 자녀의 자존감을 키워 주는 방법이면서 동시에 자신의 행동에 대해서 책임을 지게 만드는 방법이다.

---

(2) 부모자녀관계 향상 교육

　부모자녀관계 향상에 초점을 둔 가족생활교육은 아동/청소년기 자녀와의 관계 향상뿐만 아니라, 청년기 자녀와 중년기 부모의 관계, 성인 자녀와 노부모 간의 관계, 또는 고부 관계나 장모-사위(장서) 관계 등 전 생애주기의 다양한 부모자녀관계를 다룰 수 있다.

　가족발달의 관점은 생애주기에 따라 부모자녀관계의 발달과업이 변화되므로 프로그램의 목적과 목표, 세부내용도 초점이 달라진다. 예를 들어, 청소년 자녀가 있는 부모들은 자녀의 발달 변화에 따라 융통성 있게 훈육할 수 있도록 의사소통 기술이나 갈등 해결에 초점을 둘 수 있다. 반면, 노부모 부양가족을 위한 교육은 노년에 대한 이해, 성공적 노화, 노부모와의 관계 적응 등의 내용을 포함한다.

3. 가족생활교육 프로그램의 개발과 실행

1) 프로그램의 계획과 설계

프로그램 계획과 설계 과정에서 중요한 것은 전반적인 수행 계획을 수립하는 것과 요구도 조사를 통해 기초 자료를 확보하는 일이다(정현숙, 2016).

(1) 1단계: 전반적인 수행 계획의 수립

좋은 프로그램이란 가족학 이론과 교육 대상자의 요구도에 기초하며, 각 프로그램이 목적하는 성과를 잘 나타낼 수 있는 프로그램이다. 특히 성장 배경과 문화적 배경이 다른 대상자들을 위한 프로그램을 설계할 때에는 다음과 같은 네 가지 차원을 고려해야 한다. 첫째, 대상 가족의 욕구, 기대 강점을 이해해야 한다. 둘째, 대상 가족의 욕구, 기대, 강점에 부응하는 목적과 목표를 설정한다. 셋째, 적절한 프로그램을 설계하고 시행한다. 넷째, 프로그램의 효과에 대해 평가한다.

프로그램에 대한 전체적인 계획을 세운 뒤에는 가족생활교육 프로그램의 타당성을 확보하기 위해 다음과 같은 사항을 검토한다. 첫째, 프로그램 기획 가능성과 기획 유형을 검토한다. 교육이 이루어지는 환경이 건강가정지원센터, 사회복지관, 종교기관, 기업 등 다양할 수 있으므로 각 환경에서의 프로그램 기획 가능성을 검토하고 이에 맞는 계획이 이루어져야 한다. 또한 참여자들이 프로그램에서 다루고자 하는 가치를 받아들일 수 있는지 등도 검토되어야 한다.

둘째, 프로그램 실현을 위한 타당성을 검토한다. 이를 위해 프로그램의 필요성, 기대하는 결과, 프로그램 개발과 시행을 위한 물적·인적 자원 여부 및 관련 체계, 관련 기관의 승인 가능성 등 프로그램 실현 가능성을 다각도로 분석하는 과정이 필요하다.

셋째, 계획하는 프로그램의 근거 이론을 검토한다. 가족생활교육 분야는 주제의 일상성 및 유연성으로 인해 과학적 평가나 객관성을 담보하기 어려울 수 있다. 따라서 프로그램의 신뢰성과 타당성 확보를 위해서는 최근의 가족학 이론과 연구에 기초하여 프로그램을 개발하는 것이 중요하다.

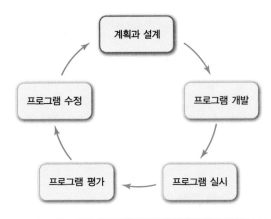

[그림 6-3]   **프로그램 계획의 바퀴(Planning Wheel)**

(2) 2단계: 요구도 조사

가족생활교육은 생애 과정의 다양한 발달단계에 있는 개인과 가족의 욕구에 근거해야 하므로 교육 대상자들의 욕구를 제대로 분석하고 개발되어야 한다. 벨라(Vella, 1994)는 질문, 학습, 관찰의 3단계 요구도 조사 방법을 제시하였다(정현숙, 2016에서 재인용). 첫째, 질문(ask)단계에서는 직접관찰, 사례연구, 전화 인터뷰, 포커스 집단, 질문지, 간접 증거 자료 등 다양한 경로를 통해 프로그램 대상기관 및 대상자들의 요구를 조사한다. 둘째, 학습(study)단계에서는 교육자가 문헌고찰 등을 통해 학습하며 '피교육자의 욕구'를 검토한다. 셋째, 관찰(observe)단계에서는 관찰자의 관점에서 대상자의 문화를 이해하고 대상자의 삶에서의 요구나 어려움을 이해한다.

한편, 요구도 조사의 각 과정에서 목적에 따라 사용할 수 있는 구체적인 방법론으로 질문지법, 면접법, 관찰법, 사례연구, 포커스 집단 등 다섯 가지 방법이 활용될 수 있다.

〈표 6-3〉 **요구도 조사를 위한 구체적인 방법론**

	특징	장점	단점
질문지법	초기 요구도 조사에 효과적이며, 다른 방법에 비해 손쉽게 자료를 얻을 수 있음	적은 시간 투자와 비용으로 대량의 자료를 확보할 수 있음	구조화된 반응 범주에 모든 가능한 응답을 포함시키기 어려움

면접법	심층적·질적 연구에 이용되며, 응답자의 반응 해석에서 연구자의 중립이 중요함	프로그램 참여자가 자발적으로 자신의 요구를 전달할 수 있음	응답자가 사회적 바람직성을 의식하여 왜곡된 정보를 제공할 수 있음
관찰법	응답자의 보고와 실제 간의 차이를 보완할 수 있음	비언어적 행동이나 자연적 상황의 행동을 연구하는 데 효과적임	관찰자의 훈련 수준에 따라 결과에 차이가 클 수 있음
사례연구	개인이나 소집단을 심층적으로 분석할 때 이용함	문제나 위기 상황에 있는 대상자에 대한 심층적 분석이 가능함	특정 사례 중심이므로 얻어진 결과를 일반화하기 어려움
포커스 집단	일련의 집단에게 상호작용적 집단 상황에서 질문을 하는 질적 방법임	자연스러운 상황에서 인터뷰를 함으로써 적은 비용으로 빨리 정보를 수집할 수 있음	일대일 면접보다 통제가 어렵고, 정보 양이 많아 관찰자의 훈련이 중요함

2) 프로그램 개발

프로그램에 대한 계획 수립을 통해 프로그램의 필요성이 정리되고 요구도 조사에 근거한 대상 집단의 욕구가 분석된 후에 프로그램 개발단계가 시작된다. 개발단계에서는 프로그램 구성에 관한 철학 검토, 프로그램의 목적 및 목표 등을 명확히 하고 구체적인 활동계획이 수립된다(정현숙, 2016).

(1) 프로그램 구성 철학

가족생활교육 개발자는 네 가지 측면에서의 자신의 철학, 즉 가족과 가족생활의 본질, 가족생활교육의 목적, 내용에 대한 신념, 가족의 학습 과정에 대한 신념 등을 점검하는 것이 필요하다. 교육자의 가족에 대한 신념 및 철학은 가족생활교육 프로그램의 교육내용과 교수법에 반영되므로 매우 중요한 요소이다. 교육자가 교육을 통해 특정 이데올로기나 신념체계를 조장하는 것은 바람직하지 않다.

교육자가 가족생활교육을 통해 이루고자 하는 목적이 가족원의 행동을 바꾸고자 하는 것인지, 가족의 정서 경험을 확장하려는 것인지, 가족원의 기술 습득을 유도하고자 하는 것인지 등에 따라 프로그램의 방법론이 달라질 수 있다.

(2) 대상 선정

가족생활교육 프로그램은 초 · 중 · 고등학교 및 종교기관, 기업, 지역복지관 등 다양한 현장에서 실행될 수 있다. 어느 기관의 요구에 의해 계획되는지에 따라 교육내용과 대상이 달라진다. 일반적인 예방모델의 경우에는 전체 인구가 대상이 될 수 있으나, 사회복지서비스 대상인 위기취약가족이 가족생활교육의 대상이 될 수도 있다.

〈표 6-4〉 **가족생활교육 대상의 예**

개인	이자(dyad)	가족유형별
아동	커플(부부)관계	이혼준비가족
청소년 자녀	부모자녀관계	재혼가족
성인 여성(어머니)	고부관계	미혼양육모가족
성인 남성(아버지)	형제자매관계	다문화가족
노인	친인척관계	조손가족

(3) 접근방식 선택

교육 대상에게 접근하는 가족생활교육 방식은 매우 다양하다. 정현숙(2016)에 따르면, 대표적인 세 가지 방법을 제시하였다. 첫째, '개인모델'은 상담이나 가정방문을 통해 개인을 대상으로 이들의 문제에 개입하여 지원하는 방법이다. 둘째, '집단모델'은 가장 보편적인 방법으로 교실에서 워크숍, 세미나, 비공식적 지지집단 모임을 통한 방법이다. 셋째, '대중매체모델'은 가장 광범위하게 대중과 만날 수 있는 방법으로 뉴스레터, 책, 유인물 등을 이용하거나 TV나 라디오와 같은 매체를 이용하는 방법이다.

(4) 프로그램의 목적 및 목표

프로그램의 목적은 교육을 통해 바라는 결과에 대한 거시적 · 포괄적 · 일반적 진술이다. 반면, 목표는 관찰 가능하며 측정 가능한 결과에 대한 구체적 · 조작적 진술이다. 목표는 다시 하위목표로 세분화될 수 있다. 프로그램의 목표는 전체 프로그램의 목적, 목표, 세부 프로그램의 목표와 활동목표 등이 단계적으로 제시되어야 한다.

(5) 프로그램의 내용 구성

가족생활교육의 내용은 궁극적으로 '건강한 가족'의 이념을 지향한다. 미국가족관계학회(National Council on Family Relations)가 제시하는 가족생활교육의 다양한 주제로 사회 속의 가족, 가족역동, 인간발달, 성, 대인관계, 가족자원관리, 부모교육, 가족법과 정책, 윤리 등을 포함한다.

가족생활교육 프로그램은 교육 대상 가족의 가족생활주기에 따라 신혼기 가족에서 노년기 가족까지 그들의 발달과업 달성을 도와주는 내용을 포함해야 한다. 또한 한부모가족, 다문화가족, 재혼가족 등 다양한 가족의 경우에는 각 유형별 가족의 욕구에 맞춰 관계맺기 향상의 기본으로 의사소통, 갈등 해결, 친밀감 증진 등을 다룬다.

(6) 예산 계획

효율적인 프로그램 운영을 위해서는 개발 과정에 예산 계획을 수립해야 한다. 총예산에는 인건비, 관리비, 사업비, 기자재비, 운영비 등이 포함된다. 프로그램을 운영하는 기관의 재정 상태를 고려하여 재정 능력 범위 안에서 조직의 목적을 달성할 수 있도록 사업계획을 마련해야 한다. 자체예산이나 정부기금으로 진행하는 경우도 있으나 프로그램 참여자들로부터 참가비를 받는 사업도 있다. 참가비 여부에 따라 참여자들의 동기나 참여도가 다를 수 있으므로 이에 대한 고려와 방안이 필요하다.

3) 프로그램 실행

(1) 프로그램 진행단계

가족생활교육 프로그램은 일반적으로 도입, 전개, 종결 과정을 거친다. 첫째, 도입단계에서는 첫 모임에서의 참여자들 간의 라포 형성이 중요하다. 집단원은 자기소개를 한 후 집단에서 발표할 기회를 갖도록 한다. 강사는 집단원의 삶의 배경과 학습양식 등이 다르다는 점을 이해해야 한다. 첫 시간에 집단운영을 위한 기본 규칙을 정하는 것이 바람직하다.

둘째, 전개단계에서는 교육자의 자질이 중요한 때로 효과적인 사회적 기술과 자신감, 유연성, 의사소통 기술 등이 발휘되어야 한다. 전개 과정에서 집단참여자들의 흥미와 욕구, 능력 수준에 따른 변화를 민감하게 받아들이며 프로그램을 융통성 있게 조정하는 것이 필요하다.

셋째, 종결단계에서는 그간의 내용을 정리하고, 실생활에서 활용할 수 있는 방법을 제공한다. 축하 파티나 수료식, 상장 수여, 종교의식 등을 통해 정리와 결심을 하는 작업을 활용할 경우에 효과가 크다.

> **참고자료 ▶ 프로그램 실행에서의 장애**
>
> 1. 계획한 프로그램이 제반 여건의 어려움으로 제대로 운영되지 않을 때
> 2. 집단이 교육자의 능력에 벗어나는 질문을 할 경우
> 3. 집단의 자기노출 수준을 통제할 수 없는 경우
> 4. 지도자에 대한 선입견과 관심이 있는 경우
> 5. 집단 내 갈등에 직면한 경우
> 6. 시간이 부족한 경우
> 7. 집단운영 과정 중에 문제점이 있는 경우
> 8. 심한 정신적·심리적 상처로 특별한 개입이 필요한 집단원이 있는 경우
> 9. 교육자의 가치나 교육내용이 집단원의 가치와 맞지 않는 경우

(2) 효과적인 실행을 위한 조건

가족생활교육 프로그램을 효과적으로 실행하기 위한 조건으로 메이스와 메이스(Mace & Mace, 1981)는 다음과 같은 여섯 가지를 강조하였다(정현숙, 2016에서 재인용).

첫째, 일주일에 5회 이상, 1회에 3시간씩 만날 때 상호 신뢰와 유대감이 형성된다.

둘째, 집단과 라포 형성을 할 수 있는 훈련된 지도자가 필요하다.

셋째, 교육내용을 잘 전달하기 위해서는 이론에 기초하여 잘 조직된 정보가 필요하다.

넷째, 실생활에서 개인의 삶과 관계에 직접 적용할 수 있는 정보 중심으로 교육한다.

다섯째, 유인물, 비디오 등 다양한 시청각 자료를 이용하는 것이 좋다.

여섯째, 교육을 통해 습득한 지식을 실천해 새로운 습관으로 자리 잡도록 한다.

〈표 6-5〉 다양한 학습방식과 학습경험

청각적 학습	시각적 학습	운동적 학습
강의 노래 시 이야기 유머 녹음기 토론	컴퓨터그래픽 시범과 모델링 측정도구 활용 칠판 만화 책 포스터 영화 / 영상	퍼즐 게임 카드놀이 역할놀이 지필검사 그림 그리기 찰흙놀이 과제 발표

출처: 정현숙(2016), p. 11에서 발췌, 수정.

4) 프로그램 평가

프로그램의 평가는 일반적으로 프로그램의 질, 프로그램의 효과성 및 효율성 관점에서 이루어진다.

(1) 프로그램의 질 평가

프로그램의 내용 및 교육과정의 질에 대한 평가는 6단계를 통해 이루어진다. 1단계에서는 교육과정에 깔린 이론, 가치, 철학을 검토한다. 2단계에서는 교육과정의 목적이 타당한지 검토한다. 3단계에서는 제시된 자료들이 교육 대상의 욕구에 맞는지 검토한다. 4단계에서는 과정이 목적과 일관성이 있는지 검토한다. 5단계에서는 프로그램의 방향이 교육과정을 제시하는 데 충분한지 검토한다. 6단계에서는 교육과정이 참여자들의 요구에 적절하게 맞는지 평가한다(Powell & Cassidy, 2001: 정현숙, 2016에서 재인용).

(2) 프로그램의 효과성 및 효율성 평가

효과성 평가는 프로그램이 주어진 목적과 목표를 얼마나 성취했는지, 그리고 프로그램의 결과가 개입에 의해 발생한 것인지 판단하는 데 초점을 둔다. 효과성 평가에는 사후검사 통제집단설계, 전후검사 통제집단설계, 시계열설계, 단일사례 사전-사후검사설계 등의 실험연구방법이 이용될 수 있다.

〈표 6-6〉 **효과성 평가를 위한 실험연구방법**

사후검사 통제집단 설계	실험설계로, 집단을 무선 배정하여 한 집단에는 실험처치를 하고 다른 집단에는 처지하지 않은 후, 두 집단을 대상으로 사후검사를 실시한다.
전후검사 통제집단 설계	실험설계로, 사후검사 통제집단설계에 사전검사가 추가된 형태이다.
시계열설계	준실험설계로, 한 집단을 처치하되 시간계열에 따라 처치 전과 처치 후에 여러 차례 관찰이나 검사를 한다.
단일사례 사전-사후검사설계	한 명 또는 소수를 대상으로 실험처치의 효과를 연구하는 방안으로, 시계열설계의 한 형태이다.

프로그램의 효과성 및 효율성 평가는 양적 평가와 질적 평가로 구분되기도 한다. 양적 평가는 척도와 같은 객관적 측정방법을 사용하여 이루어지며, 질적 평가는 심층면접이나 관찰법을 이용하여 참여자의 행동 변화를 주관적으로 평가하는 것이다. 양적 평가와 질적 평가는 목적에 따라 상호 보완적으로 활용될 수 있다.

생각해 보기

1. 우리 가족을 위한 맞춤형 가족생활교육 프로그램을 생각해 보고 설계해 보자.
2. 인간발달 및 가족생활을 위한 교육을 중등교육과정에 포함시킨다면 어떠할지 토론해 보자.
3. 우리 지역사회에 필요한 특화된 가족생활교육에 대해 토론해 보고 설계해 보자.

✽ 참고문헌 ✽

이기숙, 전영주(2003). 가족생활교육: 가족관계 강화 프로그램들. 부산: 신라대학교 출판부.

정현숙(2016). 가족생활교육(2판). 서울: 신정.

한국가족상담교육연구소(2010). 변화하는 사회의 가족학. 경기: 교문사.

Darling, C. (2014). Family Ecosystem Model. In A. Carol Darling, D. Cassidy, & L. H. Powell (Eds.), *Family life education: Working with families across the lifespan*(3rd ed.). Long Grove, IN: Waveland Press.

[부록] 가족생활교육 프로그램의 예

1. 생애주기별 가족생활교육 프로그램

1) 예비부부 및 신혼기 부모준비교육

프로그램 제목	부부가 함께하는 아기 맞이 교실(2017년)	
프로그램 실행기관	인천시 서구 건강가정 · 다문화가족지원센터	
프로그램 기간	총 6회기, 회기당 3시간(총 18시간)	
프로그램 목적	우리 아이의 멋진 미래를 위한 준비	
프로그램 대상	임신 중인 부부 및 신혼기 부부 8쌍	
프로그램 내용	1회기	• 양성평등적 부모의 의미 이해 / 부모의 역할 이해
	2회기	• 아이의 소중함 깨닫기 / 임신과 출산의 중요성 이해 • 부부간 상호작용
	3회기	• 임신 중 부부의 역할 이해 • 태교 · 태담 방법 / 출산 준비, 순산 요가
	4회기	• 출산 준비 물품 계획 • 아기 돌보는 방법(목욕, 기저귀 갈기, 우유 먹이기, 마사지 등)
	5회기	• 우리 아기의 먹거리 이해 • 우리 아기 이유식 만들기
	6회기	• 유아기 발달 과정 이해 • 자녀의 성장에 따른 다양한 소통 및 놀이 방법

2) 아동/청소년기 아버지교육

프로그램 제목	애(愛)비(備)의 자격(2015년)
프로그램 실행기관	화성시 건강가정지원센터
프로그램 기간	총 4회기, 회기당 2시간(총 8시간)
프로그램 목적	MBTI 성격유형검사를 통한 아빠와 자녀와의 소통 만들기

프로그램 대상	자녀를 둔 아버지 20명	
프로그램 내용	1회기	자녀와의 관계 향상을 위한 부모의 감성 리더십! • 부모가 꼭 해야 할 3가지 역할은? • 성공하는 자녀로 키우는 감성 소통법 • MBTI 성격유형검사 실시
	2회기	나를 알아야 자녀가 보인다! • 나는 어떤 사람일까? MBTI 성격유형에 따른 나의 유형 파악하기
	3회기	나를 알았으면 자녀도 알 수 있다! • 성격유형에 따른 강점과 약점을 이용한 양육방법 익히기
	4회기	이제는 실천이다! 대화 기술 향상하기! • 성격유형에 따른 대화방법 • 정서지능과 정서조절 능력 이해하기 • 내 아이에게 쓰는 편지

3) 중년기 가족 부부관계 향상교육

프로그램 제목	중장년기 가족교실 & 부부교실(2017년)		
프로그램 실행기관	송파구 건강가정지원센터		
프로그램 기간	총 4회기, 회기당 2시간(총 8시간)		
프로그램 목적	중장년기 세대의 꽃보다 아름다운 행복한 노후 준비		
프로그램 대상	중장년기 가족교실(55~65세, 20명) / 부부교실(중장년기 부부 10쌍)		
프로그램 내용	1회기	내 안의 나 찾기	• 아름다운 지난 날들 • 가족이 있어 감사한 오늘 • 가슴 뛰는 남은 날들	중장년기 가족 교실 (개인)
	2회기	100세 인생 라이프 플래닝	• 변화되는 후반기 인생 • 전 생애 재무관리 • 인생 선배로서의 의무	
	3회기	달라도 너무 다른 우리	• 나를 알고! 너를 알고!(성격 이해) • 행복한 부부가 사는 법(갈등 분석) • 바람직한 의사소통(갈등 해결)	중장년기 부부 교실 (부부)
	4회기	부부, 평생 가장 좋은 친구	• 사랑의 5가지 언어 • 건강한 부부 문화 만들기	

4) 노년기 가족생활교육

프로그램 제목	자신을 찾아 떠나는 여행(2015년)
프로그램 실행기관	연제구 건강가정지원센터
프로그램 기간	1회, 1시간 30분
프로그램 목적	어르신들이 행복하고 풍요로운 노후를 설계할 수 있도록 교육 프로그램을 실시함
프로그램 대상	60세 이상 남녀 어르신 100명
프로그램 내용	• 나이듦의 의미 • 노년의 행복이란? • 버킷리스트보다 중요한 라이프리스트

2. 다양한 가족을 위한 가족생활교육 프로그램

1) 이혼가족 협력적 부모교육

프로그램 제목	심화된 부모교육 워크숍(2013년)		
프로그램 실행기관	사하구 건강가정지원센터		
프로그램 기간	총 3회기, 회기당 2시간(총 6시간)		
프로그램 목적	이혼가정에서 발생할 수 있는 자녀문제에 대한 올바른 인식과 이혼가정의 공동양육자로서의 부모 역할 재정립		
프로그램 대상	가사재판 이혼 가정 부모 5~8쌍 내외		
프로그램 내용	1회기	부모를 돌보는 아이들	• 가족치료이론의 주요개념(교육) • 부모화된 아이(영상 시청) • 활동지 작성과 나눔을 통한 적용(집단상담)
	2회기	부모의 이혼을 겪은 아이들의 사춘기	• 아동, 청소년기의 심리적 발달(교육) • 사회성 발달(영상 시청) • 활동지 작성과 나눔을 통한 적용(집단상담)
	3회기	이혼 부모와 자녀의 행복한 관계기	• 양육/비양육자 부모의 역할(교육) • 활동지 작성과 나눔을 통한 적용(집단상담) • 서약서 작성과 발표

2) 미혼양육모 부모교육

프로그램 제목	내 생애 가장 귀한 보물 찾기(2017년)	
프로그램 실행기관	인천시 서구 건강가정지원센터	
프로그램 기간	총 8회기, 회기당 2시간 총 16시간	
프로그램 목적	엄마와 아이가 함께하는 놀이 활동을 통해 애착관계를 회복하고 감정 코칭을 생활화하여 안정적인 관계를 형성하도록 함	
프로그램 대상	본 센터-회원 미혼모(부)자 가정	
프로그램 내용	1회기	• 감정코칭이란? • 긍정적인 마인드세트, 아동들의 뇌 발달의 특성 • 사전검사 실시(스트레스 검사)
	2회기	• 아이들과 나를 이해하기(기질, 양육 유형, 환경) • 풍선놀이와 함께하는 대화법
	3회기	• 의사소통을 방해하는 초감정 작업 / 지점토 놀이
	4회기	• 감정 코칭의 5단계 이론 및 실습 • 치료놀이 손 그리기, 손맛사지
	5회기	• 감정코칭을 잘하려면?(감정의 타당성 인정) • 요람 태워 주기
	6회기	• 두뇌와 심장의 상호작용, Em-wave 시연 • 놀이치료가 필요한 이유
	7회기	• 감정코칭 사례별 연습과 실습 지도, 우리 아이는요? • 다양한 신문지놀이
	8회기	• 나는 할 수 있다, 땅 만들기 게임 • 사후검사(스트레스 검사)

3) 다문화가족 부부교육

프로그램 제목	다른 듯 같은 우리(2017년)
프로그램 실행기관	논산시 건강가정 · 다문화가족지원센터
프로그램 기간	총 6회기(1~4회기-다문화부부, 5~6회기-결혼이민자여성) 회기당 2시간 총 12시간
프로그램 목적	다문화 부부의 인식 개선과 결혼이민자여성의 자아정체감 확립

프로그램 대상	논산시 거주 결혼이민자여성(12명) 및 다문화 부부(6쌍)	
프로그램 내용	1회기	'양성평등 의사소통 교육' 민주적이고 양성평등한 부부관계 이해 교육
	2회기	부부가 함께할 수 있는 손 마사지 교육
	3회기	'성평등 인식 개선 교육' 가부장적인 전통적 사고 완화 교육
	4회기	부부가 함께 만드는 목공예 활동
	5회기	'자아정체감 확립 교육' 결혼이민자여성의 자아정체감 향상 및 권리 강화 교육
	6회기	결혼이민자여성 공예활동

4) 한부모교육

프로그램 제목	내 마음 토닥토닥(2016년)	
프로그램 실행기관	도봉구 건강가정·다문화가족지원센터	
프로그램 기간	총 4회기, 회기당 2시간(총 8시간)	
프로그램 목적	한부모가족의 부모님을 대상으로 자신의 마음에 관심을 가지고 친해지고 보살피는 과정을 통해 자녀 양육에서 오는 스트레스를 효율적으로 조절할 수 있도록 도와 가족 내에서 발생하는 문제를 예방하고 가족의 건강성을 증진하고자 기획함	
프로그램 대상	아동, 청소년기 자녀를 둔 한부모가족 부모님(5~8명)	
프로그램 내용	1회기	'새로움 발견하기'로 자신의 내면을 들여다보고 자기점검을 할 수 있는 시간을 가짐
	2회기	'스트레스 대처방식'으로 모든 생각과 의식의 기초는 내면의식이며 명상을 통하여 순수한 내면의식으로 자연스럽게 몰입하게 해 줌으로써 생각을 다루는 시간을 가짐
	3회기	'스트레스 대처방식'으로 감정을 어떻게 표현할 것인가에 대해 감정을 다루는 시간을 가짐
	4회기	'스트레스 대처방식'으로 부모와 자녀 간에 생길 수 있는 가치관의 대립이 있을 때 효과적인 대처방법을 배우는 가치관을 다루는 시간을 가짐

제7장 가족치료

이 장에서는 가족 갈등 해결에 활용할 수 있는 임상적 실천방법으로 가족치료를 소개한다. 가족치료는 사회복지실천기술론에서 가르치고 있다. 그러므로 중복을 피하기 위해서 이론에 대한 소개에 치중하기보다는 개략적인 소개와 함께 가족을 대상으로 실천 현장에서 활용할 수 있는 기법과 사례를 중심으로 기술하고자 한다.

가족치료는 개인에 대한 정신분석적 개입의 효율성에 대한 의문에서 시작되었다. 초기에는 실천가들이 각자 독자적인 방법으로 접근하였지만 공통점은 환자의 증세가 가족과 관련성이 있다는 것이었다. 가족치료는 개인치료와는 달리 체계론적 사고에 입각해 있다. 이 장에서는 한국의 가족문제에 접근하기 용이한 방법과 기법을 중심으로 근대주의적 관점에서 나온 주요 학자들의 접근방법과 함께 탈근대주의를 대표하는 이야기치료를 소개한다.

1. 가족치료의 관점

가족치료는 개인상담과는 달리 가족 구성원이 나타내는 문제나 증상이 개인의 심리내적인 개별적인 문제라기보다는 가족 간의 상호작용이나 구조 및 체계 등 가족이라는 맥락에서 발생한 문제로 본다. 따라서 가족치료는 문제를 발생시키는 가족체계를 변화시킴으로써 증상이 해소될 것이라는 관점을 취한다. 그래서 가족치료를 관계치료 또는 맥락치료라고도 한다. 이런 관점에서 본다면 개인이 나타내는 문제는 가족이 갖는 상호작용과 가족체계에 적응하기 위한 개인의 역기능적 적응유형 내지는 문제해결법이라고 할 수 있다.

예를 들어, 가출청소년의 경우 개별치료에서는 청소년 개인의 부적응문제로 본다. 따라서 상담이나 치료 대상은 가출한 청소년이 된다. 그러나 가족치료적 관점에서 보면 청소년이 속한 가족 구성원 간의 상호작용의 문제 또는 가족 전체가 갖는 체계적 문제가 청소년의 가출을 통해서 드러난 것으로 본다. 따라서 청소년이 치료 대상이 아니라 가족 전체가 대상이 된다. 또한 청소년의 가출은 가족의 상호작용체계에 적응하기 위한 역기능적 적응방법이거나 아니면 가족의 문제를 해결하기 위한 방법으로 나타난 해결책으로 볼 수 있다. 그러므로 가출한 청소년만을 변화시키기보다는 그가 속한 가족체계를 변화시키는 것이 요구된다. 이렇게 개별치료에서는 문제를 가진 개인으로 파악하는 데 반해, 가족치료에서는 가족 문제가 개인을 통해서 드러난 것으로 보기 때문에 개인에서 가족 전체로 방향을 돌리며 문제를 생산하고 유지시키는 가족의 상호작용체계를 변화시키고자 한다.

가족치료의 시초는 정신분석적 접근보다 좀 더 효율적인 치료방법을 모색하다가 공통적으로 발견한 사실이 환자의 증상이 가족과 관련성이 있다는 것이었다. 그리고 몇 가지 풀리지 않는 의문에 대한 해답을 찾기 시작했다. 즉, 환자가 치료를 끝내고 가족에게 돌아가면 얼마 지나지 않아서 다시 입원하든가 아니면 다른 가족이 악화되는 현상을 어떻게 설명할 수 있을 것인가 하는 의문을 가지게 되었다. 이러한 사실은 증상이 환자 개인에게 있는 것이 아니라 가족과의 관련성을 보여 주는 것이다. 따라서 환자 개인을 치료하는 것에서 환자를 둘러싼 가족이라는 맥락 전체에 대한 개입으로 바뀌기 시작했으며, 가족을 변화시키는 것이 개인을 변화시키는 가장 효율적인 방법이 될 수 있다는 사실을 인식하게 되었다(Nichols & Schwartz, 2002: 42: 정문자 외, 2012: 24에서 재인용).

또한 작금에 와서는 가족 내에서 발생하는 문제들이 심각한 분열증적 증상을 보이기보다는 가족 간의 상호작용의 문제나 구조적 조정을 요하는 비교적 간단하고 단기적인 개입에 의해서 해결될 수 있는 문제들이 늘어나면서부터 더욱 주목받기 시작했다.

2. 가족치료의 기본 개념

가족치료의 이론적 기초는 체계론이다. 체계론적 사고는 종전의 기계론과는

달리 유기체론으로 살아 있는 체계의 각 부분이 전체에 영향을 미치며 피드백 과정을 통해서 상호 의존되어 서로 영향을 미친다는 것이다. 이런 관점으로 가족을 보면 가족문제와 해결에 대한 접근도 달라진다. 가족도 살아 있는 생명체로 각각의 구성원이 서로 간의 상호작용과 서로를 연결짓는 피드백 과정을 통해 상호 간에 밀접한 영향을 미친다는 것이다. 그러므로 가족이 갖는 구조와 상호작용 패턴, 그리고 고유한 규칙과 같은 요소들에 개입함으로써 가족 구성원의 문제를 해결해 나갈 수 있다고 본다.

　가족을 체계로 파악하기 위해서는 체계에 대한 기본적인 이해가 요구된다. 가족체계의 구조적 특성으로는 경계선, 하위체계, 그리고 위계질서 등이 있다. 이러한 부분에 대한 상세한 내용은 구조적 가족치료에서 다루기로 하고 여기서는 체계의 작동원리와 속성만 다루기로 한다. 순환적 인과성은 가족 구성원 한 사람의 행동은 다른 가족 모두에게 영향을 미치고, 다른 가족의 반응은 다시 가족 구성원 개인에게 영향을 미친다는 것이다. 이렇게 보면 특정한 문제나 증상의 원인 및 결과를 구분하기 어려우며, 행동에 대한 반응이 서로 맞물려서 순환적으로 상호작용하게 된다. 그러므로 문제의 원인을 개인에게서 찾기보다는 가족의 반응이 문제를 유지시킨다는 점에서 가족의 상호작용에 초점을 두게 된다. 순환적 인과성의 개념으로 동귀결성은 시작은 달리해도 같은 결과가 올 수 있고, 다귀결성은 시작이 같아도 다른 결과가 올 수 있다는 것이다. 예를 들어, 한 교수 밑에서 같은 수업을 들었지만 기말고사 성적이 다른 것과 다른 대학에서 다른 교수 밑에서 공부했지만 국가고시에는 똑같이 합격하는 것과 같다. 다른 예로는 가족이 경제위기 또는 다른 위기 상황에서 어떤 가족은 온 가족이 뭉쳐서 극복해 내는 반면, 어떤 가족은 해체되기도 한다.

　끊임없이 상호작용하는 가족체계는 피드백이라는 환류고리를 통해서 상호작용을 조정해 나가게 된다. 어머니가 병원에 입원하게 되면 가족이 가사일과 간병을 나누어 분담함으로써 가족기능의 안정화를 통해 항상성을 유지하게 된다. 아버지가 직장을 잃게 되어 수입이 줄어들면 다른 가족이 나서서 경제활동에 참여함으로써 가족의 기능을 유지해 나가기 위해 노력하게 된다.

　의사소통은 체계론의 중심 개념으로 가족 간의 상호작용은 정보 교환 등의 의사소통을 중심으로 이루어진다. 체계론적 관점에서 보는 가족의사소통은 개인의 의사소통방식보다는 가족의 상호작용이라는 관점에서 보게 된다. 의사소통 부분은 실천기술에서의 면접과 관련해서 많이 다루어지기에 여기서는 간단하게 다루도록 한다.

가족규칙은 가족의 행동을 규제하거나 가족 구성원의 역할에 대한 기대를 규정한다. 규칙은 암묵적인 것과 명시적인 것이 있다. 암묵적인 것은 분명하게 정한 것은 아니지만 별일 없으면 아침 식사를 일찍 일어나는 어머니가 준비하는 것처럼, 가족이 암묵적으로 받아들이는 것이다. 명시적인 것은 아침 식사 당번을 정해서 돌아가면서 준비하는 것처럼, 규칙이 명확하게 정해져서 모두가 알고 있는 것이다. 이런 규칙들에 의해서 가족체계가 유지되고 일상생활의 기능을 수행해 나가게 된다. 더 나아가서, 그 가족의 가치를 드러내는 행동규범이 된다. 이런 가족규칙은 보편적인 것들과 함께 가족마다 차이가 나기도 해서 특정 가족의 정체성을 나타내기도 한다.

전체성은 가족 구성원 한 사람씩을 보기보다는 가족을 한 묶음인 전체로 파악하는 것으로, 각 부분보다는 전체를 하나의 단위로 보며 가족은 부분의 단순한 합 이상이라는 비합산성이 특성이다. 이러한 특성은 가족을 작은 개인 단위로 쪼개서는 이해할 수 없으며 전체라는 맥락 속에서 이해가 가능하다는 것을 뜻한다. 부부 한 사람 한 사람을 보면 모두가 유능하고 좋은 사람임에도 불구하고 서로 의견이 맞지 않고 화합하지 못하는 부부가 있는 반면, 그만 못해도 서로 관계가 좋고 배려하며 화목한 가족도 있다. 개구리를 해부해서 각 부분의 장기와 세포의 구조를 통해 개구리를 이해하는 것이 아니라 살아 있는 생명체라는 전체성 속에서 이해해야 하는 것처럼, 가족도 각 구성원 개인의 합 이상이기에 이들 간의 상호작용과 의사소통 유형 등을 파악해야 한다.

상호 보완성은 각각의 요소와 그 요소들이 맺는 관계와 맥락이라는 상호작용 속에서 이해되어야 한다는 것이다. 즉, 가족 개개인의 특성과 함께 이들이 어떤 관계를 맺고 있으며 어떤 맥락 속에서 상호작용하는가를 파악해야 한다는 것이다. 예를 들어, 남편의 알코올중독은 절제력이 부족한 남편 개인의 특성이기보다는 부인의 지나친 기대와 가족 내에서의 역할 부재 및 무관심에서 오는 도피현상으로 볼 수 있다. 체계론에서 보는 상호 보완성은 그 가족의 상호작용 패턴을 파악하는 것이다. 자율성과 자기조직성은 살아 있는 생명체는 기계와는 다르게 스

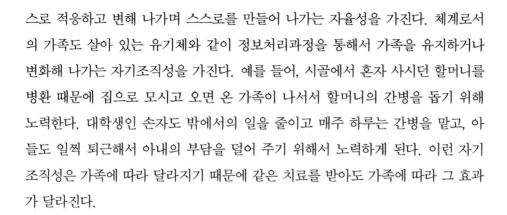

스로 적응하고 변해 나가며 스스로를 만들어 나가는 자율성을 가진다. 체계로서의 가족도 살아 있는 유기체와 같이 정보처리과정을 통해서 가족을 유지하거나 변화해 나가는 자기조직성을 가진다. 예를 들어, 시골에서 혼자 사시던 할머니를 병환 때문에 집으로 모시고 오면 온 가족이 나서서 할머니의 간병을 돕기 위해 노력한다. 대학생인 손자도 밖에서의 일을 줄이고 매주 하루는 간병을 맡고, 아들도 일찍 퇴근해서 아내의 부담을 덜어 주기 위해서 노력하게 된다. 이런 자기조직성은 가족에 따라 달라지기 때문에 같은 치료를 받아도 가족에 따라 그 효과가 달라진다.

3. 구조적 가족치료

1) 치료이론과 개념

구조적 가족치료는 가족의 구조라는 구체적 형태로 드러나기 때문에 가족치료 기법 중에서 비교적 적용하기가 쉽다. 따라서 많은 훈련을 받지 않은 초보자들도 널리 활용할 수 있는 기법 중 하나이다. 구조적 가족치료는 아르헨티나 출신의 살바도르 미누친(Salvador Minuchin)이 빈민지역에서 빈곤가족이나 이민자가족을 치료한 경험에서 시작되었다. 미누친은 이들 가족이 구조적인 결함이 많다는 사실을 발견하고 구조를 먼저 만들어 줌으로써 문제해결과 함께 가족기능을 회복할 수 있도록 접근했다.

가족의 구조는 오랫동안 상호작용해 온 결과로 드러나는 행동양식이다. 구조적 가족치료에서 중요한 개념으로는 하위체계와 경계선, 위계, 그리고 체계 간의 개방성과 폐쇄성을 들 수 있다. 가족은 구성원이 몇 명이든 관심과 성, 세대 등 다양한 요소에 의해 하위체계로 나뉜다. 가족에서 가장 핵심적인 구조는 부부하위체계로 자녀가 있으면 부모하위체계가 되며, 자녀들은 형제체계가 되어 부모자녀하위체계로 상호작용하게 된다. 각각의 하위체계는 고유의 기능을 가지며 상호작용한다. 부모하위체계는 자녀하위체계보다 위계상으로 우위에 존재한다. 부모와 자녀 간은 명확한 경계를 확립해야 하며, 부모하위체계는 자녀를 양육하고 통제하며 교육하는 기능을 수행한다. 부부하위체계는 서로에 대한 정서적 충족과 함께 협상과 조정의 기능을 가지며, 부모하위체계와는 구분된다. 형제하위체계는 같은 위계상에서 서로 경쟁하고 용서하고 타협하는 법을 익히게 되며, 사회에서의 인간관계에 대한 연습의 장이 된다. 따라서 형제 간에 갈등이 발생할 경우에 부모가 개입하기보다는 스스로 해결하도록 지켜봐 주는 것이 필요하다.

경계는 친밀감이나 정보 교환 등의 상호 교류를 통해서 드러나게 된다. 예를 들어, 아버지가 실직했다는 사실을 누구에게는 알리고 누구에게는 당분간 알리지 말아야 하는가로 경계가 설정된다. 이러한 경계는 가족의 상호작용에서 중요한 의미를 지닌다. 경계선은 열림과 닫힘이 자유롭게 이루어져야 하지만 가족에 따라서 서로 간의 경계선이 닫혀 있거나 개인의 독립성과 개성이 존중받지 못하고 언제나 열리어 융합되는 경우도 있다. 부모는 연합해서 한목소리를 내야 하며, 자녀보다 위계상 위에 존재한다. 이러한 체계 간의 위계는 가족에게 위기 상황이 발생하거나 의견의 충돌이 있을 경우에 누구의 의견을 따를 것인지를 결정하게 되며, 더 큰 사회에서의 위계질서에 적응해 나가도록 돕는다.

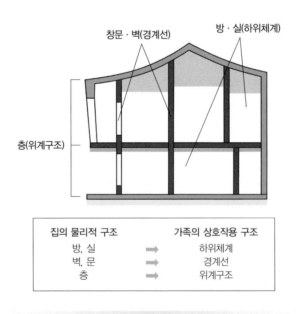

[그림 7-1] **집 그림과 가족구조**

출처: 정문자 외(2012).

2) 치료기법

구조적 가족치료의 목표는 증상 완화나 드러난 문제의 해결을 넘어서 부모의 연합을 통한 경계선 바로 세우기, 하위체계의 기능 회복과 위계질서 확립 등을 목표로 하고 있다. 치료 과정으로는 먼저 가족과 치료자가 서로 적응하는 과정이 필요하며, 이 과정을 합류라고 한다. 치료자가 가족에 받아들여지기 위해서는 가족구조와 상호작용 방식을 있는 그대로 수용하고 지지하는 유지기법을 사용한다. 추적은 가족이 하는 이야기를 관심을 가지고 경청하면서 계속 이야기해 나가도록 지지하고 격려해 나가는 것이다. 그리고 모방은 가족에서 통용되는 말투나 대화방식, 비언어적 방법을 그대로 따라서 사용하는 것이다. 이렇게 함으로써 치료자와 가족이 가깝게 느낄 수 있고, 서로 힘을 합쳐 문제를 해결해 나가게 된다. 이러한 다양한 방법을 통해서 가족 구성원의 정서와 행동양식에 적응함으로써 가족구조를 확인하고 재구조화해 나가게 된다.

가족의 행동양식에는 보편적으로 대부분의 가족에서 나타나는 행동패턴이 있는 반면에 특정한 가족에서만 나타나는 양식이 있다. 따라서 각 가족이 가지는 구조를 먼저 파악해야 한다. 가족의 구조를 파악하기 위한 방법은 여러 가지가 있다. 그중 하나가 처음 만났을 때 각자가 의자를 가져와서 앉아 보게 하는 것으로 가족구조에 대한 많은 정보를 파악할 수 있게 된다.

누가 주도적으로 나서는지, 누구 곁에 누가 앉는지, 거리를 두는 사람은 누구인지, 등을 돌리는 사람은 누구인지 등에 대한 관찰을 통해서 가족의 상호작용 구조를 파악할 수 있게 된다. 가족의 개방성과 폐쇄성은 각자의 집에서 공간을 사용하는 방식에 의해서도 알 수 있다. 방문이 항상 열려 있어 허락 없이 들어가는지, 아니면 닫혀 있어 독립성은 보장되지만 도움이 필요한 경우에 소통되지 않거나 고립되는지를 알 수 있다. 하위체계 간의 구조와 위계는 가족이 함께 외식을 할 때 식당과 메뉴를 누가 정하는지를 통해서도 파악할 수 있다.

그러나 가장 쉽고 간단한 방법은 관찰을 통해서 가족구조를 파악하는 것이다. 관찰은 가족의 행동 전반에 대해서 예민한 관찰을 함으로써 아버지의 말에 아들이 어떻게 반응하는지, 어머니의 행동에 대해서 누가 거부반응을 보이는지 등을 관찰을 통해서 파악해 낼 수 있다. 치료자가 파악한 구조는 하나의 가정으로, 가족의 상호작용을 지속적으로 관찰함으로써 확인할 필요가 있으며, 구조의 파악과 개입이 동시에 일어날 수도 있다. 예를 들어, 아이가 부모 사이에 앉아 있을 경우에는 아이의 자리를 형제 쪽으로 옮기게 함으로써 경계선 만들기를 시도하며 부모 간의 연합과 형제하위체계 간의 연합을 암시할 수 있다. 치료자가 가족에게 질문을 할 때에도 아버지에게 먼저 질문함으로써 가족 내에서 아버지의 권위와 위치를 인정해 주는 방법을 쓰기도 한다.

재구조화 기법으로서 긴장고조는 가족이 유지해 온 균형 상태를 깨뜨리고 긴장을 고조시킴으로써 재구조화를 시도하는 방법이다. 예를 들어, 아들을 가장 잘 안다고 생각하는 어머니가 항상 아들을 대신해서 말하는 것을 중단시키고 아들에게 직접 말하게 함으로써 어머니의 생각과는 전혀 다르다는 것을 드러내게 하는 방법이다. 증상활용기법은 증상에 초점을 맞추거나 증상을 과장 또는 무시하거나 재명명하는 것이다. 이 모든 기법은 증상을 드러내는 가족원 한 사람의 문제가 아니라 가족의 구조나 기능과 연관되며 가족 전체의 상호작용의 문제라는 것을 인식시키기 위한 것이다. 따라서 이러한 관점에서 증상을 새롭게 인식하도록 도움으로써 구조적 변화를 가져올 수 있게 한다.

그중 재명명화는 널리 사용되는 방법으로, 특정 행동에 대해서 부정적인 이미지를 새롭게 바라볼 수 있게 바꾸는 것이다. 예를 들어, 어머니가 잔소리꾼이 된 것은 가족의 무관심과 지나친 책임감에서 나온 결과라는 사실을 이해하게 되면, 특히 자녀들의 교육에 대한 모든 책임을 혼자서 도맡아서 처리하고 있는 버거움과 부담으로 인한 구조적 문제라는 것을 이해하게 되면 어머니의 잔소리를 대하는 태도가 바뀌게 된다. 따라서 자녀양육에 대해서 부부하위체계가 힘을 합해서 책임을 나누고 자녀하위체계도 가사일에 대한 분담을 통해서 책임을 나누어야 할 필요성을 인식하게 된다. 그렇게 되면 어머니의 잔소리가 단순한 잔소리만이 아니라는 것을 알게 되며, 가족 전체의 구조적 변화를 요구하는 구조요청이라는 사실을 인식하게 된다. 이렇게 증상이나 부정적으로 대하던 행동을 새로운 각도에서 인식을 바꾸어 보면 긍정적인 순기능을 인식하게 되며, 증상을 바르게 인식함으로써 재구조화로 이어지게 된다.

다른 방법으로는 취약한 구조를 보충 또는 강화시켜 주는 것이다. 예를 들어, 조손가정에서의 양육 기능을 멘토를 통해서 보완해 주거나 경제적 지원으로 자원을 연결해 주는 것이 여기에 해당된다. 특정한 가족이 갖는 구조적 취약성으로 인해 제기되는 기능상의 역할을 자원 연결을 통해서 채워 주고 보충해 준다. 과제 부여는 짧은 치료시간 내에서의 치료라는 한계를 극복하기 위해서 과제를 줌으로써 지속적인 효과를 가지게 할 수 있다. 예를 들어, 형제하위체계를 강화시키기 위해서 다음 주 상담에 올 때까지 하루 한 가지씩 형제가 모두 참여하는 일을 해 보라는 과제를 내 준다. 그러면 일주일 내내 상담과 치료의 효과를 보게 된다.

구조적 가족치료는 한국 사회에서 흔히 발생하는 고부간의 갈등이나 최근에 대두되는 장모와 사위(장서) 간의 갈등 같은 문제들에 대한 좋은 해결책을 제시하고 있다. 구조적관점에서 보면 이 문제는 경계선과 하위집단 간의 문제로 볼 수 있다. 부모와 자녀는 양육 시부터 명확한 경계선을 가져야 하며, 자녀가 결혼을 하게 되면 부모하위체계와 자녀하위체계 간의 경계선이 명확해야 한다. 그럼에도 불구하고 아들과 어머니 그리고 딸과 어머니의 지나친 정서적 애착으로 자녀부부체계에 대한 지나친 간섭과 조정으로 인해서 며느리와 시어머니, 사위와 장모 간에 갈등이 발생하게 된다. 이럴 경우에 부부하위체계와 부모하위체계 간의 경계선을 명확하게 설정함으로써 갈등을 해소해 나갈 수 있게 된다. 이렇게 구조적 가족치료는 한국 가족의 특성 중 하나인 경계선과 하위체계 간의 역할의 모호성으로 대두되는 가족문제 해결에 적합한 해결책을 제시하고 있다.

〈표 7-1〉 기능적 가족과 역기능적 가족

기능적 가족	역기능적 가족
• 하위체계의 경계선이 명확하다.	• 경계가 경직되거나 혼란스럽다.
• 요구에 따라 변할 수 있다.	• 가족의 요구에도 변하지 않는다.
• 가족규칙이 명확하다.	• 규칙이 경직되고 명확하지 않다.
• 상황에 따라 변할 수 있다.	• 행동이나 방법에 규칙이 없다.
• 구성원의 역할을 명확히 안다.	• 역할이 경직되거나 명확하지 않다.
• 개인의 자율성 인정 및 존중	• 기대가 무엇인지 알지 못한다.
• 전체적으로 가족 유지	• 개인의 자율성 희생
• 의사소통이 명확, 직접적, 자유	• 지나친 자율성으로 통합 결여
	• 의사소통이 애매, 간접적, 권위적

출처: 김유숙(1999).

4. 다세대 가족치료

1) 치료이론과 개념

머레이 보웬(Murray Bowen)의 가족치료는 정이 많고 감성이 풍부하며 가족적 유대와 결속력이 높은 한국 가족에 적용 가능성이 높은 접근법이다. 보웬은 미국 농촌지역의 대가족의 장남으로 성장했으며, 이런 그의 성장 경험이 우리나라 가족들의 경험과 공유될 수 있는 부분이 많았다. 우리나라 가족 간의 문제 중에는 서로 감정적으로 충돌하거나 가족적 융합과 결속에 대한 요구로 인한 문제가 빈번하게 발생하고 있다. 그리고 한국 사회가 급속한 변화를 겪음으로써 발생한 사회적 불안도 높은 편이다.

보웬은 가족을 정서 단위로 보며 가족 간의 정서 과정이 세대를 걸쳐서 이어진다고 보았다. 따라서 치료목표는 여러 세대로 이어지는 문제를 야기하는 정서 과정을 이해하고 가족원의 분화를 통해 가족체계를 변화시키는 것이다. 자아분화는 원가족의 정서적 혼돈에서 벗어나 자유로워지는 것을 말하며, 정신내적 개념이면서 동시에 대인관계적 개념이다. 정신내적으로는 사고와 감정을 분리할 수 있는 능력으로, 감정적인 충동을 참아 내고 자제력과 객관성을 유지하는 것이다. 대인관계적으로는 자신과 타인 간의 분화를 의미하며, 타인과 구분되는 자신만의 입장을 가지며 자신의 신념에 따라 행동하고 친밀감은 나누지만 융합되지 않는 것이다(정문자 외, 2012: 135).

보웬은 환자와 가족, 특히 어머니와 환자 간의 공생관계를 관찰하고 가족 구성원이 정서적으로 독립되지 못하고 한 덩어리로 얽혀 있는 미분화 자아군이라는 개념을 발전시켰다. 이러한 미분화 자아군은 가족관계에서 자녀와 부모관계, 특히 모자관계에서 환자가족이 아닌 일반가족에서도 정도의 차이는 있지만 우리 사회에서 흔히 발견되고 있다. 이런 모자 또는 가족 관계의 미분화는 성장 과정에서는 가족 내에서의 삼각관계로 이어지고, 더 나아가서는 핵가족의 정서체계를 통해 다세대 전수 과정을 거치게 된다. 이런 과정에서 부모의 미숙함에 많이 노출되면 될수록 더 많은 영향을 받게 된다. 가족 내에서의 미분화 현상이 확대되면 사회적 정서 과정에도 영향을 미치게 된다. 불안도가 높은 사회일수록 개인의 분화보다는 융합을 강요하는 경향이 발생하게 된다. 이렇게 미분화된 가족관계는 배우자의 역기능, 만성적인 결혼 갈등, 그리고 자녀의 역기능으로 나타나거나 삼각관계의 형성과 나아가서는 정서적 단절로 나타나기도 한다.

보웬의 이러한 개념들은 한국 가족에게서 흔히 발견될 수 있는 현상들이다. 소위 말하는 마마보이로 불리는 모자공생관계에서 시작해서 자녀에 대한 뒷바라지를 다음 세대인 손자녀까지 평생 해 나가는 부모들의 태도, 고부 갈등, 장서 갈등, 그리고 세대 간의 가치 차이로 인한 갈등과 낀 세대의 소외와 억울함 등으로 나타나고 있다. 여기에 대한 기본적인 해법으로 보웬은 분화와 탈삼각화 등의 개념을 제시하였다.

2) 치료기법

보웬 치료의 목표는 자아분화를 이루는 것이다. 분화된 사람은 다른 사람과 구별되는 자신의 생각을 가지고 행동하며, 그러면서도 다른 가족과 친밀감을 나눌 수 있다. 분화는 개인 내적으로는 주관적인 감정과 객관적인 사고를 구분하는 것으로, 기법으로는 나-전달법(I-Message)을 제시한다. 나-전달법은 상대방을 탓하거나 비난하지 않으면서도 자신의 감정과 상황을 있는 그대로 전달하는 방법으로, 상대에게 반발심이나 방어기제를 자극하지 않게 되어 비교적 쉽게 수용될 수 있도록 말하는 기법이다. 이렇게 나의 상태를 감정과 분리해서 정직하게 전달하게 되면 감정적 충돌 없이 소통할 수 있고, 자신의 감정에 대해서도 통제력과 자제력을 가질 수 있게 된다.

또 다른 방법으로는 3세대 가계도를 통해서 가족정서체계를 분석하고 파악해 보며 현재의 문제를 다세대를 통해 이어진 맥락 속에서 파악하는 것이다. 일반적으로 3세대 가계도를 그리지만 가능하다면 더 윗세대에 대한 정보를 모으고 분석하면서 현재의 문제가 세대를 걸쳐 이어 온 패턴을 파악함으로써 현재 상황에 대한 통찰력을 가질 수 있게 돕는다. 가계도 그리기는 가족을 평가하기 위한 도구로 사용되기도 하지만 치료의 도구로도 활용되고 있다. 가계도에 현 가족과 함께 사회적 관계망인 사회도를 포함시킴으로써 가족의 활용 가능한 자원과 관계망을 파악하기도 한다.

보웬의 핵심개념 중 하나인 만성불안은 개인의 자율성이 허용되지 않고 연합에 대한 압력이 증가하는 상황에서는 불안이 증가하게 되며, 불안의 감소는 분화를 통해서만 가능하다고 한다. 이인관계에서 불안이 증가하면 긴장을 해소하기 위한 방법으로 삼각관계를 이루게 된다. 우리 사회에서 흔히 볼 수 있는 형태로는 부부관계가 불안해지면 어머니가 자녀를 끌어들여 삼각관계를 이루어 자녀와 어머니는 밀착관계가 되고, 부부관계는 갈등에서 벗어나는 것처럼 된다. 이런 삼각관계에 말려든 자녀에게 어머니의 잔소리와 간섭이 심해지게 되어 자율성이 떨어지고 불안 등의 역기능이 증가하게 된다. 따라서 자녀의 역기능문제를 해결하기 위해서는 삼각관계 속에서의 개인의 모습을 관찰하게 함으로써 인지적 자각을 통해서 삼각관계에서 벗어나도록 돕는다. 가족원 중 한 명에게서 분화가 이루어지면 가족원 전체에 영향을 미칠 수 있게 되어 가족의 분화 수준이 높아지게 된다.

치료적 삼각관계는 삼각관계의 원리를 역으로 치료에 이용하는 것으로, 부부와 치료자 간에도 치료 과정으로 이루어지지만 이인체계에서 병리적 삼각관계 대신 치료적 목적으로 합리적으로 선택된 대상이나 도구를 통해서 이인체계의 불안에서 벗어나도록 돕는 기법이다. 예를 들어, 부부관계에서 긴장이 고조될 때 아내가 그동안 미루어 왔던 공부나 취미활동을 함으로써 긴장과 불안을 완화시키는 방법이나 자녀들이 떠난 집에 남은 부부가 긴장 해소를 위해서 강아지를 키우는 것도 여기에 해당한다.

정서적 단절은 세대 간의 융합이나 높은 불안을 분화를 통해서 극복하지 못하고 물리적인 거리를 둠으로써 해결하려고 한다. 그래서 왕래를 하지 않거나 멀리 이사를 가기도 한다. 그러나 분화가 이루어지지 않은 거리감 형성은 융합 상태가 그대로 유지된다. 이런 현상은 명절날 멀리 떨어져서 지내던 가족이 모이게 되면 가족 간에 잠재되어 있던 갈등이 재현되어 분출되게 된다. 그래서 부부가 휴가를 같이 보낼 때나 가족이 함께 모인 명절에 가족 갈등이 재현되는 것을 볼 수 있다.

보웬의 가족치료는 성격이 급하고 다혈질이며 감정에 휘말려서 문제를 일으키는 일이 많은 한국인들에게 적용 가능성이 높다. 따라서 갈등이 발생했을 경우에 감정적으로 대처하기보다는 감정을 통제하고 조절하고서 감정과 사고를 분리해서 나-전달법을 통한 대화를 해 나가게 되면 큰 싸움으로 번지지 않을 수 있다. 그리고 상대방의 반발심과 방어적 태도를 차단해 나갈 수 있게 된다. 한국 가족들 간에는 개인의 특성을 존중하기보다는 동조나 일치에 대한 집단의 압력이 강한 편이다. 식사 메뉴를 정할 때에도 모두 같은 것을 주문하는 것이 쉽고 빨리 나올 수 있다고 생각하여 다른 것을 원하는 사람은 튄다고 핀잔을 주는 경우가 있다. 따라서 문화적으로 개성을 존중하고 수용할 수 있어야 하며, 개인적으로는 집단의 압력을 벗어나서 스스로의 생각과 감정을 말할 수 있도록 자아가 분화될 필요가 있다.

그럼에도 불구하고 한국 가족의 특성과 보웬이 제시하는 해결법인 분화 및 개별화 사이에는 문화적 차이가 존재하는 것도 사실이다. 예를 들어, 한국 사회에서 강조하는 '효 사상'이 유교의 중요한 가치로 수용되고 있지만 보웬의 분화라는 측면에서 보면 원가족과의 미분화라는 측면으로 볼 수도 있다. 가족 간의 융합은 정도의 차이는 있지만 강한 가족 유대와 결속을 가져오는 긍정적인 측면도 있다. 반면, 인지적 측면에 치중해 있다는 비판도 받고 있다. 그럼에도 불구하고 보웬의 가족치료는 한국 가족에게 시사하는 바가 크다. 특히 전통적 가족체계가 무너지면서 부모세대와 자녀세대 간의 가치관의 차이가 상당한 지금의 한국 가족에게서 발생하는 문제들을 이해하는 데 도움이 되고 있다. 각 문화와 전통에 따라 가족 간의 정서적 상호작용 방식에는 차이가 있기 마련이다. 그러므로 우리 문화와 가족에 맞는 정서관계를 존중하면서 제기되는 부작용들을 처리해 나가기 위해서 우리 문화에 맞는 해법을 찾아가는 길잡이가 될 수 있을 것이다.

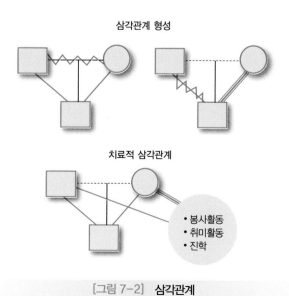

[그림 7-2] **삼각관계**

몇 년 전 보웬의 가족치료를 가르치면서 학생들에게 각자 자신의 원가족 가계도를 그려 오도록 했다. 학생들이 만들어 온 가계도를 발표하고 나서 우리가 찾은 의외의 공통점이 있었다. 그것은 석·박사 과정을 공부하는 여학생들의 어머니들은 각 가정에서 과잉역할을 하는 경우가 많았다. 그리고 그런 어머니와 딸인 본인들은 유대가 강했으며, 경우에 따라서는 유대를 넘어서 과잉 동일시가 일어났다는 점이다. 상황적으로 어쩔 수 없이 온 가족을 책임졌던 어머니 밑에서 자란 딸은 본인도 집안에서 무의식적으로 어머니를 도와 과잉역할을 했던 것으로 나타났다. 그래서 평소에 아버지나 남동생, 오빠 등이 무능하고 나약한 존재인 것에 불만을 가져 왔다. 하지만 가계도를 놓고 분석해 본 결과, 여성인 어머니나 딸인 자신의 과잉역할로 인해서 집안의 남성들의 지위와 역할이 위축되거나 뒤로 물러났다는 사실을 발견하고서 놀라워했다(최선화, 2012: 188-189).

5. 경험적 가족치료

1) 치료이론과 개념

버지니아 사티어(Virginia Satir)의 경험적 가족치료는 개인이나 가족에게 그들의 상황에 맞는 적절한 정서적 체험과 경험을 하게 함으로써 성장할 수 있도록 돕는 방법이다. 따라서 이론보다는 치료자의 직관을 활용한 다양한 기법을 활용하고 있다. 예를 들어, 가족으로부터 소외감을 느끼는 사람에게는 가족모빌을 만들어서 가족이 얼마나 깊이 서로 연관되어 있는지를 느끼게 하거나, 로프를 활용해서 가족은 한 줄에 함께 묶인 존재라는 것을 체험하게 한다. 이처럼 사티어의 가족치료는 정서적 경험을 통해서 성숙하도록 돕는 접근으로, 우리나라에서는 빙산과 원가족삼인군에 대한 검토와 의사소통 방법의 개선을 통한 자아존중감 향상이 주로 활용되고 있다.

사티어는 개인과 가족이 서로의 감정과 욕구를 나누는 정서적 경험을 나누기 위해서는 의사소통 방법의 개선을 강조하였다. 치료의 기본목표는 내면의 경험과 표현행동이 일치하는 개인의 통합을 증가시키고, 개인과 가족 구성원 간의 욕구와 감정에 대한 자각을 통해서 성장하는 것이다. 사티어는 감정적 고갈과 메마름이 문제라고 보고 정서적 건강을 찾는 방법은 고통스러운 경험을 드러냄으로써 개인의 욕구와 감정을 가족과 공유하는 것이라고 하였다. 또한 정서적으로 건강해지기 위해서는 과거의 충족되지 못한 욕구와 기대를 알아차리고 지금 여기서 다시 경험하게 함으로써 성장해 나가도록 돕는 것이다(정문자, 2003: 16-55).

사회복지 분야에서 자주 사용하는 용어 중 하나가 자아존중감이다. 자아존중감은 인간의 행동을 제어하고 추동하는 중요한 요소로 다루어지고 있다. 가족치료사 중에서 사회복지를 공부한 사티어는 가족치료의 목적으로 성장과 자아존중감 향상을 들고 있다. 사티어는 자아존중감을 인간의 기본 욕구로 보며 자존감 회복을 통해서 위기를 극복하고 스트레스 상황을 처리해 나가며 스스로 문제 상황을 대처해 나갈 수 있다고 보았다. 이런 자아존중감은 아동 초기에 부모와의 관계에서 발달되며 역기능적인 의사소통은 자아존중감을 저하시킨다고 보았다. 따라서 역기능적 의사소통 유형을 변화시킴으로써 자아존중감을 높이고자 하였다.

사티어는 자아존중감이 자기, 타인, 그리고 상황이라는 3가지 요소로 구성되는데, 긴장 상태에서 자존감이 낮아지면 역기능적 의사소통 유형을 나타내게 된다고 했다. 역기능적 대처방식으로는 비난형, 회유형, 초이성형, 그리고 산만형이 있으며, 기능적 방식으로는 일치형이 있다. 비난형은 타인에게 문제가 있다고 보며 비난하고 통제하려 든다. 비난형은 겉으로 보기에는 강한 것 같고 주도적인 힘을 가지는 것 같지만 내적 경험은 스스로를 실패자로 생각하며 소외감을 느낀다.

이와는 반대로 회유형은 모든 문제가 자신에게 있다고 보며 무조건 다른 사람의 의견에 동조하려 든다. 이런 유형은 타인에 대한 배려라는 자원을 가지지만 자학적 성향을 가지기 쉽다. 비난형과 회유형은 짝을 이루는 경우가 많다. 부인과 자녀를 비난하며 소리치는 아버지와 가족의 평화를 위해서 무조건 자신에게 잘못이 있다고 스스로를 탓하며 용서를 비는 어머니가 좋은 예가 될 수 있다.

초이성형은 사람은 무시되고 객관적인 사실만을 고려한다. 반대로 산만형은 자신과 타인, 그리고 상황 어느 것도 고려하지 않고 어디에도 초점이 맞추어지지 않는 경우이다. 이런 유형은 겉으로 보면 재미있고 활력 있어 보이기 때문에 냉철하고 지적으로 보이는 초이성형과 쉽게 짝을 이루기도 한다. 그러나 이런 역기능적 의사소통 유형은 자아존중감이 낮아지게 만들며, 개인 심리내적으로는 병리적 현상을 나타내기도 한다.

여기에 비해서 일치형은 자신과 타인, 그리고 상황 모두를 포함하는 의사소통법이다. 따라서 의사소통 내용과 내적 감정이 일치하며 자아존중감을 유지할 수 있어 문제해결 능력이 높아지게 된다. 사티어의 치료목적은 자아존중감을 높이고 의사소통 유형을 일치형으로 만드는 것이다.

사티어는 자아존중감을 낮추는 또 다른 요소로 비합리적이고 비현실적인 가족규칙을 들었다. 원가족삼인군에서 내면화된 규칙이 본인에게 맞지 않을 경우에 규칙을 지키기 위해서는 자신의 감정이나 생각을 배제해야 하기 때문에 자아존중감이 낮아지게 된다. 따라서 규칙들을 확인해서 지침으로 수정함으로써 규칙을 만든 원래의 목적을 달성하면서 자아존중감도 유지할 수 있게 된다. 예를 들어, 딸에게 통행금지시간을 정한 것은 딸을 보호하기 위한 것이 원래의 의도이다. 그러나 딸이 성장하면서 스스로 자신을 보호할 수 있는 능력을 키우고 사회활동과 관계를 넓혀 나가기 위해서는 통금시간에 대한 규칙이 재고될 필요성이 야기된다. 이럴 경우에 딸의 성장을 방해하는 규칙을 유지하기보다는 늦게 되면 먼저 가족에게 연락한다는 지침으로 변경함으로써 가족의 보호라는 원래 의도도 유지하고, 딸도 사회생활의 범위를 넓혀 가며 성장해 나갈 수 있게 한다.

2) 치료기법

사티어의 치료에는 빙산치료와 원가족삼인군 치료가 있다. 빙산은 드러난 행동의 수면 아래에는 감정, 인지, 기대, 열망, 영성 등 다양한 요소에 의해서 구체적 행동이나 이야기로 나타난다고 보았다. 사티어의 빙산은 이제껏 동원된 심리치료의 모든 요소가 총망라되어 있으며, 여기에 더해서 다른 접근법에서는 언급되지 않은 새로운 측면들도 포함되어 있다. 그것은 감정에 대한 감정과 기대라는 요소이다. 실제 인간의 행동에서 기대라는 요소는 많은 영향을 미치고 있으며, 기대는 열망과 연결되어 있는 것을 알 수 있다. 즉, 자식이 잘 되길 바라는 부모의 사랑이라는 열망이 자녀에 대한 높은 기대로 나타나게 된다. 그리고 감정에 대한 감정도 특이한 점이다. 사티어의 가족치료에서는 자존감 향상과 성숙을 중요한 목표로 삼고 있다. 이런 측면에서 본다면 단순히 자신이 느끼는 감정을 인식하는 것을 넘어서서 감정에 대한 감정을 살펴봄으로써 스스로에 대한 솔직한 태도를 점검해 볼 수 있다.

예를 들어, 사촌이 논을 샀을 때 배 아파하는 모습을 보며 스스로에 대해서 어떻게 느끼는지를 살펴보고 자신의 감정을 점검하도록 한다. 빙산을 통해서 어릴 적 충족되지 않은 기대나 열망이 있다면 그런 기대를 현 시점에서 다시 다루어 볼 수 있다. 즉, 지금 충족시킬 수 없는 기대는 떨쳐 버리고 지금 충족시킬 수 있는 다른 형태로 채워 나갈 수 있게 한다. 예를 들어, 부모의 사랑을 기대했지만 여러 가지 이유로 충족되지 못한 경우에는 지금은 부모님이 계시지 않기 때문에

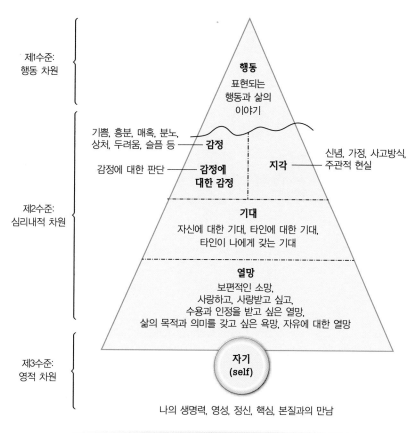

[그림 7-3] 사티어의 빙산

출처: 김영애(2012).

부모로부터 사랑을 받을 수 없기에 그런 기대는 떨쳐 버려야 한다. 대신 본인이 자녀와 주변 사람들에게 사랑을 베풀어 줌으로써 기대와 열망을 충족시켜 나갈 수 있게 된다. 어릴 적 돈이 없어 공부를 못한 사람이 가난한 학생들을 위해서 장학금을 주는 것과 같다. 이렇게 빙산치료는 의식적으로 자신의 행동에 대해서 선택하게 하며 책임질 수 있게 한다. 빙산치료는 개인뿐만 아니라 부부치료에도 유용하게 활용될 수 있으며, 서로를 깊이 이해하고 열망과 욕구를 충족시켜 주기 위한 방법으로 활용될 수 있다.

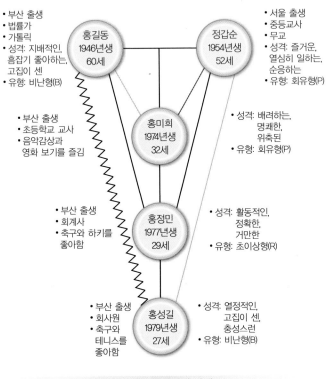

[그림 7-4] **사티어의 가계도**

출처: 최선화(2015).

원가족삼인군 치료는 원가족도표를 통해서 가족의 상호작용과 원가족삼인군인 어머니와 아버지, 그리고 자녀 관계에서의 문제점을 파악하고 치료를 위한 학습삼인군을 통해서 새로운 경험을 하게 함으로써 성장해 나가도록 돕는다. 사티어의 원가족도표는 다른 가계도에 비해서 정보가 다양하기 때문에 원가족 내에서의 가족역동성과 상호작용의 특성을 더 쉽게 이해할 수 있다. 원가족에서의 역기능적 대처방식과 불합리한 규칙을 인식하고 벗어나서 일치형의 의사소통을 하게 함으로써 자아존중감을 높이게 된다.

사티어의 치료기법으로는 조각기법이 자주 활용되고 있다. 가족조각은 추상적인 상호작용을 눈에 보이는 형태로 드러나게 함으로써 문제를 구체적으로 가시화하고 치료적 함축을 파악할 수 있게 만든다. 명상이나 은유도 활용되고 있다. 은유법은 직설적으로 표현하기에는 예민한 성과 관련된 문제 등을 적절한 비유를 통해서 치료적 의미를 전달할 수 있게 한다. 명상은 호흡이나 소리에 집중하게 함으로써 지금 여기에 온전히 존재하도록 돕는다. 명상은 생각의 고리를 끊어 줌으로써 에너지를 집중할 수 있고 스트레스에서 벗어나서 쉬게 하며 지금 여기에 대한 인식을 높여 문제해결 능력을 향상시키며 스스로에 대한 통찰력을 갖도록 돕는다.

한국 가족의 경우에는 체면 문화 때문에 정직하게 자신이 느끼고 생각하는 내면의 경험과 드러난 행동 사이에 괴리가 발생하는 경우가 많다. 쌀을 사러 가면서 체면 때문에 팔러 간다고 말하는 양반의 이야기나 갑순이와 갑돌이의 이야기처럼 겉과 속이 다르게 표현되는 경우가 허다하며, 있는 그대로를 보여 주는 것을 경시하는 경향이 있다. 이렇게 내면의 느낌과 행동 간의 불일치는 자아존중감을 낮추며, 상대방에게도 명확한 의사가 전달되지 못해 오해가 발생하게 되어 낭패를 겪기도 한다.

한국인이 정이 많고 친밀감이 높다는 것은 다른 면에서 보면 그만큼 감정 때문에 다치기 쉽다는 것을 의미한다. 특히 부부간 그리고 가족 간에 터놓고 서로 이야기할 수 없는 경우에는 가부장적 태도로 인해서 여성에게 한이 쌓이게 되고 성장과 건강을 해치게 된다. 한이 많다는 것은 그만큼 부부관계를 통한 충족감보다는 정서적인 고갈을 넘어서 병리적 현상을 나타낸다는 것을 의미한다. 이런 현상들에 대해서 사티어가 제안하는 것처럼 정직한 대화를 통해서 감정을 해소하고 정서적인 만족감을 얻음으로써 성장해 나갈 수 있을 것이다.

영화 〈사랑과 추억〉은 한 가족이 당한 엄청난 불행을 서로 간의 대화와 지지로 풀어 나가지 못하고 강압적으로 함구해 버림으로써 초래된 가족의 연쇄적 불행과 이를 다시 돌이켜 보며 풀어 나가는 내용이다. 바닷가 외딴집에서 평화로운 오후를 즐기고 있는 가족에게 탈주범들이 들이닥쳐 여자와 남자 모두를 강간하고, 결국은 가족이 힘을 합쳐 이들을 살해한 뒤 암매장해 버리는 끔찍한 사건이 일어난다. 어머니는 자녀들에게 이 일은 없었던 것으로 하며 아무에게도 알려서는 안 된다고 함구령을 내린다. 무덤까지 가져가야 할 비밀이 된 것이다. 비밀을 혼자서 간직해야 하는 무게와 그날의 충격으로 가족에게는 여러 가지 불행이 뒤따른다. 이렇게 비밀까지는 아니고 체면이 손상되는 일이라도 가족 간에는 아픔과 슬픔, 그리고 분노도 나누어야 하며, 서로를 지지해 줌으로써 심리적 부담을 덜 수 있으며, 가족 구성원의 건강과 행복을 유지해 나갈 수 있게 된다(최선화, 2006: 20-21).

6. 전략적 가족치료

1) 치료이념과 개념

전략적 가족치료는 기법만으로 보면 우리 문화 속에서 가족이 생활해 오면서 자연스럽게 터득한 지혜로써 이미 일상생활에서 널리 활용되어 왔다는 것을 알 수 있다. 예를 들어, '미운 아이 떡 하나 더 준다'는 속담이나 오줌싸개에게 소금을 얻어 오라고 하는 것과 같은 것들이 전략적 기법에 속한다. 그러면 이런 행동이나 속담들이 어떤 과학적이고 이론적인 근거로 사용되고 있는지를 파악해 봄으로써 좀 더 효율적으로 활용할 수 있을 것이다.

전략적 가족치료는 문제를 해결하려는 시도들이 문제를 해결하기보다 더욱 악화시킨다고 보았다. 만약 해결법이 적중했다면 문제는 이미 해결되었을 것이다. 여전히 문제가 지속된다는 것은 문제를 해결하기보다는 지속적으로 악화시켜 왔다는 것을 의미한다. 따라서 전략적 가족치료는 가족을 만났을 때 그동안 시도해 온 방법들이 어떤 것이었는지를 먼저 파악하고 나서 그러한 방법들은 효과가 없었기 때문에 제외하고 다시 시도하지 않는다. 이렇게 접근하면 몇 가지 좋은 점이 있다.

우선은 증상을 드러내는 당사자가 이미 예측하고 기대했던 행동을 하지 않음으로써 뻔하다는 태도에서 벗어나서 신선함을 제공하며 새로운 시도를 해 보려는 호기심을 자극할 수 있게 된다. 예를 들어, 가족과 갈등관계에 있는 청소년에 대한 접근으로 전략적 치료자는 청소년이 다른 여러 시도에서 보고 들어 왔던 접근이나 시도를 언급하지 않는다. 이렇게 함으로써 지금까지 경험해 왔던 치료들과는 다르다는 차별성을 부각시키며, 동시에 새로운 호기심과 기대감을 높일 수 있다. 더 나아가서 전략적 가족치료는 문제를 해결하려고 시도했지만 더 악화시키는 상호작용의 잘못된 규칙을 찾아내서 변화시키는 것이다.

제이 헤일리(Jay Haley)는 가족원이 나타내는 문제가 개인적인 문제이기보다는 가족의 역기능적 상호작용과 위계 때문에 발생한다고 보는 구조적 접근을 하였다. 이 접근에서는 문제행동을 나타내는 사람은 증상을 통해서 뭔가 이득을 보기 때문에 증상처방과 시련기법을 통해서 치료적 이중구속 상태를 만들어 냄으로써 스스로 증상을 포기하도록 이끄는 방법이다.

이러한 기법들은 오랫동안의 개입과정보다 즉각적이고 직관적인 개입효과를 가져올 수 있다. 그래서 우리 문화에 잘 맞아떨어지는 장점이 있고 일상생활에서 자주 활용되기도 한다. 하지만 전략적 개입은 치료자의 권위와 잘 만들어진 전략을 구성해 낼 수 있어야 성공할 수 있다.

2) 치료기법

우리 속담에 '하던 뭐도 멍석 깔아 주면 안 한다'는 말이 있다. 이것을 가족치료적 기법으로 말하자면 전략적 접근의 증상처방에 속한다. 증상처방은 불면증 환자에게 잠을 자지 말라고 하거나 밥을 먹지 않으려는 아이에게 먹지 말라며 밥을 주지 않는 것이다. 이렇게 되면 아이는 증상행동인 밥을 먹지 않는 방법을 통해서는 자신이 원하는 것을 얻을 수 없고, 더구나 부모를 조정할 수 없다는 것을 알게 된다. 따라서 밥을 스스로 먹을 수도 없고 원하는 것을 얻을 수도 없는, 이러지도 저러지도 못하는 이중구속 상태에 빠뜨림으로써 밥을 먹지 않겠다는 증상을 스스로 포기하게 만든다. 이렇게 되면 아이는 부모의 권위 위에서 부모를 조정해서 자신이 원하는 것을 얻으려는 노력과 시도를 포기하게 된다.

시련기법은 불면증 환자에게 잠을 자려고 애쓰는 대신에 영어 단어를 외우거나 수학 문제를 풀라고 한다. 어려운 과목을 공부하는 것보다는 잠을 자는 것이 더 쉬울 것이다. 따라서 증상을 포기하고 자 버리거나 아니면 치료자의 명령을 수행하는 치료 범주 안으로 들어오게 된다. 이와 비슷한 방법으로 옛날에는 딸이 시집갈 때 친정어머니가 차돌을 하나 주었다고 한다. 시간이 날 때마다 닦으라고 해서 게으름 부리지 말고, 잡생각하지 말라는 뜻으로 주었다고 한다.

가장기법은 증상을 가장하도록 하는 기법이다. 어떤 증상을 가진 것처럼 행동하는 아이에게 마치 증상이 심각한 것처럼 행동하게 하며 부모는 아이를 돕는 것처럼 가장한다. 예를 들어, 아이가 엄살을 부리는 경우에 부모는 아이가 정말 아픈 것처럼 가장한다. 그래서 아픈 아이에게 꼼짝 말고 누워 있어야 한다며 움직이지 말고 누워만 있으라고 하면 아이는 얼마 지나지 않아서 스스로 증상을 포기하고 다 나았다며 일어나게 될 것이다. '미운 아이 떡 하나 더 준다'는 것도 가장기법에 속한다.

순환질문은 가족이 갖는 제한적인 시각에서 벗어날 수 있도록 하며, 문제의 순환성과 연관성을 알아차리도록 돕는 방법이다. 예를 들어, 아이가 밥을 먹지 않으려고 할 때 어머니는 밥을 먹이려고 아이를 달랜다. 이런 어머니의 행동을 보고서 아버지는 화를 내며 밥을 주지 말라고 한다. 이런 상황을 지켜보던 할머니는 며느리가 아이를 잘못 길들였다며 다그치자 놀란 아이가 큰 소리로 울기 시작한다. 며느리는 아이를 안고 방으로 들어가 버린다. 이런 상황은 아이 양육에 관한 부모의 태도 불일치와 조모의 간섭으로 인한 양육체계와 위계질서의 혼란을 드러내고 있다.

한국 문화는 논리성보다는 직관이 더 강하고, 긴 과정을 견디기보다는 즉각적인 효과를 선호하기에 전략적 기법이 한국 가족 내에서 흔히 활용되고 있다. 그러나 논리적인 설명을 통해서 상황에 맞는 전략을 정교하게 만들어 내는 것이 관건이라 할 수 있다. 그렇지 못하다면 효과가 없을 것이다. 또한 실행 시 상당한 권위와 위엄 없이 접근하게 되면 장난으로 치부되기도 하는 위험이 있다.

7. 해결중심단기치료

1) 치료이론과 개념

해결중심단기치료는 치료에 대한 근대주의적 관점에서 탈근대적 관점으로 넘어가는 분기점에서 가교역할을 하는 기법이다. 따라서 문제의 파악보다는 해결에 초점을 두며, 전문가 중심보다는 내담자 중심으로 해결법을 스스로 찾아 나갈 수 있도록 돕는다. 이런 관점 뒤에는 내담자가 자신의 문제를 스스로 해결할 수 있는 자원과 능력을 가지고 있다는 믿음이 있다. 또한 문제가 일어난 과거보다는 현재와 미래지향적이며 전문가와 함께 해결을 모색해 나가도록 내담자의 관점에서 도와 나간다.

따라서 이전의 방법과는 달리 문제가 무엇인지를 파악하는 데 집중하기보다는 문제에 관해서는 전문가인 내담자가 문제를 이미 잘 알고 있기에 해결을 구축해 나가도록 돕는 데 초점을 맞춘다. 이렇게 해결법을 찾아가는 과정은 정형화된 질문을 던짐으로써 이루어지게 된다. 따라서 해결중심단기치료는 몇 가지의 질문법으로 이루어지며, 상담자가 시의적절한 질문을 내담자에게 던짐으로써 내담자가 스스로 해결 방안을 구축해 나갈 수 있도록 도와 나간다. 따라서 치료자가 "무엇이 조금만 변하면 도움이 될까요?"라는 첫 질문에서부터 바로 목표설정으로 들어가며, 작지만 스스로가 고안한 방법으로 해결 방안을 본인이 만들어 나가도록 돕는다.

해결중심단기치료는 내담자를 방문형, 불평형, 고객형으로 분류해서 내담자에 맞게 대응한다. 방문형은 법원의 명령 등에 따라서 방문한 사람으로, 자발적으로가 아닌 타의에 의해서 방문해 준 것을 칭찬해 주며 계속 오도록 만든다. 그러나 치료에 비협조적일 경우에는 치료에 따른 이익과 불이익을 설명해 줌으로써 치료를 받을 수 있도록 한다.

불평형은 대부분의 우리나라 내담자들이 여기에 속한다. 이들은 자신이 아닌 타인이나 다른 상황에 대한 불평으로 가득 찬 사람들이며 남편, 아이, 술, 돈 등의 잘못 때문에 문제가 발생했다고 본다. 따라서 이들에게는 다른 관점에서 관찰하거나 생각하도록 과제를 준다. 예를 들어, 남편 때문에 문제가 생겼다고 생각하는 부인에게 그래도 남편이 있어 도움이 되는 점은 무엇인지 생각해 보도록 한다. 아들이 골칫덩이라고 생각하는 사람에게는 아들이 밉지 않고 좋을 때는 언제인지를 물어본다. 이렇게 다른 관점에서 바라보게 함으로써 문제에 대한 시각을 바꾸도록 돕는다.

고객형은 자신이 스스로 변하고자 하는 의지를 가지고 방문한 사람들이다. 이들은 스스로 변하고자 하는 의지가 있고 준비가 된 사람들이기에 바로 행동과제를 준다. 치료방법은 다음과 같다. 45~50분 동안 치료를 하고서 10분 정도 잠깐 쉬는 동안에 치료자가 메시지를 작성해서 전달한다. 메시지 내용은 치료 과정에서 잘한 점, 칭찬할 점 등이다. 그런 다음 약속을 한 후에 종결한다. 치료는 한 사람이 내담자와 상담하고, 다른 전문가는 모니터나 일면경 뒤에서 치료의 진행 과정을 지켜보면서 필요하다면 불러내서 의논하거나 지시를 내리기도 하고 메시지 작성을 함께 하기도 한다.

2) 치료기법

상담 전 변화에 대한 질문을 통해서 변화를 만들어 낼 수 있는 힘과 자원이 내담자 스스로에게 있다는 것을 알게 하는 질문으로 상담을 시작하게 된다. 내담자는 상담이 시작되기도 전에 어떻게 변화가 일어나는지 궁금할 수 있다. 일반적으로 상담을 신청하는 시기는 문제가 가장 악화된 때이다. 그래서 내담자는 상담약속을 잡고 나서부터 1주일 내내 이 상황을 어떻게 상담자에게 설명할 것인지를 고민하며 스스로 정리해 나가게 된다. 이것이 바로 상담 전 변화에 대한 질문이다.

예외질문은 문제가 발생하지 않은 상황에 대한 질문이다. 일반적으로 내담자들이 상담을 받으러 오는 경우 대부분은 부정적인 시각이나 한쪽으로 편향된 시각에 몰두해 있는 경우가 많다. 시부모와의 관계에 문제를 가지는 경우에는 시부모의 부정적인 측면만 생각하게 된다. 그래서 시각의 균형을 바로 잡기 위해서 긍정적인 면 또는 고마운 점이 무엇인지 알아본다. 이렇게 하면 좀 더 객관적이고 다루기 쉬운 형태로 전환할 수 있다. 그리고 문제가 발생하지 않은 예외 상황이 지속되면 문제는 해결되는 것이다. 그러므로 어떤 경우에 예외 상황이 만들어지는지를 파악함으로써 해결을 구축해 나갈 수 있다.

대처·극복 질문은 문제 상황이 벌어졌을 때 내담자가 어떻게 대처하고 극복해 나가는지를 물어본다. 내담자가 만든 대처방법이 본인에게 가장 적절한 방법이며, 이 방법을 확대하면 문제해결에 도달할 수 있기 때문이다. 이러한 방법은 전문가 중심의 해결법이 아니라 내담자가 스스로 고안하고 실행한 방법이기에 적용이 더 용이해진다.

기적질문은 간단히 표현하면 "자는 동안에 기적이 일어났는데 본인은 모르고 있었다. 그런데 아침에 일어나서 무엇을 보면 기적이 일어났는지를 알 수 있을까요?"이다. 기적질문을 하는 이유는 변화된 상태, 문제가 해결된 상태가 어떤 것인지를 명확하게 알게 하며, 그 기적을 스스로 만들어 내게 하는 방법이다. 또한 이런 점이 바로 이야기치료에서 나타나는 구성주의적 요소가 가미된 방법이다. 이렇게 결과를 명확히 알게 되면 해결 방안 구축에 좀 더 분명하게 접근해 나갈 수 있게 된다.

척도질문은 상태가 가장 안 좋은 것을 1로 하고 다 해결된 상태를 10으로 했을 때 "지금은 얼마일까요?"라고 묻는 것이다. 이렇게 척도화하게 되면 변화의 정도를 쉽게 알 수 있고, "2에서 3으로 조금만 변하기 위해서는 무엇이 달라지면 될까요?"라는 식으로 조금씩 작은 변화를 통해서 해결에 용이하게 접근할 수 있도록 돕는다.

이외에도 관계성 질문은 본인에게 중요한 타자의 입장에서 보게 함으로써 새로운 가능성을 만들 수 있게 한다. 예를 들어, "어머니가 이 상황을 아시면 어떻게 할까요?"라고 묻는다. 간접적 칭찬은 "어떻게 그렇게 할 수 있었나요?"라고 말함으로써 아주 잘했고, 정말 대단하다는 뜻으로 넌지시 칭찬해 주는 방법이다.

유일하게 부정적인 질문인 악몽질문이 있다. 악몽질문은 변화하고자 하는 의지가 없을 때 변화를 자극하는 질문으로 "무엇을 보면 자신이 악몽 같은 삶을 살고 있다는 생각이 들까요?"라는 질문을 던짐으로써 변화하지 않으면 악몽 같은 삶을 살게 될 것이라는 것을 암시한다. 이런 기법들은 간단해 보이지만 적시적소에 합당한 질문을 던져서 해결을 자극하고 방안을 이끌어 내는 과정으로 훈련과 경험을 필요로 한다.

8. 이야기치료

1) 치료이론과 개념

이야기치료는 호주의 마이클 화이트(Michael White)와 뉴질랜드의 데이비드 엡스톤(David Epston)이 탈근대주의와 사회구성주의라는 시대적 특성을 반영해서 고안한 치료법이다.

전통적으로 자아는 일종의 개념적 구조로 인간의 내면에 존재하는 어떤 실체로 받아들여져 왔다. 그러나 탈근대주의 사상에서 자아는 전적으로 이야기로 형성되며 이야기의 산물이다. 따라서 자아란 인간 내면이나 어떤 공간 속에 따로 독립적으로 존재하는 것이 아니라 그보다는 거미줄처럼 뒤얽혀진 관계망과 복잡한 사건들 속에 끼어져 나오는 자신에 대한 이야기로 본다. 따라서 자신을 발견한다는 것은 많은 이야기 가운데 우리의 삶에 의미를 가져오는 이야기를 만나고 이를 토대로 나 자신의 이야기를 만들어 가는 것이다(고미영, 2004: 55). 이렇게 자아는 이야기와 만나고, 이로 인해 발견되고 형성된다는 관점에서 보면 이야기를 통해서 창조되고 재창조되는 것이다.

탈근대적 관점은 다양성과 차이, 그리고 다원적 사고가 특징이다. 이런 탈근대적 관점에서 보면 진리는 하나가 아니며, 한 사건을 바라볼 수 있는 관점은 다양하다. 그러므로 이야기치료에서는 문제를 다양한 관점에서 볼 수 있도록 도우며, 문제를 고치려고 하기보다는 문제를 바라보는 방식을 달리하고 그 문제에 새로운 의미를 부여하는 데 더 관심을 기울인다. 이렇게 모더니즘적 치료에서는 문제 중심적인 접근을 하지만 이야기치료에서는 문제에 관심을 두기보다는 개인의 문제에 대한 개념을 재구성하도록 도우며 관점과 견해가 바뀌면 행동이 변한다고 본다.

인간은 언어를 통해서 소통하며, 의사소통을 통해서 스스로를 만들어 나가고 조직화할 수 있으며, 자신을 새롭게 만들어 나갈 수 있다는 것이 사회구성주의의 기본 인식이다(정문자, 2003: 312). 따라서 이야기치료에서는 전문가의 전문적 지식보다는 당사자의 지식에 기반을 두고 당사자가 스스로 대안을 구축해 나가기 위해서 다양한 해석과 이해를 할 수 있도록 돕는다. 따라서 치료자와 내담자의 협력을 통해서 치료가 이루어진다. 이때 치료자는 '알지 못함'의 자세로 내담자의 이야기를 경청하는 자세를 취하도록 한다. 이런 대화는 문제가 발생하지 않는 더 긍정적인 자아상을 끌어낼 수 있는 대안적 이야기를 구성하기 위한 소재가 될 수 있기 때문이다.

이야기는 모두에게 친숙하며 사람들은 이야기 나누기를 좋아한다. 사람들은 이야기를 통해서 서로 소통하며 자신이 누구인지를 드러내고 상대가 어떤 사람인지도 파악하게 된다. 그런데 이렇게 나누어지는 자신에 대한 이야기는 삶의 과정에서 일어난 무수한 사건 중에서 스스로 정한 기준에 따라 그 주제에 합당한 사건만을 골라서 자신의 이야기로 만들어 내게 된다. 그리고 그 이야기를 통해서 내가 누구이며 나는 어떤 사람인가를 드러내게 된다. 더 나아가 이야기를 통해서 사건을 스스로 편집하고 해석하며 삶의 의미를 부여한다. 그리고 본인 스스로가 원하는 삶에 대한 이야기를 할 수 있도록 각본을 수정해 나가게 된다.

2) 치료기법

이야기치료에서의 기본전제는 인간은 자신의 경험을 만들고 해석하는 능동적인 존재라는 것이다. 인간의 정체성은 타인과의 상호작용을 통해서 사회적으로 구성되며 역사적이고 문화적인 맥락의 영향을 받는다. 그리고 사람과 문제는 분리되어야 한다고 본다. 문제행동을 하는 그 사람이 문제가 아니라 행동 자체가 문제라고 보는 것이다. 따라서 사람의 정체성과 문제를 분리해서 파악한다. 치료목표는 내담자들이 선호하는 자신의 이야기를 구성해 나갈 수 있게 돕는 것이며, 그럼으로써 현재의 문제에서 벗어나게 하는 것이다.

이야기치료에서는 인간의 행동이 정신분석학자들이 주장하는 것처럼 내적역동에 의해서 일어나지 않으며, 체계론자들의 주장처럼 관계와 상호작용에 의해서 발생하지도 않는다고 본다. 그보다 개인의 삶은 가족과 사회제도, 그리고 역사적이며 문화적인 산물로 본다. 따라서 자아정체성도 가족, 친구, 그리고 사회제도와 문화 등의 사회적 맥락 속에서 만들어진다고 본다. 그러므로 내담자의 문제행동은 자아를 구성하고 있는 여러 층의 켜에서 발생한다고 보기 때문에 문제를 해결하기 위해서는 인성내적인 측면을 다루기보다는 사회적이고 문화적인 맥락에서 파악한다. 이러한 과정에서 가장 먼저 일어나는 작업은 문제와 사람을 분리시키는 것으로, 사람으로부터 외부적이고 사회문화적인 영향을 해체시키는 것이다.

예를 들어, 청소년의 쇼핑중독문제를 보자. 정신분석적 입장에서는 이런 문제를 인성내부의 문제로 보고 이들의 쾌락의 원칙을 따르는 충동조절 능력이 슈퍼에고의 도덕성이나 에고의 현실 원리를 넘어선 것으로 파악한다. 체계론적 입장에서는 가족과의 상호작용에서 발생한 것으로 본인 개인의 문제라기보다는 가족 내부의 다양한 상호작용의 문제가 이 사람을 통해서 드러난 것으로 본다. 그러나 이야기치료에서는 개인의 문제나 가족의 문제로 보기보다는 지금의 사회가 갖는 소비문화와 제도에서 기인한 것으로 청소년에게 카드를 발행하는 제도와 쉽게 구매할 수 있도록 만들어진 소비제도에서 그 원인을 찾는다.

따라서 사회문화적 맥락을 외재화하며 사람과 문제를 분리시켜서 사람이 문제라기보다는 문제를 일으키게 만드는 제도가 문제라고 본다. 이렇게 사람과 문제 사이에 거리를 조성함으로써 삶을 방해하는 요인들에 도전할 수 있도록 돕는다. 이와 같은 관점은 내담자에게 유리하고 더 나은 결과를 가져올 수 있도록 하기 위해서 문제에 대한 관점과 개념을 재구성하도록 돕는다. 이런 관점에서 보면 과소비를 한 청소년은 순간적으로 지름신이 강림하사 자신도 모르게 농락당해 버린 것이다.

이야기치료에서 치료자의 역할은 내담자의 삶을 짓누르는 지배적 이야기를 경청하고, 해체적 질문을 통해서 내담자 스스로 자신의 이야기를 다양한 관점에서 탐색해 보도록 도움으로써 대안적 이야기를 만들어 나갈 수 있게 도와 나간다.

치료 과정은 1단계에서는 외재화 작업으로 사람과 문제를 분리시키고 객관화하기 위해서 문제를 의인화하는 작업을 하며 문제를 만들어 낸 사회적 맥락을 탐색해 나간다. 앞의 청소년 사례에서는 과소비를 하는 청소년이 문제가 아니라 충동구매의 문제로 이런 과소비 행위를 의인화시켜 객관적인 주체로 만들어 지름신이라고 명명하였다. 그런 다음 과소비를 부추기는 사회적인 맥락으로는 돈 없이도 살 수 있는 후불제도와 언제든지 쇼핑이 가능한 소비시스템을 들 수 있다. 이런 관점은 내담자를 문제가 있는 사람이 아니라 문제를 객관적으로 바라볼 수 있는 관찰자로서의 시각을 가지도록 한다. 그래서 지름신이 강림하사 질러 버린 것으로 벌어진 문제와 그 영향력을 평가한다. 이렇게 외재화 과정을 통해서 내담

자가 자신의 삶에 대한 통제력을 회복할 수 있게 해 준다. 그럼으로써 자신이 가진 능력과 기술을 더 신뢰할 수 있게 되며 문제를 해결하기 위해서 자신을 적절하게 활용할 수 있게 된다. 그리고 문제가 없었거나 극복한 이야기인 독특한 결과를 찾아갈 수 있는 길을 열어 주게 된다.

2단계에서는 독특한 결과를 찾아내는 일이다. 독특한 결과는 해결중심치료에서 말하는 예외 상황과 같은 것으로, 지름신이 찾아왔지만 질러 버리지 않은 때나 스스로 자제하고 돌아선 경험을 기억해 내고서 그때는 어떻게 그렇게 할 수 있었고, 그렇게 하고 나서는 어떠했는지 등의 영향력을 탐색한다. 이때 내담자는 문제이야기로 채워진 빈약한 서술에서 벗어나서 독특한 결과를 자신의 삶에서 일어난 중요한 사건으로 인정해야 한다. 그렇게 함으로써 독특한 결과에 대한 본인의 입장을 공고히 하게 되며, 빈약한 서술에서 벗어나서 새로운 이야기를 만들어 나갈 수 있게 된다.

3단계인 대안적 이야기의 구축은 내 삶의 이야기를 다시 쓰는 작업으로, 새로운 이야기를 만들어 나가기 위해서는 허술한 틈새를 공략한다. 모든 이야기 속에는 새롭게 보충되어야 할 틈새들이 있다. 이 틈새를 채워 감으로써 이야기는 변모되고, 새롭게 만들어질 수 있다. 즉, 삶을 억압하는 불만족스러운 이야기를 버리고 힘을 실어 주는 만족스러운 이야기를 만드는 것이다(고미영, 2004: 101).

새로운 이야기는 독특한 결과로부터 출발하며 잊어버렸거나 기억 밖으로 밀려난 과거의 사건들을 탐색하고 추적해 나간다. 대안적 이야기를 구성하기 위해서는 독특한 결과의 내력과 영향력을 깊이 탐색해 나가야 한다. 이 과정은 독특한 결과의 역사화로, 문제를 만든 사건에 대한 비판적 성찰을 통해서 독특한 결과가 우연히 일어난 사건이 아니라 자신 속에 이미 긍정적인 태도와 삶이 존재해 왔다는 것을 재인식하게 됨으로써 독특한 결과가 깊이 뿌리내릴 수 있게 돕는다.

새로운 이야기는 행위의 관점과 정체성의 관점이라는 두 가지 차원을 가진다. 행위의 관점은 어떤 일이 언제 어떻게 벌어졌는지를 말하는 것이다. 정체성의 관점은 발생한 사건의 의미나 말하는 사람의 의도 또는 해석을 보여 주는 것이다. 그래서 삶의 과정에서 발생한 독특한 결과와 관련된 사건이나 이야기들을 시간을 거슬러 왔다 갔다 하면서 찾아내어 연결해서 새로운 이야기를 만들어 나가며, 자신의 삶을 새롭게 해석하고 의미를 부여하며 해결책을 찾아나간다.

앞의 예를 들면, 새 옷을 사고 싶었지만 참고 돌아섰던 사건, 사고 나서 후회한 일, 친구와 상의해 보고 사기 위해 잠깐 시간적 여유를 가졌던 일, 카드 지불 비용에 대한 부담감 때문에 카드를 잘라 버리려 했던 일 등의 기억을 떠올리며 지름신에 끌려 다니기만 한 것은 아니었다는 것을 알게 된다. 그리고 드물게 지름신을 쫓아 버리고 났을 때의 뿌듯함과 스스로에 대한 신뢰와 자신감을 재기억함으로써 자신도 주체적으로 판단해서 소비할 수 있다는 신뢰감을 다시 얻게 된다. 그럼으로써 문제가 발생하지 않았던 것을 기억해서 지름신의 영향에서 벗어난 새로운 이야기를 만들어 나간다.

4단계인 대안적 정체성 구축은 회원 재구성으로, 과거에 중요한 역할을 해 준 사람을 찾아내서 그들의 입으로 내담자의 정체성을 밝힌다. 그러기 위해서 새로운 이야기 속에서의 정체성 실현에 도움을 줄 수 있는 주변 인물들을 다시 찾아내서 정리해 나가는 작업을 하게 된다. 이렇게 재구성하기 위해서 어떤 사람의 이름은 지워 버리고 다른 사람은 가깝게 또는 거리를 유지하게 되며, 이들 회원들이 내담자의 삶에 기여한 점이 무엇인지를 탐색한다. 이런 일은 흔히 새로운 각오를 다질 때나 새 출발을 하려고 할 때 수첩에서 방해가 되는 사람은 삭제하고 새로운 자아상에 도움이 되는 사람은 더 친밀하게 지내기를 원하는 것과 같다. 그리고 나서 인정의식으로 외부증인집단 앞에서 자신의 새로운 정체성과 삶의 이야기를 나눈다. 본인의 변화된 모습을 다른 사람 앞에서 이야기하고, 그리고 다시 그들로부터 지지받고 증인이 되어 줌으로써 새로운 이야기를 공유하는 것이다.

앞의 사례에서 보면 이제는 정신을 차리기로 마음먹고 스스로 삶을 조절해 나가기로 결심하면서 그런 변화에 도움이 되는 친구와 그렇지 못한 친구를 분리하는 작업을 한다. 도움이 될 친구와 가까이 지내기로 하고, 자주 쇼핑을 같이 갔던 친구는 멀리하기로 마음먹었다. 그리고 가족이나 지인, 친구들에게 본인의 결심과 변화를 이야기하며 도움을 청하고 달라진 모습을 보여 주면서 그들로부터 인정을 받는다. 더 나아가서 결의문을 책상에 써 붙이고는 쇼핑할 때에는 혼자서 하지 말고 가족과 함께 의논해서 하기로 부모님께 약속하며 사용하던 카드를 잘라 버린다. 증서나 문서화는 집단상담 후에 각오를 다지는 글을 쓰거나 자신이나 가까운 사람에게 편지를 쓰는 것과 같다. 이런 의식들은 정체성이 사회적으로 구성되고 다른 사람들의 인정과 지지가 중요하기에 큰 의미를 지닌다.

생각해 보기

1. 본인의 가족을 앞의 다양한 치료적 접근법에 따라 적용해 보고 논의해 보자.
2. 앞의 치료적 접근법 중 어느 것이 치료자로서의 본인에게 가장 잘 맞는다고 생각하는가? 그 이유는 무엇인가?
3. 앞의 치료적 기법 중 한 가지 또는 두 가지 접근법을 한 사례에 함께 사용하는 것이 가능한지에 대해 논의해 보자.

참고문헌

고미영(2004). 이야기치료와 이야기의 세계. 서울: 청목출판사.

김영애(2012). 너와 나의 만남을 위한 사티어의 빙산의사소통방법. 김영애가족치료연구소.

김유숙(1999). 가족치료. 서울: 학지사.

정문자(2003). 사티어 경험적 가족치료. 서울: 학지사.

정문자, 정혜정, 이선혜, 전영주(2012). 가족치료의 이해. 서울: 학지사.

최선화(2006). 복지바구니에 담긴 꿈과 희망. 경기: 공동체.

최선화(2012). 일상으로서의 사회복지실천과 상담. 경기: 공동체.

최선화(2015). 풀어쓴 사회복지실천기술. 경기: 공동체.

제8장 가족사례관리

다양한 도전과 어려움에 처한 개인과 가족을 돕고 가족으로서의 기능을 유지시키기 위한 실천적 개입에는 여러 가지 접근방법과 프로그램이 있다. 여기서는 실천적 개입으로서의 사례관리를 소개한다. 사례관리는 복합적인 어려움에 처한 개인이나 가족에게 요구되는 공식·비공식 자원을 종합적이고 체계적으로 연결하고, 그들에게 요구되는 상담과 치료적 개입까지 포함해서 당사자들에게 맞춤형 서비스를 제공하는 기법이다.

이 장에서는 사례관리의 이론적 배경과 개입 과정에 대해서 살펴보도록 한다. 그러나 사례관리는 독립된 과목으로 가르치고 있고, 사례관리를 적용하는 분야에 따라서 약간의 차이가 있다. 따라서 여기서는 가족복지에 활용 가능한 실천과 사례를 중심으로 기술함으로써 현장에서의 적용 가능성을 높이고 실천에 도움이 되도록 서술하고자 한다.

1. 가족사례관리의 필요성

다음의 가족에 대해서 사회복지사는 어떤 도움을 어떻게 제공할 것인지 생각해 보자.

김복자 할머니는 폐지를 줍기 위해서 리어카를 끌고 골목길을 가다가 빙판에서 넘어졌다. 할머니가 일어나지 못하자 지나가던 행인이 119에 신고하게 되었다. 병원에서는 할머니가 골절상뿐만 아니라 건강 상태가 전반적으로 좋지 않아 당분간 입원해야 한다고 했다. 하지만 할머니는 집으로 돌아가야 한다며 고집을 부려 담당의사가 병원 내 의료사회복지사에게 의뢰하였다. 의료사회복지사는 할머니가 본인의 건강보다 집에 남은 가족에 대한 걱정이 더 크다는 사실을 알고 할머니 댁을 방문 하였다. 집에는 거동이 불편한 할아버지와 지적장애를 가진 아들이 할머니가 오기만을 기다리고 있었다. 집 안에는 쓰레기가 쌓여 있어 좁고 냄새가 났으며, 난방도 되지 않았고, 욕실과 화장실은 장애인과 노인이 사용하기에는 불편해 보였다. 함께 살던 며느리는 손자를 데리고 가출해서 연락이 두절된 지 3년이 지났으며, 집안 살림을 보살피고 가족을 돌볼 사람은 할머니밖에 없다는 사실을 알게 되었다.

최근 들어 앞의 사례와 유사한 복합적인 문제를 지닌 가족들이 늘어나고 있다. 이 가족에 대해서는 할머니에 대한 개입뿐만 아니라 연로한 할아버지와 장애를 가진 아들, 그리고 이들이 생활하고 있는 열악한 주거환경과 빈곤 모두에 대한 종합적인 개입이 요구되며 아직 드러나지 않은 다른 문제가 숨겨져 있는지도 모른다. 그러나 할머니가 필요한 서비스를 찾아다니기도 힘들며 어떤 서비스가 존재하는지조차 모르고 있다. 따라서 전문가인 사회복지사나 사례관리자가 이들 가족에 대해서 필요한 서비스를 모아서 종합적이고 체계적으로 연결해서 관리해 주는 것이 필요하다.

이러한 접근이 바로 사례관리라는 형태로 이루어지고 있다. 따라서 사례관리는 지역사회복지관을 비롯한 민간 서비스 기관 모두에서 중요 업무 중 한 분야로 다루어지고 있으며, 공공영역에서도 사례관리 기능이 강화되고 있다. 이렇게 되는 이유 중 하나는 앞의 사례에서 보는 바와 같이 돌봄을 요구하는 정신질환자, 장애인과 노인 등의 만성질환자, 복합적 욕구를 지닌 가족과 개인이 늘어나고 있기 때문이다. 그러나 이들을 돌볼 수 있는 가족이 없거나 가족의 부담이 과도해서 가족만으로는 돌볼 수 없거나 가족의 기능이 약화되어 사회적 돌봄이 요구되고 있다. 또한 서비스의 다양화로 인해서 개인 스스로 필요한 자원과 서비스를 찾아내서 이용하기 어려운 면도 있다.

더구나 노인과 장애인같이 정보에 어두운 사람들은 어떤 서비스가 있는지조차 몰라 혜택을 받지 못하고, 어떤 사람은 정보 수집 능력에 따라 여기저기서 과다하게 많은 서비스를 중복해서 받는 경우도 있다. 따라서 서비스의 중복과 누락을 막고 연속성을 위해서 전문가가 이들에게 적절한 맞춤형서비스를 제공해 주는 개입방법이 요구되고 있다. 사례관리를 필요로 하는 당사자와 가족은 만성질환을 가진 장애인, 노인, 그리고 폭력이나 빈곤 등의 복합적인 문제로 인해 가족의 기능을 유지하기 어렵거나 독거노인과 같이 돌봄을 제공할 가족이 없는 경우가 많다.

이렇게 사례관리를 필요로 하는 대상은 한 가지 이상의 자원 연결을 필요로 하지만 본인 스스로가 이러한 문제를 다룰 수 없는 사람들이다. 따라서 사례관리 담당자는 당사자와 가족의 욕구와 도전, 그리고 현재 가족이 처한 상황 등을 파악해서 필요한 자원과 서비스를 확보하고 연결해 주며 모니터링을 통해서 조정하는 역할을 하게 된다. 더 나아가서 필요하다면 옹호활동도 돕게 된다.

사례관리는 탈시설화와 함께 지역사회에서 돌봄을 필요로 하는 가족이나 개인이 늘어나면서부터 지역사회 보호기능이 강조되고 있으며, 서비스 이용자와 가족의 삶의 질 향상과 함께 서비스의 효과성, 책임성을 높이는 방법이 되고 있다.

2. 사례관리의 이론적 배경

먼저 생태체계이론은 생태론과 체계이론에서 파생된 개념이다. 생태체계이론은 사회복지에서 널리 사용되는 개념으로, 체계란 각각의 구성요소가 상호 연관되는 관계를 통해서 전체적인 기능이 이루어지는 조직체를 말한다. 이런 관점을 가족에 적용하면, 가족은 개개인의 단순한 합 이상으로 작은 가족 속에도 여러 가지 형태의 하위집단이라는 체계가 상호작용하고 있다. 이렇게 가족 구성원 내의 체계가 서로 상호작용하는 방식은 가족 전체의 상호작용과 항상성 및 가족기능 유지에 깊은 영향을 미치게 된다.

생태론적 관점은 사회복지가 환경(상황) 속의 인간이라는 관점을 취하는 것과 맥을 같이하고 있다. 개인은 다른 사람이나 가족뿐만 아니라 더 큰 환경과의 상호작용 속에서 욕구를 만족시키고 발달 과업을 성취해 나가게 된다. 가족을 넘어선 다른 체계들, 지역사회나 이웃, 지역단체와의 상호작용이 가족의 삶에 영향을 미치며 가족 또한 지역사회에 영향을 미친다. 예를 들어, 지역의 경제가 나빠지면 가족의 살림살이가 어려워지게 된다. 이럴 경우에 가족에게 필요한 자원을 확보하기 위해서 전업주부였던 어머니가 일자리를 구하고 자녀들도 아르바이트를 해서 가족의 생계유지를 위해서 노력한다. 필요한 경우에는 지역의 장학단체에서 도움을 받아 등록금을 내기도 한다. 또한 이웃에 도움이 필요한 독거노인을 위해서 가족들이 자원봉사를 하기도 한다.

이런 식으로 개인은 진공상태에서 혼자서 사는 것이 아니라 가족이라는 작은 사회 속에서 서로 영향을 주고받으며 살아가고, 가족은 이웃, 지역, 국가, 지구라는 더 큰 체계와의 상호작용 속에서 살아가게 된다. 따라서 생태체계적 관점에서 보면 개인이 살아가기 위해서는 환경 내의 자원을 적시적소에 적절하게 활용할 수 있는 능력이 요구된다. 다시 말하면, 환경 내의 자원인 가족과 이웃, 그리고 사회적 관계망과 지역사회의 자원을 발굴하고 활용해서 욕구를 충족시켜 나가게 된다. 따라서 생태체계적 관점은 개인의 욕구를 충족시키기 위해서 필요한 것을 지역사회에 존재하는 자원들을 통해서 채워 나가도록 한다.

지역사회에는 다양한 자원이 존재하지만 사례관리에서 활용하는 자원으로 일차적으로는 사회복지 분야에서 제공하는 공식 자원과 이웃이나 단체 등을 통한 비공식 자원을 개발하고 동원해서 연계시킴으로써 개인의 욕구를 충족시키게 된다. 이런 관점에서 사례관리에서는 사정단계에서부터 개인의 생태환경인 가계도와 사회도, 생태도, 자원망 등을 파악하게 된다.

임파워먼트이론은 사회복지에서 강조하는 이론 중 하나로 개인이나 가족, 그리고 집단이 스스로의 잠재 능력과 힘을 인식하고 키움으로써 문제 상황을 처리하고 환경을 다루어 나갈 수 있도록 자신감과 능력을 키워 나가도록 돕는 것이다. 사례관리에서 이용자를 이렇게 돕기 위해서는 개인에 대한 서비스의 접근에 있어서 모든 과정에 이용자가 직접 참여하고 정보를 공유하며 선택할 수 있어야 한다. 또한 사회복지사와의 평등한 동반자관계를 통해서 자신의 욕구와 권리를 인식하고 자신의 경험을 드러낼 수 있도록 해야 한다. 그리고 필요하다면 비슷한 경험을 한 사람들과의 연대를 통해서 스스로를 옹호하는 사회운동과 행동을 전개해 나갈 수 있게 해야 한다.

예를 들어, 여성장애인이 이동의 불편을 느끼는 것은 본인의 신체적 결손 때문이 아니라 휠체어를 사용해서 살아가기 불편한 사회환경과 설비의 문제로 본다. 따라서 이런 문제를 적극적으로 알리고 목소리를 높여 가면서 휠체어를 사용하는 장애인들이 연대해서 관련 당국에 민원을 제기하며 개선을 촉구하기 위한 사회행동을 전개해 나갈 수 있다. 더 나아가서는 장애인의 사회참여를 위한 인식개선 활동과 입법 활동을 전개해 나갈 수 있게 한다.

임파워먼트는 주로 사회적인 억압과 폭력의 피해자들이 위축되고 무기력해져 있는 경우에 이들에게 스스로의 능력을 강화시키고 회복시켜 줌으로써 스스로를 옹호해 나갈 수 있도록 돕는다. 임파워먼트는 주로 여성들에게 적용해서 그들의 권리를 옹호해 주는 활동으로 강조되어 왔지만 최근 들어서는 장애인과 노인, 특히 사회적 차별과 착취에 취약했던 사회복지시설 거주자들과 지적장애인들의 권리를 찾아 주고 이들의 인권을 보호하는 활동에도 적용되고 있다.

강점관점은 사회적 개입의 모든 분야에서 강조되는 관점으로, 이용자가 처한 상황과 문제는 본인이 가진 강점과 능력, 그리고 자원을 통해서 극복되고 재조정될 수 있다는 관점이다. 인간은 누구나 자신의 문제를 해결할 수 있는 능력과 자원을 가지고 있으며, 문제에 대한 전문가는 본인 자신이라는 해결중심단기치료의 기본전제를 수용한다. 따라서 이용자들이 가진 잠재 능력을 찾아내서 발휘할 수 있도록 격려하고 자극하며 분위기를 조장해 나간다. 필요한 경우에 자원 연결 등의 도움을 제공해 나감으로써 스스로의 능력을 신장시키면서 스스로 삶의 주인이 될 수 있도록 돕는 접근법이다.

이렇게 이용자가 문제해결 과정의 주체가 되려면 먼저 문제에 초점을 둔 전통적인 방법과 전문가 중심의 관점에서의 강점과 이용자 중심의 관점으로 전환하여야 한다. 그리고 이용자의 변화는 사회복지사의 전문성에 의해서가 아니라 이용자 자신이 만들어 낸다고 믿는다. 그래서 이용자가 원하는 것을 알아보고 변화를 이루는 데 동원할 이용자의 강점과 자원을 발견, 육성 및 개발하는 데 초점을 맞춘다. 종종 문제사정 과정에서 강점을 추가하거나 면접 중 강점에 대해서 이야기하고 칭찬하면 강점관점 사례관리로 착각하기도 한다(노혜련, 김윤주, 2014: 30). 그러므로 진정한 강점관점은 이용자 중심의 접근이 되어야 한다.

강점관점과 함께 논의되는 개념으로는 회복력(resilience) 또는 탄력성이라고 하는 적응 능력을 들 수 있다. 즉, 사람은 어려움을 극복하고 역경을 이겨 나가는 회복력이 인간 속에 잠재해 있다. 그러므로 어려움에 처한 개인이나 가족을 대할 때 그들 속에 있는 강점과 자원, 그리고 탄력성을 먼저 인정하고 그것을 찾아내고 끌어내서 활성화시킴으로써 문제를 극복하고 다시 일상의 삶을 살아갈 수 있도록 돕게 된다.

예를 들어, 불행히도 교통사고로 장애를 입게 된 사람들은 자신의 삶이 그 순간 끝난 것처럼 여기며 무력감과 우울증을 느끼고 자살시도를 하는 경우가 많다. 그러나 신체적 장애를 입었음에도 불구하고 아직 남아 있는 강점들인 삶에 대한 애착과 가족에 대한 책임감, 그리고 다시 시작하고자 하는 용기 등을 통해서 다시 일어서게 되고 장애를 넘어서 또 다른 삶을 이어 나가게 된다.

이런 과정에 사례관리자는 이들과 함께하며 지지와 격려, 그리고 장애인 자조집단과의 만남을 주선하는 일을 통해서 이들이 다시 일어설 수 있도록 자원을 연결하고 정보를 제공하여 스스로 털고 일어날 수 있기까지 지원해 나가게 된다. 이렇게 재기하는 과정은 본인 스스로가 지닌 강점과 탄력성을 회복하는 과정으로, 사회복지사는 옆에서 도와주며 힘을 실어 주는 부차적 역할을 하게 된다.

이런 사례관리의 이론적 배경을 이해하게 되면 사례를 다루어 나감에 있어 이용자에 대한 긍정적 시각을 가지게 된다. 즉, 지금 당장은 어려움과 도전에 직면해 있지만 자원 연결과 개인 속에 잠재된 자원과 강점들을 활용한다면, 타인에 대한 의존성을 감소시키고 자율적인 삶을 회복해 나갈 수 있을 것이라는 사실을 확신하게 될 것이다.

3. 사례관리에서의 사회복지사의 역할

다양한 경로를 통해서 가족이나 개인을 의뢰받은 사례관리자는 당사자의 욕구를 종합적으로 파악해서 필요한 자원을 동원하여 연결해 주며 지속적인 모니터링과 조정을 통해서 당사자의 욕구를 충족시켜 나가는 과정에 동참하게 된다. 사례관리의 궁극적 목적은 당사자들이 자신이 처한 환경과 상황 속에서 문제나 욕구를 스스로 해결해 나갈 수 있는 환경과 여건을 조성하며 이들의 사회적 기능을 회복할 수 있도록 돕는 것이다. 그리고 필요한 자원과 서비스를 스스로 찾아내서 의존성에서 벗어나서 문제를 해결해 나갈 수 있는 자율성과 자립심을 증가시킬 수 있도록 돕는 것이다. 이러한 과정에 사회복지사는 크게 두 가지 기능을 한다.

첫째는 직접적 실천으로 당사자에게 직접 서비스를 제공하는 임상적 실천 활동을 한다. 여기에는 심리적이고 정서적인 지지와 같은 기본적인 상담자로서의 역할을 수행하며 지지와 격려, 희망과 동기 부여, 참여 촉진 등의 기능을 한다. 당사자의 역량을 강화하는 역할로는 정보 제공, 교육과 학습 기회의 부여 등을 통해서 당사자가 가지고 있는 능력과 자원을 발휘할 수 있도록 돕는다. 그래서 실질적이고 구체적인 도움인 일자리 찾기, 시간 관리, 금전 관리 등의 기술을 제공한다. 이와 같은 상담을 통해서 요구되는 기술을 익히고 훈련해서 변화를 촉진시키는 것이다.

또한 위기개입자의 역할로 위기개입 시에 심리적 지지와 함께 경청, 환기, 감정의 반영과 명료화 등의 기법을 통해서 충격적인 사건이나 스트레스를 극복할 수 있도록 상담하는 역할을 수행한다. 이렇게 임상적 개입을 하는 사례관리자는 지지와 역량 강화를 통해서 문제해결 능력을 향상시키며 자원을 동원해서 활용할 수 있는 능력을 높이고 학습 기회를 통해서 자립할 수 있도록 돕는다.

사례관리자가 치료를 직접 실천하는 것과 치료의 깊이와 개입 수준에 대해서는 논란이 있지만 개입 수준과는 상관없이 직접적 개입과 간접적 개입이 모두 통합적으로 이루어져야 한다는 것에 의견이 모아지고 있다(권진숙, 박지영, 2009: 47).

둘째는 간접적 서비스 기능으로 서비스와 자원의 발굴, 연계 및 조정 그리고 옹호 활동이 포함된다. 당사자에게 요구되는 서비스와 자원을 연결하기 위해서는 우선 자원에 대한 파악이 이루어져야 하며 욕구에 부응하는 자원을 찾아서 연결하고, 나아가서 이런 자원이 당사자의 욕구에 맞게 활용되고 있는지를 주기적으로 모니터링함으로써 필요시 조정 및 재사정을 수행하게 된다.

이렇게 자원과 서비스를 연결시키기 위해서는 우선적으로 자원에 대한 이해와 이미 존재하는 자원에 대한 파악과 함께 필요한 자원을 개발해 나갈 수 있는 능력이 요구된다. 지역사회에 존재하는 활용 가능한 공식 · 비공식 자원에 대한 파악을 통해서 언제든지 활용할 수 있고 열람 가능한 자원목록이 분야별로 먼저 작성되어 있어야 필요시 활용할 수 있게 된다. 또한 공식 자원만으로 부족한 경우에는 비공식 자원을 발굴해서 활용하는 것이 요구된다. 공식 자원에는 한계가 있기 때문에 지역사회에 존재하는 비공식 자원을 발굴하고 활용해서 당사자와의 상호작용을 촉진시켜 나가는 것이 요구되며, 그러기 위해서는 비공식 자원의 개발과 연계가 중요한 요소가 되므로 자원 개발이 과제가 되고 있다.

> 사례관리는 그 과정에 사람이 중심이 되어야 한다. 즉, 전 과정이 인간적이어야 한다. 어려운 이웃을 만나 뵐 때에는 가급적 마음으로 만나기 위해 노력해야 한다. 사례관리라는 이름으로 우리(사회복지사)의 행정 편의로만 사람들을 대하면 안 된다. 사람들을 점수화시켜 등급을 매기고…… 이런 것은 사람을 대하는 것이 아니다. 그런 의미에서 서류 업무도 최소화해야 한다. 특별한 경우나 어쩔 수 없는 경우가 있는 것은 안다. 그럼에도 불구하고 서류는 최소화시켜야 한다. 그렇지 않으면 사례관리가 행정서식의 완성도만 높이기 위해 무리한 진행에 빠지게 된다(김세진, 2011: 36).

사례관리가 복합적인 욕구를 가진 당사자와 가족을 대상으로 하기 때문에 다양한 기관이 함께 개입하는 지역통합 사례관리 체계를 구성하는 경우가 많다. 앞의 할머니 사례에서 보면, 사례관리 담당자는 할머니 사례를 다루기 위해서 지역의 종합사회복지관, 노인복지관과 장애인복지관, 재가봉사센터와 자원봉사센터, 그리고 병원의 의료사회복지사로 구성된 통합사례관리팀을 구성할 수 있으며, 필요에 따라서는 다른 요구되는 전문가들도 합류할 수 있다. 예를 들어, 가출한 손자를 찾기 위해서는 경찰도 합류할 수 있고 빈곤문제 해결을 위해서는 공공기관의 사례관리자도 포함될 수 있다.

이렇게 다양한 기관이 개입하는 경우에는 사례회의를 통해서 기관 상호 간의 역할을 명확하게 분담하고, 주기적인 모니터링을 통해서 조정함으로써 문제해결 능력을 높여 나갈 수 있다. 이럴 경우에 사회복지사는 연결자와 중재자 또는 조정자의 역할을 하게 된다. 더 나아가서 비슷한 문제를 가진 당사자집단을 위해서 옹호 활동도 전개해 나가게 된다. 따라서 간접적 실천가의 역할로는 중개자, 조정자, 중재자, 옹호자, 그리고 행정가의 역할을 수행해 나간다.

실제 현장에서 사례관리자의 기능과 역할이 어디까지인지는 다양한 요소에 의해서 결정된다. 슈왈츠(Schwartz) 등은 기관에서 사례관리자의 기능과 역할은 직접 서비스에서의 개입 수준과 사례의 성질 및 크기, 그리고 내적이고 외적인 서

비스와 자원에 대한 사례관리자의 통제범위 수준이라는 요소에 달려 있다고 했
다(권진숙, 박지영, 2009: 60–61에서 재인용). 여기에 더해서 우리 현실에서는 사례
관리 담당자의 개입 능력과 맡은 사례 수와 직결된다. 다른 말로 표현하자면, 보
통 사례관리자가 많은 사례를 맡아서 다루기 때문에 기능과 역할에 제한을 받는
경우가 많다. 따라서 이런 문제를 해결하기 위해서 사례를 몇 가지 유형으로 분
류해서 개입의 정도와 빈도를 다르게 유형화하고 있다.

황성철은 한국적 모델 분류를 단순형, 기본형, 종합형, 전문관리형으로 구분하
였다(황성철, 2000: 8). 이 모형에서는 서비스의 개입 유형에 따라서 분류하고 있
으며, 전문적인 상담과 치료 개입까지 포함하고 있다. 그러나 실천 현장에서는
이보다 좀 더 간단한 방법으로 긴급사례지원, 집중사례지원, 그리고 일반사례지
원으로 서비스의 종류를 구분하고 있다. 긴급사례지원은 긴급한 개입이 요구되
는 경우로, 의식주와 관련한 긴급 상황이 발생한 경우에 폭력으로 법적이고 의료
적인 치료가 요구되며 경제적 지원이 긴급히 요청되는 경우가 발생하였으나 가
족 등 지지체계가 작동되지 않는 경우이다. 또한 갑작스러운 사고로 인해 경제적
이고 사회적으로 위기에 직면한 경우에 해당된다.

집중사례지원은 당사자의 장애로 지역 자원을 적절히 활용하지 못하는 경우,
가족의 생계나 의료적 개입이 요구되는 경우, 그리고 중독, 폭력, 정신질환 등의
안전의 문제가 발생하는 경우, 긴급 개입 이후 등 집중적인 개입이 요구되는 경
우에 해당한다. 일반사례지원은 앞의 경우에 해당하지는 않지만 장기적인 사례
관리가 필요한 경우에 속한다(한국사례관리학회, 2012: 200).

이러한 분류는 서비스와 개입의 정도 그리고 집중도에 따라 분류함으로써 사
례관리자가 어느 정도로 개입해야 하는지를 쉽게 나타내고 있다. 현실적으로 기
관에서 담당하는 사례 수가 많고 담당자의 개입 수준에도 차이가 있기에 각 기관
에서는 실현 가능한 개입의 수와 정도를 나름대로 구분해서 활용하고 있다.

그리고 의뢰를 해야 하는 경우는 해당 기관보다 더 전문적인 사례지원을 받을
수 있는 전문기관이 있는 경우와 해당 기관의 서비스의 한계로 타 기관을 이용할
필요성이 있는 경우나 이미 관련된 자원이 있는 경우는 의뢰 조치를 한다.

사례관리에서 빼놓을 수 없는 요소가 슈퍼비전이라 할 수 있다. 앞서 살펴본
바와 같이, 사례관리자는 개입의 정도와 개입 유형의 선택, 그리고 지역통합 사례

관리 체계의 형성과 역할 분담 등에 대해서 판단하고 선택하는 과정에 외부 전문
가 또는 경험이 많은 선임들과 사례회의를 통해서 슈퍼비전을 받아 이런 역할과
쟁점들을 다루어 나가고 있다.

일반적으로 슈퍼비전은 사례관리자의 실천 지식과 기술 향상을 위해서 제공되
지만 앞서 제시한 사정평가와 목표설정, 개입방법에 대한 자문과 함께 윤리적 딜
레마와 당사자 및 가족의 욕구와 대립되는 기관의 목적 등의 어려움에 대한 자문
도 포함하게 된다. 그럼에도 불구하고 전문가와의 슈퍼비전이 어려운 경우에는
기관 내 동료 슈퍼비전 체계를 활용하기도 하며, 몇몇 기관을 묶어서 돌아가며
슈퍼비전을 받기도 한다.

4. 사례관리의 과정

[그림 8-1] **사례관리 과정 흐름도**

출처: 정종화 외(2009).

1) 사례 발굴 및 접수

초기 접촉과 접수단계에서는 사례 발굴과 사례 선별이 우선적으로 이루어져야 한다. 어려움에 처한 당사자를 찾아내서 이들에게 사례관리가 필요한지 여부를 판단하는 것을 사례선별이라고 한다. 서비스를 요구하는 당사자를 발굴하는 과정은 다양한 통로로 이루어진다. 주변 사람들이나 가족이 직접 찾아와서 도움을 요청하거나 전화를 거는 경우도 있고 타 기관에서 의뢰하는 경우도 있다. 그보다 적극적인 방법으로 사례를 찾아 나서서 발굴하는 경우도 있다.

이렇게 접수된 당사자들이 모두 사례관리 대상자가 되는 것은 아니다. 이들에 대한 접수상담을 통해서 서비스의 적격성 여부를 파악해야 한다. 서비스 수혜 자격을 갖추었는지, 당사자의 요구와 기관에서 제공하는 서비스가 부합한지 아니면 타 기관으로 의뢰해야 하는지, 한다면 어디로 의뢰해야 하는지를 파악한다. 단순한 문제일 경우에는 일회적인 도움으로 종결될 수 있는지 등을 구분하는 사례 선별 과정을 거치게 된다.

이 단계에서의 접수상담은 신속하고 민감하게 이루어져야 하며 상담 내용도 필요한 정보 파악으로 제한된다. 이 과정에서는 몇 가지 질문에 초점을 맞추는 것이 좋다. 예를 들어, 본 기관에 적합한 사례인가? 수혜 자격을 갖추었는가? 타 기관으로 보낸다면 어디로 의뢰해야 하는가 등이다. 접수상담은 직접면접을 원칙으로 하며 필요시에는 의뢰인 또는 후견인과 함께 면접한다.

앞의 사례에 적용해 보면 다음과 같다. 본 사례는 할머니가 입원치료를 거부하다 담당의사로부터 병원 내 의료사회복지사에게 의뢰되었다. 의료사회복지사는 사례를 병원 내에서 직접 다룰 것인지, 아니면 할머니가 사시는 지역사회복지관으로 의뢰할 것인지를 고민하다 지역사회복지관 사례관리팀에게 의뢰하기로 했다. 이렇게 결정한 이유는 할머니의 치료뿐만 아니라 가족 전체에 대한 개입이 장기적이고 체계적으로 이루어질 필요가 있다고 판단했기 때문이다. 그리고 필요하다면 할머니의 병원 치료에 대해서는 사례관리팀이 구성하는 지역통합 사례관리팀에 참여하기로 했다.

2) 관계 맺기

'인사가 절반이다'(한덕연, 2017: 83)라는 말처럼 사례관리자는 먼저 당사자집단 이나 개인과 좋은 관계를 맺도록 노력해야 한다. 관계를 잘 맺는 것이 앞으로 이 어질 개입의 성패를 좌우하는 경우가 많기 때문이다. 관계를 잘 맺어 나가기 위 해서는 이들에게 마음을 열고 다가가며 당사자의 인권과 사생활을 존중하는 태 도가 중요하다. 이런 존중과 관심 표현은 인사나 안부 묻기로 나타나게 된다. 사 회복지실천에서는 이것을 라포 형성이라고 하는데, 당사자에 대한 진실한 관심과 진정성이 전달되는 것이 중요하다.

관계 맺기를 잘해야 하는 이유는 개인이나 가족의 상황을 정확하게 파악해서 효과적으로 도와주기 위한 것이다. 처음 보는 사람에게 자신의 실패담을 말하거 나 가족의 감추고 싶은 상황을 드러내는 것은 쉬운 일이 아니다. 도움을 받고 싶 은 마음과 저항이 동시에 일어나며, 서비스에 대한 거부감이나 불신을 나타내기 도 한다. 그러므로 서비스 이용자들의 마음을 잘 헤아려서 이들과 협조관계를 만 들어 나가야 한다. 다른 경우에는 나이 어린 사회복지사들을 조정해서 자신이 원 하는 목적만을 취하려는 당사자도 있다. 그러므로 전문적이고 합리적인 태도와 함께 인간적인 배려와 포용력이 요구된다. 이런 좋은 관계를 통해서 이들의 욕구 와 자원을 알아내고 상황을 바르게 파악하기 위한 자료를 수집하게 된다.

앞의 사례에 적용해 보면, 의료사회복지사가 할머니를 만나서 치료를 거부하 고 댁으로 돌아가기를 원하는 전후 사정을 알아보는 것이 필요하다. 이때 할머니 가 나이도 어리고 잘 알지도 못하는 사회복지사에게 집안의 어려운 사정을 털어 놓는 것이 쉽지 않을 수 있다. 이런 할머니의 마음을 이해하는 담당자는 할머니 에게 진심어린 태도를 보이며 진정으로 할머니를 도와드리고 싶다는 마음을 전 달하게 되면 할머니의 마음을 움직이기 쉬울 것이다.

> 어릴 적 집성촌에서 자랄 적에 부모님은 길에서 아는 사람들을 만나면 그냥 지나 치는 법이 없었다. 인사로 시작해서 안부를 묻고 이야기를 나누는 것이 얼마나 긴 지, 어린 나로서는 왜 어른들은 만나면 저리도 할 말이 많은지 이해할 수 없었다.

인사도 대충 "안녕하십니까?"가 아니었다. "식사는 했습니까?" "잘 주무셨습니까?" "몸은 어떠십니까?" "지난번 일은 잘 처리되었습니까?" "아들은 학교에 잘 다닙니까?"…….

어린 나로서는 인고의 시간을 견뎌야 했고 어머니의 치맛자락을 잡아끌며 그만하라고 무언의 압력을 넣기도 했다. 그러다 몇 발자국 못 가서 또 다른 사람을 만나면 모든 과정이 되풀이되었다. 그땐 내가 어려서 그런 인사의 의미를 전혀 알지 못했다.

그러나 이제는 안다. 바로 그런 인사와 안부 묻기가 공동체를 형성하는 근본이며 이웃에 대한 관심의 표현으로 살맛 나는 세상을 만들어 가는 기본이라는 사실을.

이런 식의 소통방식은 구시대적이고 비전문적이며 그럴 시간이 없다고 할지도 모른다. 그러나 상담실을 찾아와서 아니면 문제가 악화되어서야 낯선 전문가에 의해서 개입하는 것보다 훨씬 더 예방적이고, 즉각적이며, 인정 있는 나눔이자 자연스러운 소통의 방법이었던 것이다(최선화, 2012: 22-23).

3) 자료 수집과 사정

자료 수집은 당사자의 욕구와 문제, 그리고 강점과 자원을 파악해서 적절하고 효과적인 서비스를 어떻게 제공할 것인지를 결정하기 위한 과정이다. 이러한 자료 수집은 당사자의 욕구와 함께 보호자의 욕구를 파악하는 것도 중요하다. 따라서 당사자의 욕구와 능력 및 강점, 그리고 자원을 파악해 나가게 된다. 그러므로 정확한 자료를 수집하고 상황을 바르게 판단하는 것이 중요하다.

잘 알지 못하는 타인의 문제나 욕구, 상황을 알아내는 일은 쉽지 않은 작업이다. 그러므로 진정으로 도와주려고 하는 진정성과 진실성이 전달될 때 당사자들도 협조하기 쉬워진다. 또한 당사자 본인의 진술뿐만 아니라 주변 사람들이나 오랫동안 알아 온 사람들의 이야기, 그리고 객관적인 정보를 활용해서 사실의 진위 여부를 파악하는 것도 필요하다. 여기에 더해서 사회복지사의 민감성을 발휘하는 부분으로, 당사자와 가족에 대한 예리한 관찰도 중요한 정보로 활용될 수 있다.

사회복지에서 자주 사용하는 사정도구로는 가계도, 사회도, 생태도, 생육사와 사회관계망지도 등이 있다. 개인적 자원과 사회적 자원을 포함하며, 비공식 자원에 대한 파악도 중요하다. 건강 정보, 노인이나 장애를 가진 경우에는 장애에 관한 정보와 가능한 기능 등을 포함한다. 사례관리에서는 이런 일련의 과정을 자료수집이라고 하는데, 소속된 기관에서 활용하는 양식이 정해져 있는 경우가 대부분이다. 양식대로 파악해 나가면 되지만 사무적이지 않은 방법으로 파악해 나가야 하며 당사자가 조사받는 입장이 되지 않도록 해야 한다. 따라서 양식대로 기록해 나가기보다는 상담의 일환으로 따뜻하고 인간적인 태도로 접근해 나가는 것이 효과적이다. 그 외에 중요한 다른 정보를 첨가하는 것도 필요하다.

이런 사정 과정에서 간과해서는 안 되는 것이 당사자가 가지고 있는 욕구 및 강점과 자원이다. 사례관리는 강점관점에서 당사자가 가진 자원과 강점을 활용해서 당사자의 입장에서 도와 나가게 된다.

앞의 사례에 적용해 보면, 사례를 담당하는 기관에서 사용하는 사례관리양식에 맞추어서 자료를 수집해 나간다. 그 내용에는 기본적인 신상정보와 가계도, 생태도, 관계도, 그리고 생육사, 당사자의 강점과 자원 등에 대한 내용이 들어갈 것이다. 이 사례의 경우에는 할머니와 할아버지의 건강 상태, ADL, IADL, 아들의 장애에 대한 정보, 할아버지와 아들에 대한 돌봄과 주거환경 및 일상생활에 대한 정보와 가계의 수입과 지출도 포함되어야 한다. 필요하다면 가출한 며느리와 손자에 대한 정보도 파악할 필요가 있을 것이다. 이 가족의 강점으로는 할머니의 가족에 대한 사랑과 책임감이 크다. 그리고 아들도 지적장애를 가졌지만 제한된 범위 내에서 부모님을 도울 수 있으며 직업적응훈련을 통해서 취업도 가능할 것으로 보인다. 열악하지만 자가 소유의 주택이라는 점과 다른 가족이 있다는 점도 강점이다.

4) 사정

사정에서의 첫 번째 작업은 수집된 자료가 타당하며 신뢰성을 가지는가를 타진하는 것이다. 그러기 위해서는 자료에 일관성이 있는지, 상호 모순되는 점은 없는지 점검해 본다. 있다면 그 이유를 파악하고 자료를 다시 검토해야 한다. 예를 들어, 가족이 있는데도 가족의 지원이 부족하다고 한다면 가족관계가 유지되고 있는지 아니면 관계상의 문제가 있는지를 파악해야 한다. 그런 다음에는 수집된 자료가 충분한지를 파악해야 한다. 당사자에게 요구되는 서비스의 방향을 파악해 낼 수 있을 만큼의 충분한 내용인지, 아니라면 부족한 부분은 무엇인지를 알아내서 채워 나가야 한다.

사정은 당사자의 욕구에 기반해야 하며, 필요하다면 다양한 전문가가 사정에 참여하기도 한다. 그리고 사정은 지속적이고 체계적인 과정으로 서비스를 제공하는 중간에도 필요하다면 다시 실시하고 다른 욕구나 문제가 제기되었을 때에도 사정 과정을 반복하게 된다. 그래서 사정을 통해서 당사자의 상황과 욕구에 대한 전체적인 윤곽을 파악해 낼 수 있어야 한다. 사정 과정에도 당사자 본인의 욕구와 우선순위, 기대 등에 초점을 맞추게 되면 뒤이은 서비스 전달과 실행 과정에 대한 이해와 책임감을 높여 나갈 수 있다. 사정은 초기면접 후 3주 내에 하고 늦어도 한 달 이내에 개입계획에 의한 개입이 이루어져야 한다. 그리고 사정은 3개월 주기로 재사정하며 새로운 변화가 발생하면 수시로 재사정한다.

사례회의는 전문가들이 모여 사례에 대한 사정, 계획 수립, 실행 점검, 평가와 종결 등의 전 과정을 협의하고 조정하는 과정으로, 사정이 그 첫 단계라 할 수 있다. 여기서는 참여자들의 합의에 의해서 개입의 수준과 내용 등이 결정된다. 그러나 긴급 지원의 경우에는 즉각적인 개입이 요구되기에 사례회의를 거치지 않고 관련 전문가 중심으로 즉각적인 서비스를 제공할 수 있다. 당사자주의에 입각해서 사례회의에서 논의된 내용과 결과를 당사자와 가족에게 안내하고 그들의 의견을 수렴해서 결정하며 동의하면 안내서에 서명한 후 각각 한 부씩 보관한다.

앞의 사례에 적용하면, 할머니 가족에 대한 정보를 바탕으로 이 가족의 욕구와 문제는 무엇인가를 파악해야 한다. 사회복지사가 파악한 정보를 바탕으로 대략적인 윤곽을 잡게 된다. 할머니의 입원과 치료, 할아버지의 수발문제, 장애인 아들에 대한 서비스, 그리고 집안 환경의 개선과 일상생활에 대한 도움이 요구된다고 판단하였다. 할머니가 폐지 수집을 할 수 없고 더구나 치료를 받아야 하기 때문에 경제적인 압박이 더 가중될 것이며, 할머니가 입원하게 되면 할아버지와 아들은 누가 돌볼 것이며 이들의 일상생활을 누가 도울 것인가 하는 문제가 제기된다.

이런 전반적인 파악 후에 할머니와 가족을 만나서 그들의 욕구는 무엇이며 우선순위는 무엇인지, 담당자에게 기대하는 것은 무엇인지를 파악했다. 이들 가족은 할머니의 치료와 할아버지에 대한 돌봄과 아들에 대한 도움을 우선적으로 원했다. 그리고 경제적인 보조가 늘어나기 바라며 주거환경 개선도 원했다. 사례회의에서는 할머니 가족의 상황을 다각도로 판단해서 할머니 사례를 집중사례관리 대상으로 선정하고 할머니 가족이 원하는 우선순위에 따라 서비스와 자원을 연결하기로 했다.

5) 계획 수립

수집된 자료와 정보들을 바탕으로 사례에 대한 원인 분석과 접근방법을 찾아서 자원을 연결하여 욕구를 충족시킬 수 있는 방안을 마련하는 과정을 계획 수립이라고 한다. 당사자의 문제가 복합적이어서 다양한 자원이 동원될 필요가 있을 경우에는 지역의 다른 기관들과 함께 사례관리 통합회의를 구성하고 통합사례관리시스템을 구축해서 역할을 분담하고 조정하기도 한다.

이런 과정을 통해서 서비스의 장·단기 목표를 설정하고 문제해결의 우선순위와 전달 주체에 대한 구체적인 계획을 수립한다. 목표는 구체적이고 세밀하고 실천 가능하며 측정 가능하도록 설정한다. 프로그램이나 서비스는 제공 방법, 날짜, 시간, 횟수, 빈도, 기간과 비용도 계산해서 구체화시킨다. 목표설정에서 개입의 정도가 단순한 자원 연결인 경우에는 간단하게 끝나지만 복합적인 문제를 가진 이용자인 경우에는 기초적인 상담에서부터 전문적 치료에 이르기까지 다양한 접근이 요구되기도 한다.

수립된 계획은 당사자와의 소통을 통해 조정과 합의 과정을 반드시 거쳐서 동의서를 작성해야 한다. 경우에 따라서는 당사자가 아닌 보호자가 참여하기도 하며 보호자의 동의서를 받기도 한다. 당사자의 참여를 통한 조정과 합의는 이용자의 협조를 구하고 본인이 문제해결 과정에 적극적인 참여를 해야 하는 책임의식을 인식시키는 과정이기도 하지만 더 나아가서는 당사자 중심주의와 이용자의 자기결정권을 존중하는 태도로 사회복지실천에서 지켜야 하는 윤리적 지침이다.

당사자가 지적장애인이나 치매노인 혹은 어린아이일지라도 예를 갖추어 여쭙고 의논합니다. 모든 사안, 모든 경우에 이렇게 하는 것이 최선이라 할 수는 없지만 그래도 가급적이면 이렇게 하고 싶습니다.

지역사회 자원을 개발·연결하는 일, 지원을 받아오는 일은 사람을 잘 돕기 위해서 좋은 뜻으로 하는 일입니다. 그러나 사회복지사가 일방적으로 기획하고 섭외해서 끌어오는 방식은 재고해야 합니다. 이런 방식은 사람을 대상화하고 소외시키기 때문입니다.

사례관리랍시고 사람을 소위 전문가들의 기준으로 사정하고 분석하고 그리하여 종합적인 지원 계획을 수립하여 개입하는 짓은 더욱 삼가야 합니다.

먼저 당사자에게 묻고 의논하고 부탁하고…….

당사자의 중요한 타자들, 가족, 이웃, 지역사회를 만나 인사하고 여쭙고 의논하고 부탁하기…… 이렇게 당사자를 주체로 세우려는 노력이 귀합니다. 이것이 사람을 사람으로, 인격적 존재로 존중하는 방식이기 때문입니다(김동찬, 2010: 39).

　　사례관리자는 필요한 자원 연결과 함께 교육, 상담과 치료적 개입을 넘어서 옹호 활동도 전개해 나가게 된다. 여기서 사례관리담당자는 어떤 자원을 연결할 것인가를 결정해야 하며, 상담과 치료는 어느 수준으로 개입할 것인지 등을 고민하여 결정해야 하고, 사례관리 유형 중 어느 유형으로 관리해 나갈 것인지도 결정해야 한다. 이런 일련의 과정은 쉽지 않은 결정이며, 사례관리의 효과성과 효율성에도 많은 영향을 미치게 된다. 이럴 경우에는 당사자 가족사례회의와 함께 지역 전문가로 구성된 통합사례관리회의를 진행하는 것이 효과적이며, 해당 분야의 외부 전문가의 자문을 받는 것도 필요하다.

　　앞의 사례를 보면, 본 사례는 자원 연결을 위해서는 사회복지관이 주도해서 다양한 기관이 함께 참여하는 지역 내 전문가로 구성된 지역통합 사례관리회의를 구성하는 것이 효과적일 것으로 판단되었다. 그래서 사회복지관과 지역에 있는 장애인복지관, 노인복지관, 자원봉사센터, 그리고 처음에 의뢰한 병원의 의료사회복지사가 함께 지역통합 사례관리회의를 하고 역할을 분담하기로 했다. 할머니의 병원치료는 병원의 의료사회복지사가 담당하며, 할아버지에 대한 돌봄은 노인복지관이, 장애인 아들에 대한 개입은 장애인복지관이 맡기로 했다.

그리고 주거환경 개선과 일상생활에 대한 도움은 자원봉사센터와 재가복지센터에서 맡기로 하고, 전반적인 조정과 후원자 개발은 지역사회복지관이 담당하기로 했다. 그래서 각 기관에서 이 가족에 대한 지원계획을 세워서 다시 지역통합 사례관리회의를 열기로 하고 이번에는 지역 대학의 외부 전문가의 슈퍼비전을 받기로 했다.

직접적 개입인 상담과 치료를 위해서는 본 사례를 어떤 관점에서 파악하는 것이 효과적일지를 모색해 보아야 한다. 접근방법과 이론에 따라서 문제가 무엇이며 그에 따른 해결책이 달라질 수 있고 동원되는 기법도 달라지기 때문이다. 일반적으로 상담과 지지 및 면접의 기법들은 항상 사용하지만 사례에 따라서 위기개입으로 접근할 것인지 아니면 지속적인 관심과 지지로 충분한지, 아니면 교육이 필요한지 전문적인 치료를 의뢰할 것인지 등을 결정해야 한다.

이럴 때 해당 지역 내 전문가 사례회의인 지역통합 사례관리회의를 개최하고 더 나아가서는 외부 전문가와 함께 사례회의를 통해서 결정하게 된다. 이렇게 전체적인 계획을 수립하는 과정에 당사자와 가족, 그리고 전문가의 도움을 받는 것이 효과적이다. 통합사례관리회의에서는 욕구와 문제를 파악하고 장기목표와 단기목표를 정하며 사례 지원 계획과 프로그램 등을 작성하고 담당주체별로 역할 구분과 활동내용을 명시한다. 사례회의 결과를 최대한 쉬운 말로 당사자의 인지 수준에 맞게 기록해서 안내서를 작성하고 향후 제공될 서비스의 형태와 방향에 대해서 설명드리며 당사자들의 욕구와 의견을 파악해서 다시 조정한다. 마지막으로 할머니 가족의 허락 하에 동의서를 작성해서 서명하고 각각 한 부씩 나누어 보관한다.

6) 자원 개발과 연결

이용자의 욕구를 해결하기 위해서 사례관리자들이 하는 첫 번째 작업은 자원 파악과 연결이다. 자원들을 연결하기 위해서는 먼저 자원을 파악하고 발굴해서 이용 가능한 자원 목록을 작성해야 한다. 자원 파악은 지역사회에 존재하는 다양한 서비스를 파악하고, 필요하다면 요구되는 자원을 발굴해 내야 한다. 자원의 목록에는 자원이용 시 요구되는 자격이나 비용, 제한점, 요구되는 서류, 이용의 용이성 등을 파악해서 기록해야 한다. 여기에 더해서 이미 이용한 사람들의 만족도까지 파악하는 것이 좋다. 이런 자원 목록은 새로운 정보를 추가해 나가며 정기적으로 새로운 정보를 추가해 나가야 한다.

공식 자원과의 연결은 가장 기본적이고 쉬운 부분이다. 그러나 공식 자원이 한정되어 있기 때문에 이용자의 복잡하고 다양한 욕구를 충족시켜 주기에는 한계가 있다. 이럴 경우에는 비공식 자원의 개발을 통한 연계가 요구된다. 사실 지속적인 사회적 보호를 요하는 이용자인 경우에는 공식 자원은 국가에서 제공하는 정책과 서비스로 공공기관이나 민간에서 제공하는 서비스나 프로그램과의 연결이 대부분이다. 여기에 더해서 비공식 자원이 제공됨으로써 공식 자원의 부족한 부분을 채워 주게 된다.

개입의 정도에 따라서 정보 제공과 자원 연결, 그리고 모니터링으로 끝나는 사례도 있지만 사례의 복잡성과 심각성에 따라서는 더 많은 개입을 요구하기도 한다. 이런 경우에는 자원 개발을 통해서 문제를 해결하기도 하고 비공식 자원과의 연결이 중요한 요소가 되기도 한다. 비공식 자원은 활용하기에 따라서 실제적인 삶에 도움이 되며 당사자의 관계망을 넓혀 주고 지역사회에서의 삶의 만족도를 높여 주는 효과적인 방법이다.

예를 들어, 지역사회에 살고 있는 장애인인 경우에 정부에서 제공하는 공식서비스가 그들의 삶에 중요한 자원임에 틀림없다. 그러나 이들이 생활하는 데 당장 필요한 식품을 산다거나 갑자기 전구를 갈아 끼우는 등의 서비스는 비공식 자원인 이웃의 도움이 더 효과적이고 즉시적이며 효율적이다. 이런 형태의 지역사회 관계망을 형성하고 넓혀 나가도록 도움을 제공하는 것이 당사자의 삶의 질을 높여 주는 직접적인 방법이다.

따라서 사회복지사들은 비공식 자원의 동원과 개발에 적극적이어야 하며, 그러기 위해서는 자원에 대한 폭넓은 이해와 지역의 자원을 파악하고 개발해 나가려는 노력이 요구된다. 이런 작업의 일환으로 지역의 자원지도를 만들어 연결시켜 주는 노력도 효과적이다. 지역은 다양한 자원을 가진 보고로, 사례관리자는 필요한 자원들을 개발하고 활용할 수 있도록 지역과의 긴밀한 유대관계를 만들어 나가야 한다. 그리고 당사자들이 지역사회에서 이웃과 더불어 살아갈 수 있도

록 연결망을 넓히고 관계를 촉진시키기 위한 노력이 필요하다. 이런 면에서 사례
관리는 지역조직 사업과도 밀접하게 연결된다.

　자원 연결의 예를 앞서 사례에서 보면, 할머니 댁의 주거환경 개선이 시급히
요구되었다. 통합사례관리회의에서 이 부분은 자원봉사센터에서 맡기로 했다.
자원봉사센터는 먼저 자활의 청소사업단의 지원을 받아서 전체적인 청소와 정리
를 1회 실시하기로 했고, 재능기부를 받아서 화장실과 집수리 사업을 다음 달 첫
주부터 실시하기로 했다. 그리고 할머니가 입원하신 동안에 1주일에 2번 오전 10
시부터 12시까지 가사일을 도와주는 자원봉사자를 파견하기로 했다. 지역사회복
지관에서는 이 가족에 대한 후원자를 발굴하기 위해서 노력하며 점심도시락서비
스를 1주일에 5회 제공하고, 노인복지관에서는 밑반찬지원서비스를 1주일에 1회
제공하기로 했다. 사례관리 담당자는 이웃의 비공식 자원으로 경로당 어르신들
의 협조를 얻어서 이웃집 노인들이 할머니 댁을 방문해서 안부도 챙기고 말벗이
되어 드리기도 하고 가족에 대한 모니터 역할도 하기로 했다. 그리고 이웃에 사
는 주민들과의 관계를 촉진하기 위해서 할아버지 생신날 이웃 주민들을 초대해
서 생일잔치를 열어 드리기로 했다.

7) 상담과 치료적 개입

　사례관리에서 직접적 개입인 상담과 치료에 대해서는 여러 가지 태도가 존재
하지만 사례관리 담당자는 상담과 치료를 할 수 있는 능력을 갖추어야 하고, 필
요시 직접적인 개입을 할 수 있어야 한다. 그러나 사례관리에서 상담과 치료의
활용은 당사자가 지역사회에 적응해서 살아갈 수 있도록 능력을 개발하는 것에
목적을 두며, 기본적인 삶의 과제에 대처할 수 있도록 돕는 것에 중점을 두고 매
일의 삶과 관련해서 '지금 여기'에 대한 관심을 가지고 도움을 제공한다(정순둘,
2005: 91). 이렇게 돕기 위해서는 먼저 사례관리 초기단계부터 면접 기술과 관계
형성 기술, 부정이나 저항을 다루는 기술, 그리고 기대를 명료화하는 기술이 요구
된다. 이러한 기술들은 면접의 기본기술들이다.

　정순둘은 사례관리에서 직접적 개입은 이용자 자신이 서비스에 접근하고 이용
할 수 있는 능력과 기술을 향상시키도록 돕는 기술을 의미한다. 따라서 표현 기

술, 옹호 기술과 위기개입이 요구된다(정순둘, 2005: 50)고 하였다. 권진숙은 사례관리의 직접 서비스 기능에서 일반적으로 요청되는 기술은 인지적 · 행동적 기술로 이루어진다. 따라서 사례관리자는 이용자의 인지적 · 태도적 변화가 그 중심에 있어야 한다고 주장했다.

이때 인지적 기술은 당사자가 결정에 이르는 과정을 어떻게 조직화할 수 있을지에 초점을 두고 돕는 기술이고, 행동적 기술은 자기표현, 의사소통, 조직화, 단호함, 사회기술 등의 기술을 습득하도록 돕는 기술이 주를 이루게 된다(권진숙, 박지영, 2009: 149-150)고 한다. 두 사람 모두에서 비슷한 기술의 습득이 당사자에게 요구되는 것으로 주장했다. 정순둘이 요구하는 위기개입은 당사자의 기술이면서 동시에 사례관리자에게 요구되는 기술로 받아들이면 될 것이다. 이렇게 스스로를 표현할 수 있는 인지 기술과 옹호 기술은 사회복지실천 기술과 개입에서 모두 다루는 기술이다.

더 나아가서 노혜련은 해결 중심단기치료의 기법을 사례관리에 도입해서 강점관점 사례관리를 주장하였다. 이러한 기법은 사례관리에서 사회복지사의 개입과 치료가 단순한 실천기술을 넘어서 가족치료적 기법의 도입과 활용을 주장하는 것이다. 실제로 현장에서는 사례관리 슈퍼비전에서 많은 전문가가 가족치료를 활용한 치료적 기법을 사용하고 있으며, 가족치료는 사회복지실천에서도 중요한 기법으로 가르치고 있다. 그럼에도 불구하고 아직 사례관리자들이 직접적 실천 기술인 상담과 치료에 익숙하지 않아서 간접적 실천에 치중하고 있는 것이 사실이다. 그러므로 직접적 실천을 위한 기술 훈련과 노력이 더 필요하다.

직접적 개입을 하기 위해서는 담당 사례를 어떤 관점에서 다루어 나가는 것이 적절하며 효과적일 것인지를 판단하는 사례에 대한 개념화 과정이 요구된다. 이때 사회복지실천에서 배운 전문상담과 치료기법을 동원하고 상담의 경험을 살려서 문제의 원인을 파악하여 가설을 만들며 개입목표와 전략을 모색한다. 보통 현장에서 초보 사례관리자의 경우에는 사례에 대한 이론적이고 체계적인 개념화 과정을 거치지 않고 본인이 할 수 있고 아는 대로 개입에 들어가기 때문에 체계적인 접근이 이루어지지 못하여 혼란을 겪는 경우가 많다.

일반적으로 상담과 지지 및 면접의 기법을 통해서 자기표현 기술을 향상시킬 것인지, 위기개입으로 접근할 것인지, 아니면 지속적인 관심과 지지로 충분한지, 아니면 교육이 필요한지, 더 나아가서 병리적 증상에 대해서는 정신보건전문가에게 전문치료를 의뢰할 것인지 등을 결정해야 한다. 큰 충격이나 급격한 스트레스 상황에 처한 사람들에게는 위기개입을 통해서 빠른 시일 내에 정상 수준으로 기능할 수 있도록 회복시키는 데 초점을 맞추게 된다. 그렇지 않고 만성적인 어려움에 처한 경우에는 지지와 격려, 그리고 환기법 등의 상담기법을 통해서 지속적으로 관리해 나갈 수 있다. 인권의 보호와 권리를 찾는 것이 요구되는 경우에는 옹호 기술을 활용할 수 있다.

이러한 상담에서 좀 더 나아가서 가족이 갖는 역기능적인 현상들에 대해서 가족치료의 기법들을 동원해서 가족의 기능을 회복시켜 나갈 수 있다. 이때 그 가족을 어떤 시각에서 어떻게 접근해 나갈 것인가는 전문가의 도움을 받거나 정기적인 슈퍼비전을 통해서 다루어 나갈 수 있게 된다. 그럼에도 불구하고 직접적 상담과 치료에 어느 정도의 개입을 할 수 있을 것인지는 담당 사례 수와 사례관리자의 상담과 치료 능력에 따라 달라진다.

앞의 사례에 적용해 보면 다음과 같다. 할머니가 치료를 위해서 병원에 입원하게 되자 할아버지와 아들은 할머니 없이 생활하는 것에 대한 심한 불안을 나타내며 위기의식을 가졌다. 사례관리자는 이들의 불안과 걱정을 덜어 주기 위해서 환기와 경청 및 지지기법 등을 통해서 불안감을 해소시키기 위한 상담을 진행했다. 또한 할머니가 해 오던 역할을 대신해 줄 사람들을 소개하며 변화된 상황을 자세히 설명해 주고, 식사문제와 돌봄문제는 다른 도우미들을 통해서 원만하게 처리할 수 있다는 것을 이해시켜 나갔다. 할아버지와 아들이 안정감을 회복하게 되자 모든 일을 할머니에게 맡겨 둔 것에서 벗어나서 이제는 아들도 아버지의 돌봄을 거들 수 있도록 교육하고 훈련시켜 나갔다.

병원에 입원한 할머니도 남겨진 가족에 대한 불안감이 컸다. 사례관리자는 그동안 수고하신 할머니에 대한 지지 및 격려와 함께 할머니 속에 그동안 쌓인 감정을 털어낼 수 있도록 환기법으로 도왔다. 그리고 아들과 할아버지에 대해서 모든 일을 할머니가 대신하는 것에서 벗어날 수 있도록 인지적 변화를 시도했다. 아들이 아버지를 돕도록 태도를 바꾸기 위한 교육과 훈련을 통해서 아들도 스스로 할 수 있다는 자신감을 키워 나갔다. 그리고 할머니도 연세가 있기 때문에 집안일과 가족 돌봄 노동을 할머니 혼자서 도맡아야 한다는 생각에서 벗어나서 아들과 주변의 도움을 요구할 권리가 있다는 것을 인지시켰다. 더 나아가서 할머니 본인의 신체적 부담과 어려움을 표현해 낼 수 있도록 솔직하게 말할 수 있는 자기표현 기술을 향상시켰다. 또한 아들이 마냥 집에서 놀지 않고 직업적응훈련을 통해서 취업할 수 있다는 가능성을 알려 주며 정보를 찾아내서 가까운 장애인보호작업장에 의뢰하여 상담을 받아 보기로 했다.

8) 서비스의 실행 및 점검

실행은 계획에 따라 자원을 확보해서 연계하거나 조정해서 서비스를 전달하는 것과 상담과 치료를 제공하는 것이다. 이용자의 욕구를 충족시키기 위해서 자원을 연결하고 문제를 해결해 나가는 과정으로 제공된 서비스가 적절한지, 서비스가 도움이 되는지 아니면 선결되어야 하는 다른 문제가 있는지 등을 점검하고 조정해 나가야 한다.

예를 들어, 일주일에 3번 매회 2시간씩 활동지원서비스를 받고 있는 장애인에 대한 활동지원서비스의 양이 적절한지 아니면 부족한지, 도우미가 제공하는 서비스에 만족하는지, 서비스제공자와 이용자 간의 의사소통은 잘 되고 있는지 등과 함께 활동지원인에게도 어려움이 없는지를 파악해서 조정하는 과정이 필요하다.

이런 활동지원서비스에 더해서 지지 및 상담과 치료적 개입이 부가적으로 더 요구되는지, 요구된다면 어느 정도가 적정한지, 더 나아가서 장애인의 자립지원을 위한 교육과 훈련이 더 필요한지를 평가해서 조정해 나가야 한다. 이런 조정 과정은 서비스실천에 대한 기록 점검을 통해서 이루어지며, 재사정 과정을 통해서도 이루어질 수 있다. 여기에 더해서 점검을 통해 종결이 필요한지의 여부도 알게 되며, 인권보호를 위한 옹호 활동이 더 요구되는지의 여부도 파악하게 된다. 일반적으로 모니터링은 전화나 방문 또는 주기적인 사례회의를 통해서 이루어지며, 사례에 대한 기록을 관리하고 정기적인 점검을 실시한다.

앞의 사례에 적용해 보면 다음과 같다. 사례에 대한 서비스계획에 따라서 서비스가 실제적으로 잘 이루어지고 있는지, 그 내용이나 양과 질이 적절한지를 모니터하기 위해서 사례관리 담당자가 할머니 댁을 방문해서 제공되는 서비스에 대해서 점검해 보았다.

그 결과 가사일을 도와주기로 한 자원봉사자가 사정이 생겨 몇 주째 나오지 못하고 있어 다른 봉사자를 구하는 것이 필요했다. 그리고 남자만 두 사람이 있는 집에 여성봉사자 혼자서 방문하는 것이 마음이 편하지 않았다는 봉사자의 의견을 수용해서 가능하면 짝을 지어서 두 사람이 함께 가는 것이 더 좋을 것 같다는 봉사자들의 의견을 수렴했다. 그리고 2시간 동안 집안일을 다 하기에는 너무 짧아서 시간을 늘리는 것이 요구되었다. 만약 두 사람이 한꺼번에 간다면 이런 문제는 해결될 것으로 파악되어 자원봉사센터의 담당자와 논의해서 조정하기로 했다.

도시락배달서비스는 만족도가 높았지만 반찬서비스는 불만이 많았다. 배달되는 반찬이 노인이 드시기에는 너무 딱딱하고 자극적이었고 양도 적어서 아들이 불만을 드러냈다. 도시락을 전달하는 과정도 개선이 필요했다. 도시락 배달을 하는 봉사자가 반찬에 대한 의견과 가족의 안부도 물어보지도 않은 채 도시락을 그냥 밖에 놓고 가는 것이 마음에 들지 않는다고 했다. 그래서 노인복지관의 담당자와 함께 모니터한 내용을 공유하고 개선하도록 조치했다. 그리고 누군가 방문해서 말벗이라도 되어 주기를 바라고 있었는데 방문하기로 한 경로당 어르신들의 방문이 이루어지지 않고 있었다. 사례관리자는 이런 의견들을 종합해서 합리적으로 조정하여 서비스의 만족도와 효율성을 높여 나갈 수 있도록 조정해 나가기로 했다.

9) 종결 및 평가

종결 사례회의는 과정 모니터링과 재사정 결과, 종결 평가 및 안내가 필요하다고 판단되는 경우에 종결 여부에 대한 판단과 사후 지원 방향을 설정하는 과정으로 지원에 따른 개인과 가족의 변화 등을 종합적으로 판단한다.

사례관리의 종결은 욕구가 충족되고 제시된 문제가 해결되면 종결하게 된다. 그러나 현장에서는 짧은 시간에 종결할 수 있는 단순한 사례가 많지 않다. 실제적으로는 사례관리 대상자들의 특성상 지속적인 돌봄을 요구하는 정신질환자와 노인, 장애인들이 많아 이들이 사망할 때까지 일반사례관리로 서비스를 지속하는 경우가 많다. 그러나 이사를 가거나 시설로 옮기는 경우와 당사자가 서비스를 거부하는 경우에는 종결하게 된다. 이외에도 요구되는 서비스나 자원을 찾지 못한 경우, 그리고 전달 상에 문제가 발생하는 경우에도 종결하게 된다.

종결하는 경우에 다른 서비스와의 연결이 필요하다면 정보를 제공해 주고, 필요한 경우 다시 서비스를 제공할 수 있다는 것도 알려 주어 당사자의 불안감을 해소할 수 있도록 추후관리를 해 나간다. 이런 점에서 볼 때, 지속적인 돌봄을 필요로 하는 경우에도 이들이 스스로 자신에게 요구되는 서비스를 찾아가고 다른 전문가의 도움 없이도 서비스와 자원을 이용할 수 있다면 사례관리 대상에서 종결을 고려할 수 있다. 이럴 경우에 종결은 완전히 서류정리를 하기보다는 만나는 횟수를 줄여 나가도록 하며, 다른 자원을 통해서 도움을 받을 수 있는 경우에는 종결을 고려해 볼 수 있다.

　평가는 서비스에 의해서 발생한 변화 또는 결과에 대한 평가와 함께 효과성과 효율성에 대한 평가도 병행한다. 이와 함께 서비스이용자의 만족도에 대한 평가와 문제해결 능력 향상에 대한 평가도 실시한다. 각 기관에서 사용하는 평가방식과 양식이 정해져 있는 경우가 대부분이어서 그대로 활용하면 된다.

　앞의 사례를 살펴보면, 치료를 끝내고 할머니가 집으로 돌아오시자 도시락서비스는 종결하기로 했다. 그러나 할머니는 가사도우미가 1주일에 한 번 정도는 와 주기를 원해서 서비스 형태를 변경하기로 했다. 가족, 특히 할머니는 주거환경이 개선된 것에 대해 매우 만족해하며 아들이 장애인복지관 프로그램에 참가하는 것도 만족해했다. 더 나아가서 취업해서 경제적 도움이 되기를 희망했다. 따라서 장애를 가진 아들의 직업 능력개발과 취업에 대한 개입은 지속적으로 관리해 나가기로 했다. 할머니도 집에만 있지 않고 이웃과 어울리기 위해서 경로당에도 나가며 이웃과의 관계를 이전 수준으로 회복해 나가고 싶어 했다. 따라서 할머니 가족에 대한 사례관리는 집중관리에서 일반사례관리로 전환해서 다루기로 했다.

　당사자에게 걸언하는 것은 인격을 존중함이요, 지역사회에 걸언하는 것은 관계를 소중히 여김입니다. 그러나 당사자의 의견을 존중한다고 해서 당사자가 원하는 것이면 다 좋다는 식으로 그저 따를 수는 없습니다. 지역 주민의 의견이라고 무조건 따를 수는 없습니다. 사회사업의 이상과 이념을 버릴 수 없습니다. 사회사업가의 처지와 역량과 기회 비용을 고려하지 않을 수 없고, 그 경험과 지식 또한 버리기 어렵습니다. 가치를 떠나서는 진정한 걸언을 이룰 수 없습니다. 당사자의 자주성과 지역사회의 공생성, 인격과 관계를 지키고 살려야 합니다. 그러므로 걸언은 묻기만 하지 않고 또한 의논하는 것입니다.

여쭙고 의논하되 예와 성으로써 해야 합니다. 경청해야 합니다. 사람에게는 자주하려는 마음, 자존심, 염치, 남을 돕고자 하는 마음, 동정심, 애정의 욕구와 같은 본성이 있습니다. 또한 물질, 재능, 경험, 정보, 지식, 지혜, 영성, 체력, 시간, 공간, 인맥, 문화와 같은 능력이 있습니다. 이것이 복지의 동력, 자연력입니다.

이 자연력을 생동시키는 방법이 바로 걸언입니다. 당사자와 지역사회로 하여금 그 자연력으로서 복지를 이루게 하는 방법입니다. 힘을 적게 들이고도 실효성을 많이 얻는 방법입니다. 평안하고 오래가는 방법입니다(박시현, 2010: 15-17).

생각해 보기

1. 앞의 사례에서 이미 언급한 서비스 외에 이 가족에게 요구되는 다른 서비스와 자원연결은 어떤 것이 필요한지 생각해 보자.
2. 앞의 사례에서 비공식 자원을 더 동원한다면 어떤 것이 있는지 파악해 보자.
3. 앞의 사례에서 할머니의 우울증이 진단되었다면 사례관리자가 직접 서비스인 상담과 치료를 어떻게 접근해야 할 것인지 계획을 세워 보자.

✱ 참고문헌 ✱

강명순 외 부스러기사랑나눔회 지역사회복지사팀(2008). 빈곤 아동·가족과 함께하는 찾아가는 사례관리. 서울: 학지사.

권진숙, 박지영(2009). 사례관리의 이론과 실제(2판). 서울: 학지사.

김동찬(2010). 복지수상록. 서울: 푸른복지.

김세진(2011). 복지현장 희망여행. 서울: 푸른복지.

노혜련, 김윤주(2014). 강점관점해결 중심 사례관리. 서울: 학지사.

박시현(2010). 재가복지서비스 사례집: 간 좀 봐 주세요. 서울: 푸른복지.

정순둘(2005). 사례관리실천의 이해: 한국적 경험. 서울: 학지사.

정종화, 이종길, 이경준, 조석영, 김상진, 김선, 이소영, 정유진, 최선자, 함석홍(2009). 장애인복지서비스 이용자 참여 매뉴얼. 경기: 공동체.

조홍식, 김인숙, 김혜란, 김혜련, 신은주(2002). 가족복지학. 서울: 학지사.

최선화(2012). 일상으로서의 사회복지실천과 상담. 경기: 공동체.

한국사례관리학회(2012). 사례관리 전문가 교육. 서울: 학지사.

한덕연(2017). 복지요결. servant@welfare.or.kr

황성철(2000). 부천시 장애인복지관 사례관리 교육교재.

제4부

위기가족실천

제9장 가족과 빈곤

　이 장에서는 빈곤가족의 정의와 현황을 살펴보고, 한국 사회의 양극화에 따라 가족을 매개로 빈곤이 대물림되는 문제를 제시한 후, 빈곤이 가족에게 미치는 다양하고 복합적인 영향을 검토한다. 빈곤은 가족의 생활 전반과 관련이 있으며, 동시에 가족기능과 가족관계에도 영향을 미친다. 빈곤으로 인한 생활상 문제는 실업과 불안정한 소득, 열악한 주거환경, 심신건강의 문제 등이다. 생활상의 어려움은 가족기능 수행을 제한하고 역할 부담을 가중시킴으로써 가족기능의 과부하와 결여, 가족관계에서의 문제를 야기한다. 가족 생활상의 문제와 가족기능 상의 문제는 가족 구성원 중 약자인 아동과 노인에 대한 돌봄과 보호 부족으로 연결될 가능성이 크다. 대표적인 빈곤가족인 한부모가족과 조손가족을 중심으로 빈곤가족의 문제를 살펴본다. 빈곤가족의 문제를 해결하기 위한 사회복지 대책으로 국민기초생활보장제도와 한부모가족지원사업을 살펴보고, 빈곤가족에 대한 역량 강화를 중심으로 가족관계와 기능 향상을 위한 서비스와 개입방법을 제시하였다.

1. 빈곤가족의 개념과 실태

1) 빈곤과 빈곤가족의 개념

　빈곤이란 일반적으로 인간으로서 생활하는 데 기본적으로 필요하다고 인정되는 자원이나 경제적 능력을 갖추지 못한 상태를 의미한다. 특히 '기본적 욕구가 충족되지 않은 상태'(두산백과사전 doopedia)를 의미할 뿐만 아니라 '기본 수요의 부족으로 생활필수품의 결핍과 그것이 가져오는 육체적 · 정신적 불안감을 포함하는 생활 상태'(사회복지학사전)를 의미한다. 따라서 빈곤가족이란 가족 전체 또는 가족 구성원이 인간으로서 생활하는 데 기본적으로 필요하다고 인정되는 자원이나 경제적 능력을 갖추지 못한 상태에 있는 가족을 의미한다(손병덕 외, 2014).

한편, 물질적 욕구를 충족함에 있어 소득은 핵심적으로 중요하고 사람들의 생활수준을 결정하는 요인이지만, 재산이나 사회적 네트워크와 같은 다른 요소들도 빈곤으로부터 사람들을 보호하는 데 중요한 역할을 한다. 따라서 최근에는 빈곤을 경제적 차원뿐 아니라 사회와 문화적 차원도 포함하는 방식으로 정의한다. 흥과 손더스(Hung & Saunders, 2012)는 빈곤을 소득빈곤(income poverty), 박탈(deprivation), 사회적 배제(social exclusion) 등 세 가지 차원에서 정의하였다. 소득빈곤은 소득이 일정 기준(또는 빈곤선) 이하로 떨어졌을 때, 박탈은 대다수 사람이 필수적이라고 여기는 물건(예를 들어, 휴대폰)을 구입할 수 없을 때, 사회적 배제는 경제적 · 사회적 · 문화적 · 제도적 장벽으로 인해 사람들이 사회적 삶에 참여할 수 없음을 의미한다.

빈곤의 다양한 차원에도 불구하고 공공부조나 복지서비스의 대상 집단을 결정하기 위해서는 빈곤에 대한 객관적 기준이 필요하다. 이를 위해 국가마다 빈곤의 기준이 되는 '빈곤선' 개념을 도입하고, 빈곤을 여러 수치나 지수로 계량화하여 측정한다. 우리나라의 공식적인 빈곤선은 최저생계비를 통해 측정한다. 최저생계비란 '국민이 건강하고 문화적인 생활을 유지하기 위하여 필요한 최소한의 비용'을 의미하는 법적 용어(「국민기초생활보장법」 제2조 7항)로서, 이를 기준으로 그 이하의 소득을 가진 경우에 빈곤층으로 볼 수 있다.

2016년부터 우리나라의 공공부조제도인 국민기초생활보장 수급자 선정 기준이 최저생계비에서 '기준중위소득 40% 이하'로 변경되었다. 이는 우리나라 소득자 전체의 중위소득을 100%로 볼 때 40%에 해당되는 소득 수준을 의미한다. 이와 더불어 비슷한 소득 수준을 가진 집단도 빈곤층에 포함시키기 위하여 대략 기준중위소득 50% 이하를 빈곤층으로 설정한다. 국민기초생활보장제도 수급자와 차상위계층을 포함할 경우 2017년 기준 빈곤층은 309만 명이며, 5가구 중 1가구가 빈곤층에 해당된다(김태완 외, 2017).

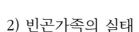

2) 빈곤가족의 실태

> 경민이 엄마는 경민이 아빠가 돌아가시기 전에 남긴 빚 2천만 원 때문에 신용
> 불량자가 되었다. 여기저기 가사도우미 아르바이트를 하고 있지만 5세 경민이와
> 3세 경민이 동생을 혼자 돌보기 어려워 가정과 보육시설을 오가며 키우고 있다.
> 경민이 엄마는 경제 상황과 혼자서 모든 부담을 감당해야 하는 스트레스 때문에
> 우울증과 허리디스크에 시달리고 있고, 경민이와 동생은 불안정한 양육 때문에
> 영양 부족과 공격성 증세를 보인다. 한 달에 30만 원의 월세를 내야 하는 좁은 단
> 칸방에서는 아이들을 데려와 함께 지내기 어렵기 때문에 작은 아파트로 이사하
> 고 싶지만 지금 당장 생계 해결도 어려워 엄두가 나지 않고, 어디에서 도움을 받
> 아야 하는지도 알지 못한다.

앞의 사례에서 살펴본 바와 같이, 빈곤은 단순히 경제적 어려움의 문제가 아니
라 삶 전반에 걸친 복합적이고 중층적인 영향을 미치며, 이 때문에 빈곤한 가족
의 삶에는 다양한 어려움이 생긴다. 체계로서의 가족 안에서 가족 구성원은 서로
상호작용을 주고받으면서 생활하기 때문에 빈곤은 개별 가족 구성원뿐만 아니
라 가족 체계 전체에 양육과 교육, 심신건강과 기능, 가족관계 등으로 파장을 넓
혀 가며 부정적인 영향을 미치며, 이러한 영향은 장기화됨으로써 가족을 만성적
인 어려움에 빠지도록 한다. 특히 아동이나 청소년 등 가족 안에서 의존 상태에
있는 취약한 구성원의 경우에는 가족의 빈곤에 의해 더욱 큰 영향을 받게 된다
(Walsh, 1993).

빈곤은 가족에게 구체적으로 어떤 영향을 미칠까? 우리나라의 가족문제 중 빈
곤(경제적 어려움)의 비중을 가늠해 볼 수 있는 자료를 살펴보자. 한국보건사회연
구원에서 실시했던 '가족위기에 대한 인식 태도 및 실태조사' 결과, 지금까지 살
아오면서 경험한 가족위기 중 경제적 위기는 61.6%로 모든 연령층에서 1위였
다. 가족위기의 발생 원인도 47.5%가 경제생활의 어려움 때문이라고 답하였고,
실직, 가계부채와 파산, 부도 등 다른 경제 관련 요인도 매우 높게 나타났다. 가
족위기 발생 당시 가장 필요한 지원도 경제 지원이 55.8%로 가장 높았다(김유경,

2017). 이것은 우리나라에서 경제적 어려움이 가족생활에 위기를 초래하는 가장 주된 요인임을 보여 준다. 물론 경제적 어려움과 빈곤은 다른 개념이지만, 경제적 어려움을 해결하지 못하면 빈곤 상태가 되고, 이로 인한 문제가 가족의 위기를 초래하는 것은 분명하다.

경제위기 후 2000년대부터 우리나라에서 빈곤은 특정 성이나 인구집단과 연결되어 나타나는 특성을 보인다. 예를 들어, 〈표 9-1〉에서 국민기초생활보장 수급가구 중 독신가구의 비율이 67.0%로 현저히 높고, 모자가구 비율은 6.6%로 비빈곤층의 2~3배이며, 여성 가구주 비율은 53.2%로 비빈곤층의 3배 정도 높다. 수급가구 중 65세 이상의 노인 가구원이 있는 비율은 60.3%로 전체가구(29.6%)의 2배 이상 높고, 소득이 낮을수록 노인 가구의 비율이 높아짐을 알 수 있다(김태완 외, 2017). 이는 노인 가족과 여성 가구주 가족, 독신가구 가족이 빈곤에 가장 취약함을 보여 준다.

〈표 9-1〉 **빈곤가족의 소득 수준별 가구형태와 비율**

(단위: %)

구분	빈곤가족			전체 가족
	수급가구	기준중위소득 30% 가구	기준중위소득 30~40% 가구	
독신가구	67.0	64.3	68.3	27.1
모자가구	6.6	1.4	1.9	1.4
부자가구	2.1	0.2	–	0.3
청소년가장 및 조손 가구	0.8	2.4	0.9	0.2
기타 가구	23.5	31.7	29.0	71.0
합계	100.0	100.0	100.0	100.0

주: 모자가구는 어머니와 만 18세 미만의 자녀, 부자가구는 아버지와 만 18세 미만의 자녀, 기타 가구는 앞의 분류에 해당되지 않는 가구임
출처: 김태완 외(2017), p. 95.

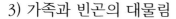

3) 가족과 빈곤의 대물림

(1) 교육 불평등과 빈곤의 대물림

최근 우리나라의 소득 양극화와 부의 대물림 현상을 나타내는 '금수저' '흙수저'와 같은 표현은 부나 빈곤이 부모세대를 넘어 자녀세대로까지 연장되고, 이것이 점점 고착화되고 있음을 보여 준다. 그렇다면 우리나라에서는 왜 점점 계층 이동이 어려워지고 부와 빈곤이 세대를 넘어 전수되고 있는 것일까?

우리나라에서 부와 빈곤의 대물림은 주로 교육을 매개로 일어나는 것으로 나타났다(구인회, 김정은, 2015; 백혜영, 2017). 한국에서 교육은 고도의 경제성장을 이룬 핵심적 동인이었을 뿐만 아니라 개인이 보다 나은 계층으로 상승할 수 있었던 자원이었다. 그러나 오늘날 한국 사회에서는 교육이 빈곤과 부의 대물림을 매개하는 핵심요인이다.

교육 불평등과 빈곤 대물림에 대한 한 연구에 따르면, 단순노무직과 전문직의 세대 간 지위 대물림이 자녀의 학력을 매개로 이뤄지고 있는 것으로 나타났다(여유진, 2008). 돈이 없으면 자녀를 학원에 보낼 수 없고, 자녀의 성적은 상대적으로 떨어진다. 한번 떨어진 성적은 중ㆍ고등학교에서 만회하기가 더욱 어려우므로 4년제 대학이나 '명문대'에 진학하기가 어려워지고, 취업할 때도 불리한 위치에 선다. 전문직이나 안정된 일자리를 구하지 못하면 결국 자녀세대도 가난에서 벗어나기 어렵다.

강지나(2015)의 연구는 청소년이 부모세대로부터 가난을 대물림받아 불안정한 삶으로 진입하게 되는 과정을 구체적으로 보여 준다. 부모세대는 가난한 조부모 밑에서 제대로 돌봄과 교육 지원을 받지 못하고 성장했으며, 성인이 되어서는 불안정한 일자리를 전전했다. 가족에게 일어난 불행한 사건사고와 잦은 이사, 가족해체, 질병이나 장애 속에서 자녀들에게는 돌봄의 공백 상태가 초래되었다. 돌봄의 공백 속에서 자라난 청소년들은 나름의 생존 전략을 갖고 있지만, 정보의 부족, 주변에 힘이 되어 줄 사람(인적 자원)과 지지체계의 결여 등으로 불안정한 삶을 탈피하지 못한 채 나쁜 일자리를 맴돈다. 이와 같은 경로는 많은 빈곤가족에게 매우 익숙한 '공통의' 이야기이다.

(2) 빈곤이 아동과 청소년에 미치는 영향

가족과 부모의 영향력이 절대적인 아동기에서부터 빈곤은 다양한 방식으로 개인의 성장과 발달에 부정적 영향을 미친다. 빈곤이 아동기의 발달에 미치는 영향을 설명하는 이론 중 대표적인 이론은 인적 자본 투자(human capital investment) 이론과 가족과정(family process) 이론이다. 인적 자본 투자 이론에서는 가족의 경제적 능력에 따라 개인의 인적 자본 형성이 달라질 수 있기 때문에 부모의 경제적 자원 부족이 아동의 발달 기회를 제한하는 것으로 본다. 부모는 시간과 노력과 금전을 투자하여 의식주와 교육, 건강 등 아동의 발달에 영향을 미치는데, 빈곤한 부모는 생계를 위해 시간과 노력과 금전을 집중해야 하므로 아동의 발달을 향상시키기 위한 투자를 할 수 없다는 것이다. 부모의 투자 자원의 부족은 결과적으로 한 개인의 인생의 출발점에서부터 불리한 영향을 미치게 된다는 것이다(Coleman, 1988).

가족과정 이론에서는 빈곤 때문에 부모의 스트레스가 가중되면 아동에 대한 지원과 관심을 기울일 부모의 능력이 감소된다고 본다. 빈곤으로 인한 스트레스는 신체적·정신적 건강의 악화로 이어지고, 가족 간의 유대관계 형성, 지지적 상호작용, 교육적 참여(관심), 자녀에 대한 지도 감독 등을 방해한다. 그 결과, 지지적이고 일관된 양육을 어렵게 하거나 체계적이지 못한 훈육 등 양육의 질이 저하된다(Guo & Harris, 2000; Conger, Conger, & Elder, 1997; Misty & Tissington, 2011). 요컨대, 인적 자본 투자 이론은 아동의 발달 과정에서 빈곤으로 인한 가용 자원의 부족을, 가족과정 이론은 빈곤으로 인한 가족의 기능 저하와 주양육자의 양육방식의 문제를 강조하고 있는데, 빈곤은 이러한 두 가지 방식으로 영향을 미친다는 것을 보여 준다.

특히 사교육 의존도가 높은 우리나라의 경우에는 교육에 대한 투자가 학업성취에 직접적인 영향을 미친다는 점을 고려할 때(이주리, 2010) 빈곤가족은 상대적으로 교육 투자가 낮기 때문에 결과적으로 경쟁과 학업 성취 결과가 더욱 부각되는 청소년기의 학업 부진으로 이어지기 쉽다. 실제로 관련 연구들은 가족의 빈곤이 아동기보다 중·고등학생의 학업 성취에 더 직접적으로 영향을 미치는 것으로 보고하였다(김광혁, 2010; 백혜영, 2017).

그러나 빈곤을 비롯한 불리한 사회경제적 조건이 아동에게 영향을 미치는 방

식은 단일하기보다 복합적이며, 빈곤으로 인한 부정적 영향은 다양한 요인에 의
해 방어될 수 있다. 부모자녀관계의 질과 상호작용, 가족의 구조와 지역사회의
환경 요인은 빈곤의 영향력을 감소시키는 요인이다(임세희, 2007). 부모의 사회경
제적 수준이 직접 아동에게 전달되는 것이 아니라 부모와의 관계를 통하여 영향
을 미치기 때문에 부모의 자녀에 대한 관심과 긍정적 의사소통이 빈곤으로 인한
부정적 효과를 상당히 감소시킨다(김은정, 2006). 아동 양육과 가족의 일상생활을
지지해 주는 지역사회 내의 인적 · 물적 · 사회적 지지체계가 풍부할수록 아동이
건강하게 성장하여 성인이 되어서 좋은 직업을 가지게 될 가능성이 높아진다(이
봉주 외, 2010).

2. 빈곤가족의 도전과 욕구

1) 빈곤가족의 생활 여건

(1) 실업과 고용 불안정

빈곤층은 대체로 낮은 교육수준을 가지고 있으며, 낮은 교육수준 때문에 특별
한 기술이나 전문지식을 갖지 못하여 불안정한 일자리와 높은 실업률로 연결된
다. 2015년 기준 빈곤가구 가구주의 70% 이상이 무학 또는 초등학교 졸업으로
저학력 상태임이 보고되었다. 또한 가구의 소득은 가구주의 근로 능력에 달려 있
는데, 빈곤층의 경우에 만성질환이나 장애, 고령 등으로 근로 능력이 없거나 미약
한 가구주의 비율이 70~80%로 매우 높게 나타났다. 가구주가 근로활동을 하더
라도 일자리의 질이 낮고 고용이 불안정하였다. 빈곤가구 가구주의 81.8%가 비
경제활동 상태였고, 임금근로자는 15.4%에 불과했다. 일자리는 막노동과 영세
한 가내수공업, 하청공장, 가사도우미 등 일용직과 임시직 비율이 55.6%로 절대
적으로 높은 반면, 고용이 안정적인 상용직 비율은 4.0%에 불과했다(김태완 외,
2017).

이처럼 근로 능력 부족으로 인한 실업과 고용 불안정은 빈곤의 가장 결정적인
원인이다. 현재 일을 하고 있더라도 불안정하고 질이 낮은 일자리는 작업환경이

열악하여 재해나 사고에도 빈번하게 노출되고, 저임금과 고용 불안, 차별 등으로 스트레스가 높다. 또한 임시직과 일용직 등 비정규직 고용에서는 적절한 사회보장 혜택이 부족하여 가족생활 전반에 대한 안전망이 제공되지 않는다. 결국 불안정한 고용으로 실업과 취업을 반복하면서 소득이 불안정해질 수밖에 없고, 실업이나 사고나 고령에 의해 노동력을 완전히 상실할 경우에 가족은 절대적 빈곤 상태로 추락하게 된다.

(2) 심신건강 문제

빈곤은 가족 구성원의 우울, 불안, 좌절감과 같은 심리적 스트레스를 증가시키는 중요한 요인으로 보고되었다(Conger & Conger, 2002). 미국의 경우, 복지급여 수급 빈곤층이 일반 계층에 비해 우울증은 4배, 불안장애는 2배 이상의 유병률을 보이는 것으로 나타났다(Zabkiewicz & Schmidt, 2007). 우리나라의 경우에도 우울과 빈곤 경험은 밀접한 관계를 가지며, 우울이 심각할수록 만성빈곤 상태가 지속되는 것으로 보고되었다(이상록, 이순아, 2010).

가족 구성원의 정신건강문제는 가족 내 상호작용을 통해 다른 가족에게 전달되어 부정적 의사소통, 무력감, 음주와 흡연, 공격적 행동 등을 증가시킨다. 아동과 청소년에게도 부정적인 영향이 전달되어 우울, 공격적 행동, 학교 부적응 등을 발생시키는 것으로 보고되었다. 빈곤은 아동의 학업 성취나 건강 상태 등에 전반적으로 영향을 미치고, 불안이나 우울과 같은 내적 심리 문제나 반사회적 행동과 비행, 공격성 등의 외적 행동 문제로 나타날 가능성을 증가시킨다(박현선 외, 2006; McLeod & Shanahan, 1993).

우리나라는 가구주에게 장애나 만성질환이 있는 경우가 비빈곤층은 38.8%이나 빈곤층은 79.8%로 2배 이상 높았다(김안나, 2007). 가구주의 만성질환이나 장애는 경제활동 능력 저하로 이어져 빈곤에서 벗어나기 더욱 어렵게 한다. 또한 빈곤층은 시간과 재정적 여유가 없기 때문에 건강 유지에 중요한 영양 섭취와 운동, 여가와 휴식 등이 어렵고, 그 결과 심신건강문제가 빈번하게 나타난다. 또한 의료비 부담 때문에 병원을 자주 찾기 어렵고, 큰 탈이 나지 않는 한 의료서비스를 이용하지 않다가 큰 병이 발생하고 나서야 병원을 찾게 되어 막대한 의료비 부담으로 결국 심각한 빈곤 상태로 추락하기도 한다. 실제로 아파도 병 · 의원을 방문하지 못하거나 치료를 포기하는 비율을 보면 국민기초생활보장 수급가구는 14.0%, 비수급 빈곤가구는 17.3%로 전체 평균인 3.9%에 비해 크게 높은 것으로 조사되었으며, 그 이유는 진료비 부담(95.1%) 때문이었다(김태완 외, 2017). 이처럼 건강문제와 빈곤은 물고 물리는 악순환 관계에 있다.

(3) 주거문제

저소득층 밀집 지역은 위생 및 편의 시설, 교육시설, 문화시설 등이 부족하여 교육과 문화적 차원의 불편과 소외를 경험하게 된다. 1960년대부터 우리나라는 급격한 도시화와 경제개발 과정을 거치는 동안 저소득층이 밀집한 이른바 '달동네'가 형성되었으며, 그 결과 도시는 극심한 주거 양극화를 나타내게 되었다. 열악한 주거와 낙후된 지역사회 시설은 거주자들에게 스트레스를 주고, 심신건강을 위협하며 가족의 안정적인 일상생활을 어렵게 한다(Cohen et al., 2003).

빈곤층의 주거문제를 보면 주거가 안정되지 않아 이사를 자주 하며, 가구당 사용하는 방의 수가 적고, 주거 면적당 인구밀도가 매우 높고, 기본적인 주거시설인 입식 부엌, 수세식 화장실, 온수 목욕시설 등이 갖춰져 있지 않은 경우가 많다. 또한 주거비 지출은 저소득층 가족의 경제에 또 하나의 부담으로 작용한다. 빈곤가구는 난방, 수세식 화장실, 방음과 채광, 환기 등 기본적인 거주환경을 충족하고 있는 경우가 60%대로 매우 낮아 주거환경이 열악하다. 추운 겨울에 난방을 하지 못한 경험이 있는 가구 비율이 전체 가구의 2.6%인 데 반해, 국민기초생활보장 수급자 가구는 17.9%로 매우 높았으며, 집세가 밀렸거나 집세를 내지 못해 집을 옮긴 경험이 있는 비율은 전체 가구(2.2%)에 비해 7.2%로 3배 이상 높았다(김태완 외, 2017). 2015년 통계청 인구주택총조사에 따르면, 전체 아동의 9.7%(94만 명)가 지하, 옥탑방이나 주택 외 거처(고시텔, 쪽방, 비닐하우스, 컨테이너 등)에 사는 것으로 나타났는데, 전국의 아동 10명 중 1명은 제대로 된 집에서 살지 못하는 셈이다.

우리나라의 대표적인 저소득층 밀집지역으로 인식되는 대단위 영구임대아파트 지역의 경우에는 열악한 지역사회 문제가 개인과 가족에게 부정적인 영향을 미치는 것으로 보고되었다. 영구임대아파트를 통한 주거복지정책이 20년 이상 지속되는 동안 영구임대아파트 지역은 외부로부터의 낙인과 소외감, 빈곤의 세대적 전승에 대한 우려, 의료 및 장애와 돌봄의 취약성, 자살문제 등 복합적인 사회적 배제 양상을 나타내는 것으로 나타났다(남기철, 2010). 열악한 주거환경과 외부와 분리된 거주지역은 빈곤을 일상적으로 경험할 뿐만 아니라 재생산하는 기제로 작용하는 것이다.

2) 빈곤가족의 가족기능과 가족관계

빈곤가족은 경제적 어려움 때문에 생활고를 겪게 되고, 부부가 모두 생계를 위해 경제활동에 종사해야 하기 때문에 자녀양육과 돌봄, 가사활동 등 가족의 역할을 수행하기가 어렵고, 긴 노동시간과 불안정한 취업에 따른 육체적 · 정신적 스트레스로 가족관계에서 갈등과 폭력이 발생할 가능성이 크다. 빈곤 가족 내에서는 경제적 압박으로 부모의 우울 수준이 높고, 부부관계에서 재정적 갈등이 고조되며, 부모가 자녀와 부정적 상호작용을 할 가능성이 커진다(구인회 외, 2009). 소득과 학력이 낮은 부부일수록 부부관계 만족도가 낮고 이혼을 많이 고려하며, 부부간의 불화로 자녀의 공격성, 정서 불안, 우울증 등을 촉진하는 것으로 보고되었다(손병덕 외, 2014). 이처럼 경제적 어려움은 가족문제에 부정적 영향을 미쳐 가족 간 갈등과 돌봄 공백, 가족관계 단절 등 복합적 문제로 발전할 위험이 커진다.

한부모가족이나 조손가족의 경우에는 성인이 혼자 가사와 돌봄을 담당해야 하기 때문에 노동 능력이 떨어지고 소득활동이 불가능하여 빈곤해질 가능성이 가장 크다. 따라서 한부모가족과 조손가족은 빈곤가족의 대표적인 유형으로서, 경제적 어려움만이 아니라 노동, 주거, 건강, 교육 등 다차원적 결핍을 동시적으로 경험할 가능성이 높다(김경혜, 2011).

(1) 한부모가족

한부모가족은 사별과 이혼, 미혼모, 한쪽 배우자의 가출 및 유기 등에 의해 발생하는데, 사별에 의한 한부모가족 발생은 점차 줄어드는 반면, 결혼 및 이혼에 관한 가치관의 변화에 따라 이혼에 의한 한부모가족 발생이 급증하였다(김영화 외, 2014). 2015년 한부모가족 실태조사에 의하면, 이혼에 의한 한부모가족이 전체의 77.1%였다. 한부모가족은 모자가족과 부자가족, 기타 가족으로 구성되는데,

모자가족이 47.7%, 부자가족이 19.8%로 모자가족이 대부분을 차지한다(김은지 외, 2015). 이는 우리 사회에서 자녀양육이 주로 여성의 책임으로 간주되기 때문이다.

　조사 결과, 한부모들의 가장 큰 어려움은 '양육비·교육비용 부담'으로 나타나 한부모가족에서 빈곤문제가 심각함을 알 수 있다. 한부모가구의 월평균 소득은 189만6천 원 수준으로, 전체 평균 가구 소득(390만 원)의 절반에도 못 미치는 수준이었다. 특히 모자가족의 월평균 소득은 147만5천 원으로 204만2천 원인 부자가족보다 27.8% 낮았다. 가장으로서 돈을 벌어야 하기 때문에 취업률은 높지만(86.6%) 임시·일용 근로자가 37%에 달하는 등 고용 지위가 불안하였다. 또한 전 배우자로부터 양육비를 받지 못하는 경우가 83.0%로 대다수였다(김은지 외, 2015).

　한부모가족 가장의 생계활동으로 자녀가 혼자 집에서 지내는 돌봄 공백도 커졌다. 취업한 한부모의 절반가량이 10시간 이상 근무하며, 미취학 자녀의 10.4%, 초등학생의 52.7%, 중학생 이상의 56.2%가 평소 혼자서 어른 없이 시간을 보내는 경우가 있다고 답했다. 그 결과, 미취학 자녀를 둔 한부모의 경우에는 '자녀를 돌볼 시간의 부족' '자녀를 돌봐 줄 사람을 구하는 어려움'이 있다는 응답이 많았고, 취학자녀를 둔 한부모의 경우에는 '진로지도의 어려움' '학업성적' 등 교육과 관련된 어려움이 높게 나타났다. 어머니나 아버지 혼자서 양육과 생계를 담당할 경우에 자녀 양육 및 교육과 같은 가족관계 측면의 어려움이 크고, 홀로 자녀를 양육해야 한다는 심리적 부담과 스트레스 때문에 우울 증상 경험률도 일반인의 2배 이상 높았다. 특히 부자가족보다 모자가족의 여성 가장이 우울과 신체적 건강 상태가 더욱 좋지 않았다(김은지 외, 2015).

(2) 조손가족

　우리나라의 조손가구 수는 2015년 기준 11만3100여 가구이고, 통계청 장래인구추계에 의하면 2030년에는 27만 가구, 2035년에는 32만 가구로 늘어날 예정이다. 조손가족의 증가는 인구 고령화와 가족해체 문제의 결과이며, 양육과 교육, 빈곤의 문제를 복합적으로 가지고 있다. 조부모의 나이가 평균 72.6세로 연로하며 월평균 근로소득이 2016년에는 56만 원에 불과하나 그나마 기초연금 등 노인에 대한 공적이전소득이 이들의 삶을 떠받치고 있다. 현재 조손가족만을 위한 별도의 공적 지원사업이 없기 때문에 저소득 조손가정들이 경제적 지원을 받기 위해서는 조부모가 노동력을 완전히 상실하여 기초생활수급자로 선정되어야 하고, 여성가족부에서 일부 조손가정에 지원하는 최대 20만 원 안팎의 양육비는 조부나 조모 중 한 명만 있는 가족이 대상이다. 이와 같이 소득 능력이 없거나 미약한 노인과 아동으로 이루어진 조손가족은 경제적 지원의 사각지대에 존재함으로써 빈곤에 매우 취약하다.

2011년 조손가족실태조사에 의하면, 조부모 10명 중 7명이 양육의 부담과 건강문제, 생활의 어려움을 동시에 겪고 있었다. 손자녀 양육 시 가장 큰 어려움으로 66.2%가 '아이 양육(교육)에 따른 경제적 문제'를 꼽았을 정도로 경제적 어려움이 심각하고, 손자녀의 학습지도(11.5%)와 조손의 장래 준비문제(10.0%)도 어려운 문제로 나타났다.

3. 빈곤가족에 대한 사회복지 개입

가족은 개별적인 특성과 환경 속에서 빈곤으로 인한 영향을 받기 때문에 개별가족이 경험하는 빈곤은 다양할 수 있으며, 가족 내에서도 가족 구성원에 따라 빈곤의 영향과 경험은 다르게 나타난다. 따라서 가족이 처한 다양한 문제와 욕구에 기반을 둔 개입이 이루어져야 한다. 또한 가족의 경제적 문제와 가족 돌봄 그리고 가족관계의 문제는 서로 맞물려 있기에 실직과 부도, 파산 등으로 인한 빈곤은 가족 갈등 및 가출과 자살 등으로 이어질 수 있다. 따라서 빈곤가족에 대한 사회복지 개입은 긴밀하게 얽혀 상호작용하는 체계로서의 개별 가족 구성원, 가족, 지역사회 차원에서 통합적으로 접근할 필요가 있다. 빈곤가족에 대한 사회복지 차원의 개입은 국민기초생활보장제도와 저소득층 한부모가족지원사업, 가족관계와 기능 향상을 위한 실천 등이다.

1) 국민기초생활보장제도

국민기초생활보장제도는 빈곤가족에 대한 기본적인 공공부조제도로서, 근로 능력 여부나 연령에 관계없이 급여 종류별 최저수준 이하인 모든 가구를 대상으로 한다. 특히 2013년부터 맞춤형 고용, 복지체제를 구현하기 위하여 국민기초생활보장제도의 급여 방식을 개별 가족의 복지수요에 맞게 개별 급여 방식으로 개편하여 선정 기준과 급여 수준을 별도로 선정하였다. 대상은 빈곤가족 중 소득과 부양의무자의 기준 등 특정한 조건을 충족하는 가족이다. 부양의무자의 존재와 근로 능력, 실제 부양 이행 등을 고려하여 대상자를 선정하는데, 부양의무자의 범위는 1촌의 직계혈족 및 그 배우자이다.

급여의 종류는 생계급여와 의료급여, 주거급여, 교육급여, 해산급여, 장제급여 등 6종이며, 개별 가족의 특성과 욕구에 따라 각기 다른 내용의 급여가 지급된다. 급여의 종류와 소득 기준 및 급여 내용은 다음과 같다(보건복지부, 2017).

〈표 9-2〉 국민기초생활보장제도의 급여 종류와 소득 기준, 급여 내용

급여 종류	소득 기준	급여 내용
생계급여	기준 중위소득 30% 이하	기준 중위소득 30%에 해당하는 금액과 가구의 소득인정액과의 차액을 지급
의료급여	기준 중위소득 40% 이하	근로 능력 유무에 따라 1종, 2종으로 구분하여 지급
주거급여	기준 중위소득 43% 이하	국토교통부 장관이 정하는 기준에 따라 지급
교육급여	기준 중위소득 50% 이하	교육부 장관이 정하는 기준에 따라 입학금, 수업료, 교과서대, 부교재비, 학용품비 지급
해산급여	기준 중위소득 50% 이하	수급자가 출산시 1인당 60만 원 지급 (교육급여만 받는 수급자는 제외)
장제급여	기준 중위소득 50% 이하	수급자 사망 시 75만 원을 장제를 실제 행하는 자에게 지급 (교육급여만 받는 수급자는 제외)

출처: 보건복지부(2017), pp. 3-7.

2) 한부모가족지원사업

한부모가족지원사업은 자녀가 18세 이하의 미성년인 저소득 모자가족 및 부자가족, 아동을 (외)조부 또는 (외)조모가 양육하는 가족, 24세 이하의 청소년 한부

모가족을 지원하는 사업이다. 가구별로 산정된 소득인정액은 2017년 기준 한부모가족 및 조손가족은 중위소득 52% 이하, 청소년 한부모가족은 중위소득 60% 이하이다(여성가족부, 2017).

한부모가족지원사업의 주요 내용은 한부모가족 자녀의 양육비 지원, 청소년 한부모의 자립 지원, 한부모가족 복지시설 지원, 한부모가족 법률 구조, 법원 연계 이혼위기가족 회복지원사업 등이다. 지원사업의 대상과 내용은 가구의 특성에 따라 달라진다(여성가족부, 2017). 구체적인 사업 내용과 대상은 〈표 9-3〉과 같다.

〈표 9-3〉 한부모가족지원사업의 사업 내용과 대상

사업명	사업 내용	사업 대상
한부모가족 자녀 양육비 지원	• 아동양육비: 만 13세 미만의 자녀, 월 12만 원 • 추가아동양육비: 조손 및 만 25세 이상의 미혼 한부모가족 5세 이하의 자녀, 월 5만 원 • 학용품비: 중학생, 고등학생 자녀, 연 5만4천 원 • 생활보조금: 시설입소가구, 월 5만 원	소득인정액 기준 중위소득 52% 이하의 한부모 및 조손 가족
청소년한부모의 자립지원	• 아동양육비: 월 17만 원 • 검정고시학습비, 고등학생교육비, 자립촉진수당	소득인정액 기준 중위소득 60% 이하 만 24세 이하 한부모가족
	• 권역별 미혼모·부자 지원기관 운영	미혼모, 부자 가족
한부모가족 복지시설 지원	• 시설 기능 보강, 한부모가족 복지단체 지원, 한부모가족 복지시설 입소자 상담 및 치료 지원, 공동생활가정형 주거 지원	각 시설종사자 및 시설 입소자
한부모가족 무료 법률 구조	• 한부모가족 대상 법률상담, 소송대리, 기타 법률사무 지원	한부모가족
법원 연계 이혼위기가족 회복지원	• 이혼위기가족을 대상으로 가족기능 강화를 위한 상담 교육, 문화 서비스 제공	이혼 준비 중인 가족

출처: 여성가족부(2017), p. 14.

한편, 2012년부터 정부에서는 시·군·구별로 희망복지지원단 사업을 통해 복지, 보건, 고용 등 복합적인 욕구를 가진 저소득층 주민에게 맞춤형 서비스를 통합, 연계하여 지원하고 있다. 희망복지지원단은 읍·면 사무소 및 동주민센터에서 상담을 거친 저소득층에게 공공과 민간이 보유한 각종 자원과 서비스를 맞춤형으로 연계, 제공한다. 또한 이 과정을 지속적으로 모니터링하면서 저소득층의 욕구와 상황이 변화함에 따라 서비스의 내용을 이에 맞게 변경하며 국민기초생활보장 수급자 및 차상위계층의 탈빈곤 및 빈곤 예방을 지원한다(손병덕 외, 2014).

청년층과 노년층 빈곤가족의 가계소득 보전을 위해서는 근로장려금, 실업급여제도, 고용촉진지원금제도 등을 통한 실질적 지원과 취업 훈련·연계 등을 통한 일자리 창출이 필요하다. 또한 갑작스러운 실업이나 해고, 근로능력을 상실한 경제위기가족을 대상으로 긴급복지 등의 지원을 확대하여 가족의 경제적 기반을 유지하도록 지원해야 한다. 그리고 경제위기에 직면한 가족을 대상으로 가구 유형과 자산 등 가족 경제 상황을 분석, 진단하여 소득과 지출을 관리하고, 장기적으로는 맞춤형 정보와 가정 경영 컨설팅을 제공하여 재무설계가 가능하도록 지원해야 할 것이다(김유경, 2017).

빈곤 자체를 해결하려는 노력도 중요하지만 동시에 빈곤가족의 아동과 청소년에 대한 교육 지원과 학업 증진을 통해 빈곤의 부정적인 영향력을 방지하는 것도 중요하다. 특히 빈곤의 대물림을 방지하고 사회 이동성을 높이기 위해 부모의 영향을 상쇄해 줄 국가의 정책 지원과 공교육 확대가 무엇보다 중요하다(이봉주 외, 2010). 예를 들어, 학력의 출발점이 되는 초등학교 시기의 빈곤가정 아동에 대한 기초학력 제고를 위한 노력이 필요하며, 중학교와 고등학교 시기의 빈곤 청소년에 대한 학습 지원이 절대적으로 중요하다. 또한 학습 지원과 경제적 지원 못지않게 부모에 대한 심리정서적 지원과 부모자녀관계 향상을 위한 다양한 개입이 필요할 것이다.

3) 빈곤가족의 가족관계와 기능 향상을 위한 실천

(1) 빈곤가족과 역량 강화 실천

빈곤가족의 문제에 대응하기 위한 개입은 아동과 청소년 등의 자녀를 포함하여 부모와 가족기능을 지원하는 다양하고 통합적인 방식으로 이루어져야 하며, 이러한 개입은 가족 전체의 복지를 목표로 한다. 빈곤 상황에서도 다양한 위험요인과 보호요인이 함께 작용하며, 보호요인이 많을수록 적응 수준이 높아져서 가족이 빈곤이라는 위험에 노출되어 있더라도 극복 가능성은 커질 수 있다.

빈곤의 구조적인 악순환 문제와 빈곤에 의한 깊고 넓고 지속적인 영향으로 만들어진 다중적 위기와 복합적인 상처를 해결할 수 있는 상담 기법이나 사회복지실천 기법은 사실상 없다. 단지 빈곤 상황 속에서도 버티는 힘을 스스로 깨닫고 이러한 역량을 꾸준히 키우고 축적하도록 도우며 지역사회 관계망을 통해 이러한 역량이 서로 연결되고 발전되도록 하는 것이 가능한 방안이다(강명순 외, 2008). 아폰테(Aponte)는 빈곤가족 문제에 접근할 때 생태구조적 관점에서 접근할 것을 제안하였다. 그 중요한 원칙으로는 사회복지서비스 이용자의 현실에 집중하고 개인적인 것부터 사회적인 것까지 복잡한 생태체계를 포함시켜야 하며, 이용자의 자기결정에 의한 선택을 위해 잠재력에 기초한 변화중심적 접근을 가지고 사정할 것 등을 제시하였다(엄예선, 박인선, 박혜영, 백연옥, 이채원, 1995)

또한 스윅과 그레이브스(Swick & Graves, 1993)에 의하면, 빈곤가족 부모의 역량 강화 요인은 가족자원 활용, 효과적 문제해결 능력, 지역사회에서의 타인과의 생산적 관계 등이다. 따라서 부모가 가족의 역량과 가능성을 인식하여 이를 충분히 활용함으로써 문제를 해결하는 능력을 키우고 학교와 이웃, 지역사회복지관 등 지역사회의 다양한 사람과 생산적 관계를 유지하도록 원조하는 일이 중요하다.

(2) 빈곤가족의 역량 강화 실천 사례

우리나라에서 빈곤가족의 가족기능과 가족관계에 대한 개입은 국민기초생활보장 수급자에 대한 개별 사업으로 분리되어 수행되어 오다가 2002년부터 가족단위로 서비스이용자를 상정하고 일차집단으로서의 가족기능 강화와 지역사회 연계를 강조하는 사업으로 전환되었다.

이러한 접근의 대표적인 예로 2004년에 보건복지부 여성정책담당관실 후원으로 기획, 수행된 '취약여성가구주 사례관리' 사업을 들 수 있다. 이 사업에서는 여성가구주들이 스스로 목표를 정하고 일상생활의 어려움에 대한 해결책을 발견하도록 하였으며, 여성가구주 개인과 가족의 강점 및 자원 발굴에 초점을 두었다. 사회복지사들은 이들과 함께 활동하면서 자원 발굴에 동참하며 환경조건의 열악

3. 빈곤가족에 대한 사회복지 개입 209

함에 대처하는 과정에서 가족이 서로 협력하고 가족관계를 강화하도록 하였다. 또한 지역사회 자원목록표를 작성하여 아동 돌봄 서비스, 신용 회복 서비스 등 각종 자원을 발굴하고 연계, 협력하는 활동을 추진하였다. 이 과정에서 여성가구 주들은 비슷한 처지에 있는 다른 여성들과 알게 되어 서로 지지적 관계를 형성하였다. 사업 결과, 부채 상환이나 취업과 같은 경제적 성과뿐 아니라 부모자녀관계 및 자녀양육의 자신감, 지역사회 관계망 형성과 유대감 등에 있어서도 성과를 나타내었다(노혜련, 유성은, 2007).

우리나라의 빈곤층 부모들은 자녀의 교육과 성장을 우선으로 하기 때문에 자녀가 긍정적으로 변화하는 것을 보면서 부모가 힘을 얻어 변화하고, 자녀양육에 열심을 보이는 경향이 있다. 따라서 빈곤부모의 역량 강화에서 부모의 변화뿐만 아니라 아동(자녀)에 대한 지원프로그램을 통해 가족기능 전체가 강화되도록 프로그램을 개발하고 운영하는 것이 효과적이다(허남순 외, 2012). 또한 빈곤 한부모가족 프로그램에서도 부모와 자녀 모두를 대상으로 하는 2세대 프로그램을 통해 한부모의 자활 능력과 육아 능력, 가족자원의 증대를 촉진하는 동시에 아동의 건강한 발달을 촉진하여 빈곤의 세대 전수에 의한 만성적 빈곤을 예방할 수 있다(정익중, 2002).

경민이 엄마는 통장의 소개로 찾아온 사회복지사와의 만남을 통해 가사도우미와 식당일 경험을 살릴 수 있는 일자리를 찾기로 하였다. 사회복지사가 소개한 여러 사업 중 저소득층 여성가구주 9명이 함께하는 반찬 만들기 자활사업을 선택하여 이 사업에 참여하게 되었다. 안정적인 일자리를 얻게 되자 고정적인 수입이 생기고 함께하는 다른 여성가구주들과의 관계를 통해 여러 가지 지원에 대한 정보도 얻고 정서적 지지도 받을 수 있었다. 그간의 절망적인 상황에서도 자녀 양육권을 포기하지 않았다는 자부심을 갖게 되었고, 취업 후 혼자서 자녀를 키울 수 있겠다는 자신감도 생겼다. 또한 재무컨설팅 서비스를 받아 채무를 갚아 나가면서 저축할 수 있는 기반을 마련하여 경제적 자립도 가능하게 되었다. 경민이의 교육은 지역아동센터를 통해, 경민이 동생의 양육은 찾아가는 아동돌봄 서비스를 통해 해결할 수 있게 되었다. 지금은 저소득층 한부모가족 대상 주거급여를 신청하여 두 아이와 함께 임대아파트에 입주할 계획을 세우고 있다.

생각해 보기

1. 빈곤이 대물림되는 이유를 인적 자본 투자 이론과 가족과정 이론으로 설명해 보자.
2. 경제적 어려움과 가족 구성원의 심신건강, 주거, 가족관계가 서로 어떤 영향을 미치는지 생각해 보자.
3. 빈곤가족 지원과 빈곤가족 역량 강화의 개념을 구별하고, 빈곤가족 대상 사회복지실천의 바람직한 방향이 무엇인지 생각해 보자.

참고문헌

강명순 외 부스러기사랑나눔회 지역사회복지사팀(2008). 빈곤아동·가족과 함께하는 찾아가는 사례관리. 서울: 학지사.

강지나(2015). 빈곤 청소년의 빈곤대물림 경험과 진로전망. 학교사회복지, 31, 253-279.

구인회, 김정은(2015). 대학진학에서의 계층격차: 가족소득의 역할. 사회복지정책, 42(3), 27-49.

구인회, 박현선, 정익중, 김광혁(2009). 빈곤과 아동발달의 관계에 대한 종단 분석. 한국사회복지학, 61(1), 57-79.

김경혜(2011). 빈곤문제를 보는 새로운 시각: 소득빈곤에서 다차원적 빈곤으로. SDI정책 리포트, 100, 1-22.

김광혁(2010). 아동·청소년의 학업성취도에 대한 가족소득의 수준별 영향의 차이: 아동발달단계별 비교를 중심으로. 한국청소년연구, 21(2), 35-65.

김안나(2007). 한국 근로빈곤층의 특성과 결정요인 분석. 사회복지정책, 29, 145-168.

김영화, 이진숙, 이옥희(2014). 성인지적 가족복지론. 경기: 양서원.

김유경(2017). 사회환경 변화에 따른 가족위기 특성과 정책과제. 보건복지포럼. 2017. 5., 71-91.

김은정(2006). 초기 청소년 자녀의 자아존중감에 미치는 가정 내 사회자본의 역할과 특성에 관한 연구. 가족과 문화, 18(3), 33-61.

김은지, 장혜경, 황정임, 최인희, 김소영, 정수연(2015). 2015 전국한부모가족 실태조사. 여성가족부.

김태완, 김문길, 김미곤, 여유진, 김현경, 임완섭, 정해식, 황도경, 김성아, 박형존, 윤시몬, 이주미, 신재동, 김선, 김은지, 김혜승, 우명숙, 윤상용, 이선우, 정재훈, 최민정(2017). 2017년 기초생활보장 실태조사 및 평가연구. 보건복지부.

남기철(2010). 영구임대단지와 사회적 배제. 월간 복지동향, 139, 42-46.

노혜련, 유성은(2007). 강점관점 사례관리의 특성에 관한 연구: 빈곤여성가구주의 참여 경험을 중심으로. 한국가족치료학회지, 15(1), 75-103.

박현선, 정익중, 구인회(2006). 빈곤과 아동의 사회정서적 발달 간의 관계. 한국사회복지학, 58(2), 303-330.

백혜영(2017). 빈곤이 부모우울과 가족 내 사회적 자본을 통해 학업성취에 미치는 영향: 아동과 청소년의 다집단 분석. 학교사회복지, 38, 47-74.

보건복지부(2017). 2017년 국민기초생활보장사업안내. 보건복지부.

손병덕, 황혜원, 전미애(2014). 가족복지론(2판). 서울: 학지사.

엄예선, 박인선, 박혜영, 백연옥, 이채원 역(1995). 빵과 영혼: 빈곤가족을 위한 생태구조적 가족치료 모델(*Bread & spirit: Therapy with the new poor: Diversity of race, culture, and values*). Aponte, H. J. 저. 서울: 하나의학사. (원저는 1994년에 출판)

여성가족부(2017). 2017 한부모가족지원사업안내. 여성가족부.

여유진(2008). 한국에서의 교육을 통한 사회이동경향에 대한 연구. 보건사회연구, 28(2), 53-80.

이봉주, 김선숙, 김낭희(2010). 한국 아동 발달에 대한 탐색적 연구: 가구의 사회경제적 특성과 사회자본의 영향을 중심으로. 한국아동복지학, 31, 107-141.

이상록, 이순아(2010). 빈곤지위의 변화에 정신건강이 미치는 영향: 우울과 자아존중감의 영향을 중심으로. 사회복지연구, 41(4), 277-311.

이주리(2010). 가족자원이 청소년의 학업성취에 미치는 영향: 부모 양육태도와 사교육의 매개효과 차이 검증을 중심으로. 아동학회지, 31(1), 137-146.

이철수(2013). 사회복지학사전. 서울: 혜민북스.

임세희(2007). 장기빈곤이 아동의 학업성취에 미치는 영향: 부모자녀관계를 중심으로. 사회복지연구, 34.

정순둘, 김경미, 박선영, 박형원, 최혜지, 이현아(2007). 사회복지와 임파워먼트. 서울: 학지사.

정익중(2002). 빈곤 편모가족을 위한 이세대 프로그램. 사회과학연구, 8, 231-250.

허남순, 허소영, 고윤순, 이경욱(2012). 빈곤부모의 역량 강화 경험 연구-위스타트 사례관리 대상 부모를 중심으로-. 한국아동복지학, 40, 167-198.

Cohen, D., Mason, K., Bedimo, A., Scribner, R., Basolo, V., & Farley, T. A. (2003).

Neighborhood physical conditions and health. *American Journal of Public Health*, *93*(3), 467-471.

Coleman, J. S. (1988). Social Capital in the Creation of Human Capital. *American Journal of Sociology*, *94*, 94-121.

Conger, R. D., & Conger, K. G. (2002). Resilience in Midwestern families: Selected findings from the first decade of a prospective longitudinal study. *Journal of Marriage and Family*, *62*, 361-373.

Conger, R. D., Conger, K. J., & Elder, G. (1997). Family economic hardship and adolescent adjustment: Mediating and moderating processes. In J. Brooks-Gunn, & G. J. Dunncan (Eds.), *Consequences of Growing Up Poor* (pp. 288-310). New York: Russell Sage Foundation.

Guo, G., & Harris, K. M. (2000). The mechanisms mediating the effects of poverty on children's intellectual development. *Demography, 37*(4), 431-447.

Hung, W., & Saunders, P. (2012). Report of Research study on the deprivation and social exclusion in Hong Kong. The Hong Kong Council of Social Service.

McLeod. J. D., & Shanahan, M. J. (1993). Poverty, parenting, and children's mental health. *American Sociological Review*, 58(3), 351-366.

McLoyd, V., & Wilson, L. (1991). The Strain of Living Poor: Parenting, Social Support, and Child Mental Health. In A. C. Huston (Ed.), *Children in Poverty: Child Development and Public Policy*. New York: Cambridge University Press.

Misty, L., & Tissington, L. D. (2011). The effects of poverty on academic achievement. *Educational Research and Reviews*, *6*(7), 522-527.

Swick, K. J., & Graves, S. B. (1993). *Empowering at-risk families during the early childhood years*. Washington D.C.: A National Education Association Publication.

Walsh, F. (1993). (ed.) *Normal family processes* (2nd ed.). New York: Guilford Press.

Zabkiewicz, D., & Schmidt, L. A. (2007). Behavioral health problems as barriers to work: Results from a 6-year panel study of welfare recipients. *Journal of Behavioral Health Services & Research, 34*(2), 168-185.

두산백과사전(doopedia). http://www.doopedia.co.kr

제 10 장　가족과 폭력

이 장에서는 가족 내에서 일어나는 폭력으로서 아동학대, 아내학대, 노인학대 등에 대하여 살펴보고, 이를 극복할 수 있는 방안을 모색하고자 한다. 세부사항으로는 우선 가족 구성원 사이에서 일어나는 다양한 형태의 폭력에 관한 개념 및 실태를 알아보고, 다음은 이에 따른 도전과 욕구를 살펴본 다음에 이를 해결하는 사회복지 개입을 제시하고자 한다.

아동학대가족

1. 아동학대의 개념과 실태

1) 아동학대의 개념

우리나라 「아동복지법」에 의하면, 아동학대란 "보호자를 포함한 성인이 아동의 건강 또는 복지를 해치거나 정상적 발달을 저해할 수 있는 신체적 · 정신적 · 성적 폭력이나 가혹행위를 하는 것과 아동의 보호자가 아동을 유기하거나 방임하는 것"을 말한다(이원숙, 2016). 따라서 아동학대의 개념에는 신체적 · 정서적 · 성적 학대의 적극적인 폭력뿐만 아니라 아동에게 필요한 보살핌을 제공하지 않는 소극적인 폭력인 방임을 포함하고 있다. 이를 요약하면 아동학대는 아동을 보호하고 있는 사람을 포함한 성인이 신체적 · 정서적 · 성적 학대, 방임 등으로 아동에게 해를 입히는 것을 의미한다고 볼 수 있다(보건복지부, 2012; 이원숙, 2016).

(1) 신체적 학대

우선 신체적 학대는 보호자를 포함한 성인이 아동에게 우발적인 상황이 아닌 상태에서 신체적 손상 또는 신체적 손상을 허용한 모든 행위를 포함한 것으로, 이를 구체적으로 살펴보면 다음과 같다.

- 직접적인 신체 가해 행위: 손, 발 등으로 때림, 꼬집고 물어뜯는 행위, 조르고 비트는 행위, 할퀴는 행위 등
- 도구를 사용한 신체 가해 행위: 도구로 때림 또는 찌름
- 유해한 물질을 이용한 신체 가해 행위: 화학물질 또는 약물로 신체에 상해를 입힘
- 완력을 이용한 신체 가해 행위: 흔듦, 묶기, 밀어붙임, 던짐, 물에 빠뜨림 등

(2) 정서적 학대

정서적 학대는 보호자를 포함한 성인이 아동에게 행하는 언어적 · 정서적 위협, 감금이나 기타 가학적 행위를 말하는 것으로, 크게 세 가지로 구분된다.

- 가두기: 신체를 서로 묶거나 물건에 묶어 두기, 갇힌 공간에 가두기
- 언어적 · 정서적 공격: 습관적 비하, 모욕, 거부적 처우 등
- 기타 알려지지 않은 행위: 지나친 처벌이나 처우 등 구체적으로 규정되지 않은 행위

(3) 성적 학대

성적 학대는 보호자를 포함한 성인이 자신의 성적 충족을 목적으로 행하는 모든 형태의 성적 행위를 의미하는 것으로, 구체적으로 살펴보면 세 가지로 분류된다.

- 성적 관찰 및 성적인 노출: 옷을 벗기거나 벗겨 관찰, 성관계 노출, 나체 및 성기 노출, 자위행위 노출 및 강요 등
- 성추행
- 유사성행위

(4) 방임

방임은 보호자가 아동을 위험한 환경에 처하게 하거나 아동에게 필요한 의식주, 교육, 의료적 조치를 제공하지 않는 행위를 말하는 것으로, 이를 자세히 살펴보면 다음과 같다.

- 물리적 방임: 기본적인 의식주를 제공하지 않음, 불경한 환경이나 위험한 상태에 방치, 출생신고를 안 함, 보호자 무단가출
- 교육적 방임: 의무교육 불이행, 무단결석 방치
- 의료적 방임: 아동에게 필요한 의료적 처치 불이행
- 유기: 아동을 버리는 행위

2) 아동학대가족의 실태

보건복지부가 2000년에 시행한 '아동학대의 실태 및 후유증 연구'에 의하면, 43%가 아동학대를 경험한 것으로 밝혀졌으며, '전국가정폭력실태조사'(여성가족부, 2010)에서는 지난 1년간 아동 및 청소년이 경험한 신체적 폭력은 39.1%, 정서적 폭력은 59.9%, 방임은 14.0%로 나타났다. 그 후 보건복지부(2012)가 실시한 '전국아동학대 현황보고서'에 따르면, 아동이 보고한 포괄적 학대 발생률은 전체 60.3%로 나타났으며, 이를 유형별로 살펴보면 신체적 학대가 30.3%, 정서적 학대가 46.5%, 방임이 27.0%로 나타나 전반적으로 증가 추세이다.

한편, 〈표 10-1〉에 제시된 바와 같이 여성가족부(2017)가 조사한 자료에 의하면 여성이 보고한 자녀학대율은 총 32.1%, 남성이 보고한 자녀학대율은 총 22.4%로 나타났으며, 유형별로는 정서적 학대, 신체적 학대, 방임 순으로 보고되었다.

〈표 10-1〉 **지난 1년간 자녀학대율**

(단위: %)

	여성(엄마)	남성(아빠)
신체적 학대	9.8	4.5
정서적 학대	30.1	20.6
방임	2.3	1.9
자녀학대율	32.1	22.4

출처: 여성가족부(2017).

2. 아동학대가족의 도전과 욕구

아동학대 원인은 크게 세 가지 체계로 설명되는데, 우선 아이와 부모의 상호작용이 발생하는 미시적 체계, 아이와 부모가 관계를 맺는 친인척, 학교, 지역사회 등의 중간 체계, 기존의 두 체계가 연결된 사회 구조의 입장에서 바라보는 거시 체계가 바로 그것이다. 이러한 체계요인에 근거한 아동학대 관련 요인은 부모의 특성, 아동의 특성, 가족환경 특성, 사회문화적 특성 등으로 구분하여 설명할 수 있다(보건복지부, 2012; 이영주 외, 2015).

- 부모의 특성: 부모의 심리적 · 성격적 결함, 저연령, 양육 경험의 부재, 아동기에 학대받은 경험, 부모의 부정적인 양육 태도 및 양육 스트레스 등
- 아동의 특성: 장애, 저연령, 부적절한 기질, 학업성적 미진 및 학습장애 등
- 가족환경 특성: 가족의 빈곤 및 저소득, 부모의 실직, 한부모가족 등
- 사회문화적 특성: 경제적 상황, 폭력에 대한 허용성 등

이와 같이 다양한 원인에 의해 아동학대가 발생하게 되는데, 이에 따른 아동이 겪는 심리적 문제점은 다음과 같다(이원숙, 2016). 아동학대 피해아동은 자신을 보호하는 사람들에게 학대를 받으면서 이들에 대한 불신과 불안감을 동시에 느낀다. 그러나 보호자 없이 살아갈 수도 없기 때문에 피해아동은 두려움을 느낀다.

또한 피해아동은 학대받는 과정에서 보호자로부터 부정적인 언어(잘못 태어났다, 없어지면 좋겠다, 더럽다, 게으르다 등)와 처벌을 받기 때문에 자신에 대한 수치심과 죄의식을 느낀다. 이들은 자신의 주변에서 일어나는 나쁜 상황을 자신의 탓으로 생각하는 경향이 있으며, 과도한 스트레스에 의해 대소변을 실수하는 퇴행행동을 보이기도 한다.

또한 대개 아동을 학대하는 보호자는 학대 사실이 노출되지 않도록 아동의 사회적 관계를 단절시키는 경우가 많으므로 학대 받는 아동은 고립되어 있는 경우가 많다. 또한 학대받는 아동은 가족 내에서 부적절한 역할을 학습하여 스스로 희생양이 되기도 한다. 이 뿐만 아니라 피해아동은 학대를 받으면서 가족을 지키기 위해 또는 어쩔 수 없이 다른 가족 구성원을 돌보는 부모 역할을 수행하는 경우도 있다.

3. 아동학대 가족의 사회복지 개입

아동학대는 자녀를 자신의 소유물로 인식하는 부모에 의해 가정이라는 사적인 공간에서 발생하기 때문에 은폐되거나 훈육이라는 이름으로 수용되는 경우가 많다. 그러나 아동학대는 엄연한 폭력이며 중대한 사회문제이므로 다음과 같이 다양한 사회복지 개입이 요구된다(손병덕 외, 2014; 이영주 외, 2015).

1) 신고제도의 의무화

아동학대는 무엇보다 주위의 적극적인 신고가 필요하다. 학대가 의심되는 아동을 발견했을 경우에는 사회복지사를 비롯하여 아동 관련 기관의 종사자는 의무적으로 신고해야 한다. 이미 다른 국가에서는 학대를 당한 아동이 발견되면 보호자의 유무에 관계없이 신고하는 시스템을 적용하고 있다.

2) 지역사회 지원서비스

아동학대는 사회적 문제이므로 지역사회는 학대에 의해 고통받는 아동을 위해 다양한 서비스를 제공해야 한다. 어린이집이나 학교는 자원봉사자와 연계하여 방과 후 프로그램이나 일대일 멘토 프로그램을 제공하여 아동학대를 예방하고, 나아가 학대받은 아동을 보호할 수 있다. 또한 이들의 가족문제를 해결할 수 있도록 위기취약가족을 중심으로 아동돌보미 등과 같은 가족지원서비스를 강화하여야 한다.

3) 피해아동과 가족의 상담 및 치료

아동학대에서 상담은 무엇보다 학대받은 아동이 학대 과정에서 형성된 왜곡된 인식과 학습, 부정적인 정서를 바로잡는 데 주력해야 한다. 이를 바로잡지 않으면 피해아동은 전 생애에 걸쳐 불안과 두려움, 죄의식, 수치심, 소외에서 벗어나기 어렵기 때문이다. 피해아동의 증상이 심각하지 않은 경우에는 사회복지사의 적절한 개입으로 피해아동의 욕구를 충족시키고 이들의 정서적 안정과 발달을 도모하는 데 적절한 도움을 줄 수 있다(이원숙, 2016).

무엇보다 아동학대를 근원적으로 해결하려면 가족치료가 효과적이다. 아동뿐 아니라 보호자를 포함하여 함께 사는 가족 모두가 치료에 참여할 때 학대의 악순환을 끊어 낼 수 있게 된다. 그리고 단순한 상담보다는 피해아동이 적극적으로 감정을 표출할 수 있도록 놀이치료나 미술치료 등 다양한 방법을 사용할 필요가 있다.

4) 보호시설

아동학대는 가족 전체의 상호작용이 원인이 되는 경우가 많으므로 피해아동이 원래 가족으로 돌아가게 되면 재학대의 피해자가 되기 쉽다. 따라서 피해아동이 보다 나은 환경에서 보호받고 성장할 수 있도록 아동이 속한 지역사회에 위치한 적절한 보호시설이 요구된다.

아내학대가족

1. 아내학대 개념과 실태

1) 아내학대의 개념

아내학대는 폭력행위임에도 불구하고 가정이라는 사적인 영역에서 은폐되어 왔으며, 가해자인 남편이나 피해자인 아내조차도 폭력을 결혼생활에서 피할 수 없는 현상으로 받아들이는 경향이 많았다. 심지어 아내에 대한 폭력이 부부간 갈등을 해소하는 방법으로 지속되어 왔으며, 부부의 사생활로 인식되어 사회적으로 크게 조명받지 못했다.

그러나 여성주의자들은 아내학대를 폭력의 일종으로 간주하고, 가부장제의 남성우월주의를 가장 적나라하게 표출하는 것으로 인식하여 이 문제를 공식적으로 정치화하였다. 그들은 가족 내에서 남편이 아내에게 학대당하는 경우에 비해 아내가 남편에게 학대당하는 경우가 월등하게 많다는 점을 들어 아내에 대한 폭력이 남성에 의해 일어나는 보편적인 폭력이며, 어느 사회에서나 거의 동일하게 일어나는 현상으로 지적하고 있다. 따라서 여기서도 아내학대만 다루고자 한다.

일반적으로 아내구타는 남편으로부터 받는 신체적 공격 형태를 말하며, 아내학대는 남편으로부터 직접적인 신체상해를 받는 경우 외에도 정서적, 심리적, 경제적, 성적으로 고통을 받는 경우를 모두 포함하는 것으로 아내구타보다 더 포괄적인 개념에 속한다(공미혜 외, 2015). 비슷하게 아내폭력이라는 개념도 우리 사회에서 자주 통용되고 있는데, 아내폭력의 개념에도 신체적 · 정서적 · 경제적 · 성적 폭력 등을 포함하고 있어서 아내학대와 거의 동일한 개념으로 보면 된다.

2) 아내학대가족의 실태

최근 전국의 가구를 대상으로 조사한 연구에 의하면, 2015년 1년 동안 어떤 형태로든 남편에게 일방적으로 폭력을 당한 경험이 있는 여성은 12.1%였으며 2013년(29.8%)에 비해 그 비율이 낮아지는 추세이다. 폭력유형으로는 정서적 폭력이 10.5%(2013년 28.6%)로 가장 높게 나타났고, 다음은 신체적 폭력 4.9%(2013년 4.9%), 경제적 폭력 2.4%(2013년 3.5%), 성적 폭력 2.3%(2013년 4.3%) 순으로 밝혀졌다. 남성이 폭력을 당한 경우는 전체 8.6%였으며, 정서적 폭력이 7.7%로 가장 높게 보고되고 있다(여성가족부, 2016).

부부간 권력이 평등하지 않을수록, 즉 남편의 권력이 아내보다 높을수록, 남편이 가부장적 가치관을 가지고 있을수록, 남편의 스트레스 인식이 높을수록, 그리고 음주를 많이 할수록 남편의 폭력 발생률이 높게 나타나는 것으로 보고되고 있다. 또한 남편이 실업 상태이고 아내는 취업 상태일 때 남편의 폭력은 52.6%로 매우 높게 나타났다(여성가족부, 2008). 이러한 점을 종합하여 볼 때, 남편의 폭력은 부부간 불평등한 지위와 연관되어 있으며 실업 등에 의해 스트레스가 높아질 때 남편은 약한 위치에 있는 아내에게 폭력을 행사한다는 것을 의미한다.

또한 여성가족부의 전국가정폭력실태조사(2016)에 따르면, 아내에 대한 폭력의 발생 원인은 '성격 차이(45.3%)' '경제적 문제(25.7%)' '배우자 음주문제(9.6%)' 순으로 응답되었고, 폭력을 경험한 아내의 20%는 신체적 상처가 있었다고 응답하였다. 신체적 상처로 병원치료를 받은 경우는 아내가 11.0%였으나 남편은 없었다. 폭력을 당한 아내의 33.8%는 정신적인 고통을 보였는데, 주로 자신에 대한 실망, 무력감, 자아상실, 우울, 남편에 대한 적대감이나 분노 등으로 응답하였다.

아내에 대한 폭력 발생 시 대처방안으로는 '그냥 있었다'가 66.6%로 밝혀졌으며, 도움을 요청하는 경우(1.0%)는 매우 적게 나타났다. '그냥 있었다'의 이유로는 '그 순간을 넘기면 되어서(28.6%)' '배우자이기 때문에(21.9%)' '창피하고 자존심 상해서(16.1%)' 순으로 응답하였다. 폭력 발생 후 피해여성이 도움을 요청한 대상은 '가족이나 친척(16.3%)' '이웃이나 친구(12.9%)' '경찰(2.8%)' 순으로 나타났다(여성가족부, 2016).

여성가족부의 2013년도 전국가정폭력실태조사에 의하면, 폭력 발생 시 맞대응한 경우에 남편이 폭력을 더 행사하거나(43.8%) 마구 때리는(18.0%) 등 상황이 더 나빠지기 때문에 피해여성은 별다른 대응을 하지 못하고 넘어갔다. 한편, 맞대응에 대한 피해 정도는 가벼운 상처가 29.1%, 온몸에 타박상이 7.0% 순으로 나타났으며, 폭력을 당한 후 사람을 기피하거나(57.4%) 인간관계 손상(56.8%) 등 사회생활에 지장을 초래했다고 응답하였다.

전국의 실태조사와는 달리 전국 가정폭력상담소에 상담을 의뢰한 여성들의 실태는 보다 심각하다. 이들 여성이 경험한 가정폭력의 유형 중 정서적 폭력은 97.9%로 가장 높았고, 신체적 폭력도 92.7%로 높게 나타났다. 폭력의 지속기간은 평균 11년 2개월이었으며, 폭력이 확대되거나 심해지는 경우는 63.3%로 응답하고 있어서 가정폭력이 장기화되고 있고 빈도나 유형이 악화되는 양상을 보이고 있다. 폭력으로 인한 신체적 피해 정도는 가벼운 타박상(66.3%)과 두통(59.7%)이 가장 높게 나타났으나 이가 부러지는 등의 심한 타박상(28.0%)과 골절상(11.35%) 등의 심각한 피해도 적지 않게 드러났다(여성가족부, 2008).

또한 자녀는 부모 간의 폭력을 통해 간접적인 고통을 경험할 뿐 아니라 공포감, 두통, 야뇨증, 정서 불안 등의 정신적인 피해를 입게 된다. 또 부부간 폭력이 결국 자녀 구타로 이어져 아동이 골절, 고막 상해, 뇌진탕을 일으킨 경우도 있다. 더욱 문제가 되는 것은 부모 간 폭력을 목격한 아동이 폭력을 학습하여 또 다른 폭력을 낳는다는 점이다.

선행연구에 의하면, 일반적인 사회통념과는 달리 남편의 아내폭력 행위가 그들의 교육수준이나 직업, 생활수준과는 무관하다고 밝히고 있다. 최근 서울가정법원에서 처리한 1999년도 가정폭력 가해자의 교육수준은 57.6%가 고졸 이상으로 나타났으며(한국여성개발원, 2000), 전국의 여성을 대상으로 한 여성가족부의 조사(2013)에서는 교육수준이 전문대졸 이상인 경우에서도 43.2%가 폭력피해를 당한 것으로 보고되었으며 피해여성의 소득 수준도 골고루 분포되어 있는 것으로 나타났다.

2. 아내학대가족의 도전과 욕구

앞에서 언급된 바와 같이, 아내학대는 여성뿐만 아니라 자녀와 나아가 지역사회 전반에 걸쳐 부정적인 영향을 미친다. 그러나 무엇보다 가장 큰 문제는 지속적인 학대에 의해 고통받을 경우 여성은 '학습된 무기력'에 빠진다는 것이다. 학습된 무기력이란 스스로 통제할 수 없는 외상적 경험을 겪게 되면 이를 극복하려는 동기가 감소하여 현실에 안주하며 해결방안을 찾는 데 어려움을 겪는 것을 말한다. 아내학대를 오랫동안 겪게 되면 자존감이 낮아져 스스로를 비난하고 도움을 주는 사람들조차 의심하며 현실을 바로 인식하지 못한다. 학대를 받은 여성은 홀로 고통을 참으며 고립 상태에 빠지거나 우울, 공포감 등을 느끼게 되는데, 이는 피학대여성증후군 또는 외상 후 스트레스장애로 지칭된다(조홍식 외, 2017).

이렇게 무기력에 빠진 여성은 학대받는 상황이 잘못되었다는 것을 알면서도 빠져나오지 못하는 경우가 많다. 여기에는 몇 가지 이유가 있다(신은주, 1995). 우선 학대받는 여성은 공포감에 의해 통제된다. 공포감은 남편을 벗어날 수 없다는 무기력뿐만 아니라 설령 남편을 벗어났다고 해도 나중에 당할 남편의 보복에 대한 두려움을 포함하는 것으로, 피해여성의 전반적인 삶을 지배하여 앞으로 나아가지 못하게 만든다. 둘째, 피해여성이 집을 나가지 못하는 이유는 아이 때문이다. 이들 대부분은 자신이 책임을 져야 할 존재로서 아이를 생각하는 경향이 있으므로 폭력 상황 속에 아이를 둔 채 혼자서 집을 떠나지 못한다. 세 번째 이유는 전통적인 가부장적 가치관 때문이다. 아내학대 피해여성은 남편의 폭력적인 행위에도 불구하고 집안에 남자가 반드시 필요하며 결혼생활 유지를 위해서는 자신의 희생이 어쩔 수 없이 필요하다는 생각을 하게 된다.

이외에도 아내학대 피해여성이 집을 떠나지 못하는 데에는 현실적인 이유도 존재한다. 집을 떠나게 되면 당장 경제적인 문제, 이혼녀라는 사회적 낙인, 한부모로서 겪게 될 소외와 어려움, 자녀양육이나 법률상담과 같은 사회적 서비스의 부족 등으로 고통받게 된다. 이러한 것을 고려할 때 피해여성은 폭력관계를 인내하는 것이 더 낫다고 보게 된다.

3. 아내학대가족의 사회복지 개입

우리 사회에서 아내학대 피해여성을 위한 본격적인 사회적 개입은 1997년에 「가정폭력특별법」이 제정되면서부터이다. 「가정폭력특별법」은 「가정폭력범죄의 처벌 등에 관한 특례법(이하 「가정폭력특례법」)」과 「가정폭력방지 및 피해자보호 등에 관한 법률(이하 가정폭력방지법)」로 구성되어 있는데, 「가정폭력특례법」은 가정폭력 범죄자에 대하여 환경을 조정하고 행위를 교정하여 가정폭력에 의해 파괴된 가정의 평화와 안정을 회복하고 건강한 가정을 육성하는 것을 목적으로 한다. 「가정폭력방지법」은 가정폭력을 예방하고 피해자를 보호하여 건전한 가정을 육성하는 목적을 지니고 있다. 이러한 「가정폭력특별법」에 의거하여 정부는 가정폭력 관련 기관을 구축하고 피해여성을 지원하는 서비스를 제공하고 있다. 다음(〈참고자료 10-1〉 참조)은 가정폭력 발생 시 대책을, 〈표 10-2〉는 피해여성을 위한 지원제도를 요약한 것이다.

참고자료 10-1 ▶ **가정폭력 발생 시 대책방안**

- 가정폭력이 발생하면 일단 안전한 곳으로 피하세요.
- 상담은 여성긴급전화 1366 또는 가까운 가정폭력상담소로 전화 주세요.
- 가정폭력이 발생하면 바로 112로 신고하세요.
- 신분증, 신용카드, 통장, 갈아입을 옷 등은 미리 준비해 놓고 급히 챙겨 올 수 있는 장소에 보관해 주세요.
- 위급한 상황을 대비해 여윳돈을 준비하세요.
- 위급 상황 발생 시 안전하게 머물 곳과 연락할 사람을 사전에 정해 놓으세요.
- 이웃에게 폭행을 당하는 소리가 나면 경찰에 신고해 달라고 사전에 부탁하세요.

출처: 한국여성인권진흥원. https://www.women1366.kr/_main/main.html

〈표 10-2〉 **가정폭력 피해여성 지원제도**

상담지원	전화와 면접을 통한 피해상담을 받을 수 있도록 국번 없는 특수전화 '1366'을 365일 24시간 운영
긴급지원	가정폭력 피해자와 생계 및 주거를 함께하는 가족 구성원의 생계 유지가 어렵게 된 경우에 긴급지원 가능
의료지원	지자체, 1366센터, 보호시설, 상담소, 해바라기센터 등에서 의료비 지원
무료 법률지원	가정폭력 피해자(국내 거주 이주여성 포함)에 한하여 가정폭력에 관련된 민사, 가사 사건에 대한 무료 법률 상담 및 무료 법률 구조 신청 가능 ※ 대한법률구조공단 대표번호: 국번없이 132. http://www.klac.or.kr ※ 한국가정법률상담소 대표번호: 1644-7077. http://www.lawhome.or.kr

보호시설 지원	가정폭력 피해자 중 보호시설 입소 희망자에 한해 각 기관과 면접 상담 후 입소 가능. 특히 10세 이상의 남아를 동반한 가정폭력 피해자를 위한 보호시설을 별도로 운영 ※ 단기 보호시설: 6개월, 장기 보호시설: 2년 이내, 긴급피난처: 최대 7일 – 보호시설 퇴소 후 또는 가정복귀가 어려운 경우에는 자립 지원을 위하여 심사를 거쳐 주거공간(그룹홈) 지원
주거지원	가정폭력 피해자와 자녀가 안정적이고 장기적인 거주지를 원할 경우에는 입주 심사를 거쳐 임대주택 거주 가능

출처: 한국여성인권진흥원. https://www.women1366.kr/_main/main.html

1) 여성긴급전화 1366

여성긴급전화 1366은 가정폭력, 성폭력, 성매매 등으로 긴급구조나 상담이 필요한 여성을 위해 국번없이 365일 24시간 운영하는 특수전화로, 전국 16개 시도에 1개소씩 설치되어 있다. 1366은 피해여성들에게 긴급상담, 연계 서비스(의료기관, 상담기관, 보호시설 등)에 대한 종합적인 정보를 제공하는 원스톱서비스 기관이다.

2) 가정폭력상담소

가정폭력상담소는 가정폭력에 대한 신고와 상담, 가정폭력 피해자를 위해 의료기관 또는 보호시설로 인계, 경찰서에서 인도받은 피해자의 임시보호, 가해자 고발 및 법률 관계 기관의 협조와 지원 요청, 가정폭력 예방 및 방지에 관한 홍보, 가정폭력 행위 및 피해에 관한 조사연구 등의 업무를 수행하고 있다. 전국 가정폭력상담소는 2017년 6월 기준 총 205개소가 운영 중이며, 앞에서 언급한 업무 외에도 피해자의 일시보호, 피해자의 신체적 · 정신적 안정 및 가정복귀 지원에 관한 일을 하고 있다(한국여성인권진흥원. https://www.women1366.kr/_main/main.html).

3) 피해자 보호시설

현재 우리 사회에서 피해여성을 위한 보호시설은 크게 세 가지로 분류된다. 우선 피해여성과 동반 자녀가 단기적으로 머무는 가족보호시설이 있고, 이들 피해여성이 경제 능력을 강화하여 독립적인 자립을 하도록 머무는 장기보호시설, 자립이 가능한 피해여성과 가족이 주체적으로 살아가도록 돕는 주거지원사업에 의한 독립적인 주거공간이 있다(여성가족부, 2017). 단기 보호시설은 이용기간이 총 6개월이고, 장기 보호시설은 총 2년까지 주거지를 제공하고 있으나 공동생활을 유지하기 위해 지켜야 하는 규칙의 엄격성, 다른 피해여성들이나 피해시설의 상담원들과 갈등 등이 상존하고 있어서 문제점으로 나타나고 있다(류은주, 2009).

이에 따라 여성가족부는 가정폭력 피해여성들의 자립을 지원하고 사회적응을 조성하기 위해 주거지원사업을 시작했다. 2008년 7월에는 시범으로 서울과 부산 지역에서 총 24호의 임대주택을 마련하여 피해여성에게 주거공간으로 제공했으며, 2016년에는 대전, 경북, 경남 지역에 30호를 공급하여 2018년 현재 전국 14개 지역에서 총 276호가 운영되고 있다. 주거지원사업은 최대 4년 직업훈련과 취업알선 등 입주자의 자립을 지원할 뿐 아니라 입주자의 생활상태 및 주택 관리상태 정기 점검, 의료비 지원, 무료 법률 구조, 피해자 치료·회복 프로그램 등 다양한 복지지원을 제공하고 있다(여성가족부, 2017).

노인학대가족

1. 노인학대의 개념과 실태

우리나라의 65세 이상 노인인구는 2017년 기준 14.2%(통계청, 2017)로 고령사회에 접어들었다. 아울러 평균기대수명도 82세로, 여성 85세, 남성 79세로 장수국가의 반열에 올랐지만 이와 더불어 노인학대문제도 급증하여 사회문제로 대두되고 있다.

「노인복지법」에 의하면, 노인학대는 "노인에 대하여 신체적·정신적·정신적·성적 폭력 및 경제적 착취 또는 가혹행위를 하거나 유기 또는 방임을 하는 것"으로 규정된다. 이러한 노인학대의 유형으로는 크게 신체적 학대, 정서적 학대, 성적 학대, 경제적 학대, 방임, 자기방임, 유기 등으로 구분된다(중앙노인보호 전문기관 http://noinboho.or.kr/index.html). 〈표 10-3〉은 각 학대의 유형을 자세하게 설명하고 있다.

〈표 10-3〉 **노인학대 유형**

유형	정의
신체적 학대	물리적 힘 또는 도구를 이용하여 노인에게 신체적 혹은 정신적 손상, 고통, 장애 등을 유발시키는 행위
정서적 학대	비난, 모욕, 위협 등의 언어 및 비언어적 행위를 통하여 노인에게 정서적으로 고통을 유발시키는 행위
성적 학대	성적 수치심 유발행위 및 성폭력(성희롱, 성추행, 강간) 등 노인의 의사에 반하여 강제적으로 행하는 모든 성적 행위
경제적 학대	노인의 의사에 반하여 노인으로부터 재산 또는 권리를 빼앗는 경제적 착취, 노인 재산에 관한 법률 권리 위반 등 경제적 권리와 관련된 의사결정에서 통제하는 행위
방임	부양의무자로서 책임이나 의무를 거부, 불이행 혹은 포기하여 노인의 의식주 및 의료를 적절하게 제공하지 않는 행위(필요한 생활비, 병원비 및 치료, 의식주를 제공하지 않는 행위)
자기방임	노인 스스로가 의식주 제공 및 의료 처치 등의 자기보고 관련 행위를 의도적으로 포기 또는 비의도적으로 관리하지 않아 심신이 위험한 상황이나 사망에 이르게 하는 행위
유기	보호자 또는 부양의무자가 노인을 버리는 행위

출처: 중앙노인보호전문기관. http://noinboho.or.kr/index.html

노인학대의 실태를 살펴보면, 65세 이상 노인이 응답한 지난 1년간 가족 구성원으로부터 경험한 학대 피해율은 총 7.3%(2013년 10.3%)였으며, 유형별로는 정서적 학대가 6.5%, 경제적 학대가 1.5%, 방임이 1.4%, 신체적 학대가 0.4% 순으로 나타났다. 가해자는 아들과 딸인 경우가 69.5%로 가장 많았고, 다음으로 사위·며느리가 20.2%, 손자·손녀가 7.0%로 나타났다. 학대 이유로는 '나에 대한

부양 부담'이 36.4%, '해당 가족원의 스트레스'가 29.4%, '이유 모름'이 15.6%로 밝혀졌으며, 학대 발생 시 주위에 도움을 청한 응답자는 없었다. 그 이유로는 '가족이라서'(61.1%), '창피하고 자존심이 상해서'(23.3%) 등으로 나타나 대부분 가족 내에서 일어나는 학대에 대해 무대응으로 일관하고 있었다(여성가족부, 2016).

〈표 10-4〉와 [그림 10-1]은 보건복지부와 중앙노인보호전문기관이 공동발간한 '2016년 노인학대 현황보고서'에 나타난 연도별 신고접수 건수 및 비율을 나타낸 것으로, 학대사례 건수가 계속 증가하는 실정이다.

〈표 10-4〉 **연도별 신고접수 건수 및 비율(학대사례)** (단위: 건, %)

구분	2012년	2013년	2014년	2015년	2016년
학대사례	3,424	3,520	3,532	3,818	4,280
	36.7	34.6	33.4	32.1	35.6
증감률	-	2.8	0.3	8.1	12.1

출처: 보건복지부 · 중앙노인보호전문기관(2017).

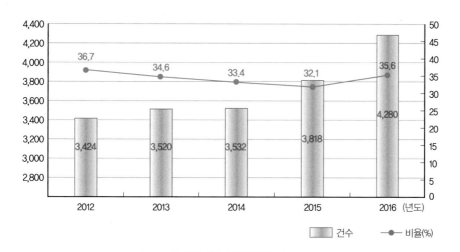

[그림 10-1] **연도별 신고접수 건수 및 비율(학대사례)**

출처: 보건복지부 · 중앙노인보호전문기관(2017).

2. 노인학대가족의 도전과 욕구

노인학대는 고령일 경우에 발생률이 높아진다. 이는 고령노인의 특성인 만성 질환과 의존성 등에 의해 심화되는데, 이러한 특성이 학대에 가장 취약한 상태로 만들기 때문이다. 여기서는 노인학대와 연관된 도전과 욕구를 살펴보고자 한다 (이영주 외, 2015; 이원숙, 2016).

1) 만성질환과 의존성

고령에 이르면 대부분의 노인은 뇌졸중, 관절염, 치매, 파킨슨병 등과 같이 만 성적인 질병에 시달리게 된다. 이러한 질병은 완치의 가능성이 적으며, 지속적 인 관리가 필요하게 된다. 따라서 보호제공자는 노인의 장기적인 의존에 경제적 으로나 신체적, 심리적으로 어려움을 겪게 되면서 부정적인 반응을 보이게 된다. 우리나라 속담에 '긴 병에 효자 없다'는 말이 있듯이, 노인의 의존성은 온 가족에 게 두려움과 비관, 수치심, 방관 등의 반응을 보이게 한다.

노인이 되어 경제력을 상실하게 되면 자녀나 주위 사람들의 도움으로 살아가 게 된다. 도움의 기간이 길어질수록 노인의 경제적 의존은 부담으로 작용하게 되 고, 궁극적으로 학대의 원인이 되기도 한다. 더욱이 노인이 일상생활을 수행할 수 없을 지경의 질병에 걸리게 되면 질병관리에 필요한 경제적 부담뿐만 아니라 신체적 의존도도 높아지게 되어 보호제공자의 스트레스가 가중된다.

2) 통제의 상실과 소외

노인의 경제력 상실과 신체적 상실은 그만큼 노인 스스로가 자신을 돌보는 능 력을 상실한다는 것을 의미한다. 또한 노인에게 있어서 형제나 가까운 친구의 죽 음은 사회적 단절을 야기한다. 이와 같이 노인이 주위 상황을 통제하지 못하고 취약해질수록 학대에 노출될 가능성이 높아진다. 그럼에도 불구하고 학대받는 노인은 보호제공자가 가족일 경우에는 도움을 청하지 못한 채 침묵으로 일관하 거나 스스로 가족으로부터 벗어나 자기방임 상태로 지내게 된다.

3) 학대받는 노인의 특성

학대받는 노인의 특성은 크게 신체적 특성과 심리정서적 특성으로 분류된다. 우선 신체적 특성은 다음과 같다.

- 거동이 불편하고 기력이 없다.
- 알코올이나 약물에 의존하거나 중독의 증상이 있다.

한편, 학대받는 노인의 심리정서적 특성은 다음과 같이 신체적 특성보다 훨씬 다양하게 나타난다.

- 삶을 비관하고 불안한 증상을 보인다.
- 심한 배신감과 분노를 보이지만 이를 억압한다.
- 때때로 대인관계에서 공격성을 나타낸다.
- 대인관계를 기피하고 불신감을 보인다.
- 가해자가 가족일 경우에는 사랑과 의무감을 보인다.
- 자신을 내세우지 않고 순종적인 태도를 나타낸다.
- 정신병적 증상을 보인다.

3. 노인학대가족의 사회복지 개입

앞서 노인학대가족의 실태에서 제시한 바와 같이, 노인학대는 주로 가족에 의해 발생된다. 그렇기 때문에 노인학대는 신고율이 낮고 예방책도 쉽지 않다. 따라서 노인학대를 방지하려면 사회적 · 가족적 · 개인적 측면의 통합적인 사회복지 개입이 요구된다(이영주 외, 2015).

1) 사회적 측면

노인학대를 예방하는 사회적 측면은 노인의 권리를 중시하는 사회적 분위기를 조성하는 데 있다. 노인학대를 가족 간의 문제로 보지 않으려면 학대받는 노인 스스로가 학대 사실을 인식하고 이를 근절하려는 의식의 전환이 필요하다. 특히 학대피해의 가능성이 높은 고령층의 여성 노인들을 중심으로 노인학대를 예방하는 홍보활동과 프로그램을 실시해야 하며, 학대에서 벗어날 수 있도록 소외된 노인을 살피는 것이 필요하다. 이를 위해서는 주민센터를 단위로 학대의 가능성이 있는 노인에 대한 사례발굴을 시도하여 집중적으로 돌보는 제도가 요구된다.

또한 노인에 대한 부양 부담을 줄이는 사회적 서비스를 활용하도록 홍보를 강화해야 한다. 만성질환을 앓고 있는 노인을 돌보는 가족에게 국가나 지역사회에서 제공하는 사회적 지원체계, 즉 노인장기요양보험제도를 이용하여 경제적으로나 실질적으로 부담을 덜 수 있도록 알리는 것도 중요하다.

2) 가족적 측면

노인학대를 예방하는 가족적 측면은 노인을 돌보는 가족 구성원이 노인을 이해하고 합리적인 돌봄방안을 마련하는 데 있다. 우선 노인을 돌보는 가족을 중심으로 노인에 대한 이해, 노인 돌봄방법, 노인장기요양보험제도, 보호제공자 상담 서비스 등의 내용을 골자로 하는 프로그램을 시행하여 가족의 부양의식을 전환하고 부담을 경감하는 것도 필요하다.

3) 개인적 측면

노인학대를 예방하는 개인적 측면은 노인 개개인을 대상으로 학대를 인식하고 이를 극복하는 방안을 마련하는 데 있다. 우선 노인을 대상으로 학대에 대한 인식교육과 자기관리, 사회활동 참여 등을 독려하고, 학대 발생 시 129 또는 1577-1389로 전화하도록 알려 준다. 현재 보건복지부 산하 중앙노인보호전문기관 산하에는 총 31개의 노인보호전문기관이 있어 학대가 증명되면 현장조사를 통해 노인의 안전과 보호조치를 시행하고 있다([그림 10-2] 참고).

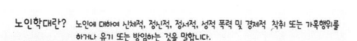

노인학대란? 노인에 대하여 신체적, 정신적, 정서적, 성적 폭력 및 경제적 착취 또는 가혹행위를 하거나 유기 또는 방임하는 것을 말합니다.

알기 쉬운 노인학대 사례

 신체적 학대 저소득층의 장남가족과 함께 살고 있는 할아버지는 장남 내외가 일을 나가는 낮에는 실직한 손자와 함께 있었다. 알코올 중독인 손자는 수시로 할아버지에게 심부름을 시켰고, 할아버지가 이를 거부할 경우에는 목을 조르고 팔을 비트는 등 폭력을 행사했다.

 정서적 학대 질환으로 거동이 불편한 할머니는 큰아들 부부와 함께 생활하였다. 며느리는 할머니 면전에서 "노인네 돈은 안 벌면서 밥은 얼마나 많이 먹는지" "병원비며 약값이며 감당이 안 된다"며 수시로 눈치를 주었다.

 성적 학대 요양보호사 A는 사람들의 왕래가 잦은 요양시설의 거실에서 할아버지의 기저귀를 교체하는 행위를 반복함에 따라 할아버지가 성적 수치심을 느끼게 하였다.

 경제적 학대 외지에서 사업을 하다 빚을 지고 고향으로 내려와 노부와 살게 된 아들은 상습적으로 노부의 금품을 가로챘고, 노부에게 지급된 기초노령연금 등을 마음대로 유용하였다.

 방임 할아버지의 젊은 시절 빈번한 가정폭력으로 배우자와 다른 자녀들은 모두 집을 떠나고 막내아들만이 남아 함께 생활해 왔다. 그러나 중풍에 걸려 대소변도 가리지 못하는 등 혼자 거동이 어려운 상황에 처하게 되었으나, 막내아들은 인과응보라며 의식주 제공을 비롯한 부양을 거부하였다.

 유기 장남과 차남은 노인성 질환이 있는 노부 부양을 서로 미루며 서로의 집 앞에 모셔다 놓는 상황을 반복하였다. 추운 겨울날 집 밖에서 떨고 있는 노부를 이웃이 발견하고, 경찰에 신고하였다.

노인학대 행위는 이렇게 처벌 받습니다.

7년 이하의 징역 또는 2천만 원 이하의 벌금	5년 이하의 징역 또는 1천5백만 원 이하의 벌금	3년 이하의 징역 또는 1천만 원 이하의 벌금
• 노인의 신체에 상해를 입히는 행위	• 노인의 신체에 폭행을 가하는 행위 • 노인에게 성적 수치심을 주는 성폭행, 성희롱 등의 행위 • 자신의 보호·감독을 받는 노인을 유기하거나 의식주를 포함한 기본적 보호 및 치료를 소홀히 하는 방임행위 • 노인에게 구걸을 하게 하거나 노인을 이용하여 구걸하는 행위	• 노인을 위하여 증여 또는 급여된 금품을 그 목적 외의 용도에 사용하는 행위

노인학대 신고·상담 전화 129 또는 1577-1389

노인학대 신고인의 신분은 보장되며 그 의사에 반하여 신분이 노출되어서는 안됩니다!! [노인복지법 제39조의6제3항]

노인학대 없는 세상, 우리 모두가 행복한 세상을 위해 노인보호전문기관이 앞장서겠습니다.

[그림 10-2] 노인학대의 사례

출처: 중앙노인보호전문기관. http://noinboho.or.kr/index.html

생각해 보기

1. 최근 가족 내에서 발생하고 있는 폭력 중에는 청소년의 부모학대와 아내의 남편학대 등이 조금씩 증가하고 있는 추세이다. 그 원인과 해결방안 등을 생각해 보자.
2. 학대받는 노인 중에는 자신의 상황을 외부에 알리지 않는 경우가 많다. 그 이유를 살펴보고 해결방안을 생각해 보자.

참고문헌

공미혜, 성정현, 이진숙, 한정원(2015). 여성복지론. 서울: 신정.

류은주(2009). 가정폭력 피해여성들의 생애사 연구 자립 이후의 사회적응을 중심으로. 한국가족복지학, 26, 5-33

보건복지부(2000). 아동학대의 실태 및 후유증 연구.

보건복지부(2012). 전국아동학대 현황보고서.

보건복지부 · 중앙노인보호전문기관(2017). 2016년 노인학대 현황보고서.

손병덕, 황혜원, 전미애(2014). 가족복지론. 서울: 학지사.

신은주(1995). 아내학대에 대한 페미니스트 접근에 관한 사회사업적 분석. 서울대학교 대학원 박사학위논문.

여성가족부(2008). 전국가정폭력실태조사.

여성가족부(2010). 전국가정폭력실태조사.

여성가족부(2013). 전국가정폭력실태조사.

여성가족부(2016). 전국가정폭력실태조사.

여성가족부(2017). 전국가정폭력실태조사.

여성가족부(2017). 2017 여성 · 아동 권익증진사업 운영지침.

이영주, 최경화, 정윤태, 김현희, 오정아(2015). 가족복지론. 경기: 양서원.

이원숙(2016). 가족복지론. 서울: 학지사.

조흥식, 김인숙, 김혜란, 김혜련, 신은주(2017). 가족복지학. 서울: 학지사.

통계청(2017). 2017 인구주택총조사.

한국여성개발원(2000). 성폭력 · 가정폭력 관련법의 시행실태와 과제.

중앙노인보호전문기관. http://noinboho.or.kr/index.html

한국여성인권진흥원. https://www.women1366.kr/_main/main.html

제11장 가족과 문화 차별

앞 장에서도 언급한 바와 같이 세계화 추세와 더불어 우리 사회는 본격적으로 다문화사회로 들어서게 되었고, 다양한 문화 간의 상호작용이 증가하면서 이에 대한 갈등도 나타나고 있다. '다문화사회'에는 결혼이민자 및 귀화자, 외국인노동자, 북한이탈주민, 외국국적 동포 등이 포함되나 이 장에서는 우리 사회 구성원의 비율에 영향을 주고 있는 결혼이민자가족과 북한이탈주민가족을 중심으로 개념과 실태, 도전과 욕구, 사회복지 개입을 제시하고자 한다.

결혼이민자가족

1. 결혼이민자가족의 개념과 실태

결혼이민자가족은 우리나라에 체류하고 있는 외국인 중 우리 국민의 배우자로서 체류 자격을 가진 자의 가족을 뜻하는 것으로, 다문화가족이 주류를 이루고 있다. 여성가족부가(2016)가 발표한 '2015년 전국다문화가족실태조사'는 결혼이민자와 귀화자만 대상으로 수행된 것으로 결혼이민자가족은 총 278,036가구로 전체 가구의 1.3%를 차지하고 있으며, 2012년도에 비해 24%가 증가하여 우리 사회는 지속적으로 다문화사회로 진입 중에 있음을 알 수 있다.

결혼이민자의 출신 국적은 중국(한국계)이 30.7%, 중국이 22.4%, 베트남이 20.8%로 한국인과 외모가 비슷한 국가에 치중되어 있음을 알 수 있다. 혼인 지속기간은 평균 9.77년인 반면, 초기 5년 미만의 가족해체율은 감소(29.6%, 2012년 35.2%)하여 점차 안정된 결혼생활을 꾸려 나가고 있는 것으로 밝혀졌다.

이들의 59.2%가 문화적 차이를 경험했다고 응답하였는데, 이들이 제시한 문화적 차이는 식습관이 36.9%로 가장 높았고, 다음은 가족행사가 23.0%, 자녀 양육 방식이 19.0% 순으로 나타났다. 결혼이민자의 결혼만족도는 66.6%로 일반 한국인(51.2%)보다 높았으며, 자녀양육에 있어서도 양성평등적인 태도를 보였다(여성가족부, 2016). 이들 가구의 월평균 소득은 200만 원과 300만 원 사이가 30.4%로 가장 많았고, 전반적으로 소득이 향상된 것으로 나타났다.

다음의 [그림 11-1]을 살펴보면, 결혼이민자가 겪은 차별 경험은 40.7%로 2012년(41.3%)에 비해 감소했으나 사회적 관계는 약화되어 여가ㆍ취미 생활을 같이할 상대나 문제가 있을 때 의논할 상대는 감소한 것으로 보인다(여성가족부, 2016).

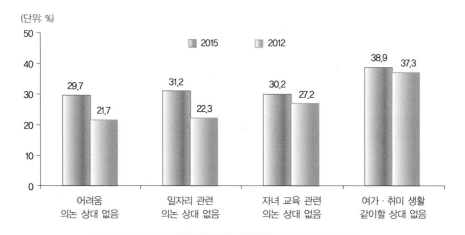

[그림 11-1] 결혼이민자ㆍ귀화자의 사회적 관계 맺음

출처: 여성가족부(2016).

2. 결혼이민자가족의 도전과 욕구

[그림 11-2]에 의하면, 결혼이민자가 응답한 한국 생활의 어려움은 크게 언어문제(34.0%), 외로움(33.6%), 경제적 어려움(33.3%), 자녀양육 및 교육(23.2%) 순으로 나타났다(여성가족부, 2016).

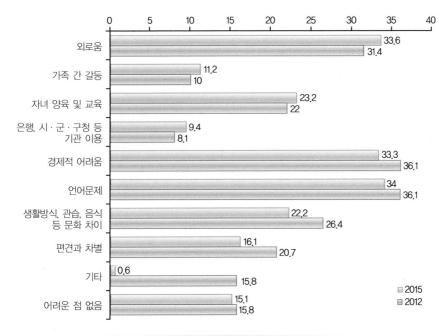

[그림 11-2] 결혼이민자 · 귀화자의 한국 생활 어려움(복수응답)

출처: 여성가족부(2016).

1) 언어문제

우선 언어문제는 결혼이민자에게 있어서 가장 근본적인 문제이다. 특히 신혼부부에게 있어서 의사소통은 부부간의 친밀감을 형성하고 서로를 이해하는 데 중요한 역할을 한다. 그러나 우리 사회에서 대부분의 결혼이민자는 단기간에 배우자를 만나 한국으로 이주한 경우로 한국어 습득이 덜된 상태에서 결혼생활을 시작하게 때문에 관계발전에 큰 문제가 생기게 된다.

김승권 등(2010)의 연구에 의하면, 결혼이민자의 한국어 말하기 능력은 학력 수준과 체류기간에 비례하는데, 체류기간이 2년 미만인 경우에는 언어문제로 큰 어려움을 겪는 것으로 밝혀졌다. 더욱이 많은 결혼이민자 여성들이 농어촌 지역에 상주하고 있어서 사투리에 의한 의사소통의 어려움은 가중되었다(이원숙, 2016). 또한 결혼이민자 여성에게 필수적인 한국어 교육이 남편이나 시부모에 의해 저지되기도 한다. 특히 시어머니는 나이 어린 며느리가 도망갈 것을 우려해서, 또는 밖으로 보내기 싫어서 지역사회에서 제공하는 한국어 교육을 받지 못하게 하는 경우도 있다. 뿐만 아니라 남편의 아내의 모국어에 대한 습득 노력은 거의 없는 상태에서 아내만이 한국어를 익혀 적응하기를 바라는 것도 이들 부부의 의사소통에 어려움을 더한다(정혜영, 김진우, 2010).

2) 외로움

결혼이민자가 제시한 한국 생활의 또 다른 어려움은 외로움이다. '2015년 전국다문화가족실태조사'에 따르면, 약 40%의 결혼이민자는 여가 및 취미 생활을 같이할 상대가 없다고 응답하였다. 이 뿐만 아니라 결혼이민자 상당수가 일자리를 찾거나 자녀교육에 관해 의논하고 싶어도 의논할 상대가 없다고 응답하고 있어서 이들의 한국 생활이 상당히 소외된 상태에서 진행되고 있음을 알 수 있다.

3) 경제적 어려움

결혼이민자 여성이 한국 남성과의 결혼을 선택하는 이유는 한국이 모국보다 경제적으로 부유하다는 점 때문이다. 그러나 현실적으로 국제결혼을 하는 한국 남성의 직업은 단순노동과 자영업이 많으며, 경제적으로 열악한 경우가 많아 괴리가 생긴다. 결혼이민자 여성의 고용률(2015년 59.5%)이 한국 여성의 고용률(2015년 49.9%)보다 높은 것도 전반적으로 결혼이민자 가구의 소득이 낮기 때문이다(여성가족부, 2016).

게다가 문화적 차이나 이민자여성에 대한 불신 등으로 인해 살림을 관리하는 경제권이 남편이나 시부모에게 돌아갈 때 부부 갈등은 더 커지게 된다. 결혼이민자 여성들 중 많은 경우가 부모의 질병 치료나 동생들의 학비 보조, 새집 마련 등의 이유로 모국에 송금하기를 원한다. 이처럼 모국 가족에 대한 경제적 지원은 이들이 국제결혼을 택한 가장 큰 원인 중의 하나인데, 이는 부부간 또는 시댁과의 갈등을 초래한다(홍성희, 2012). 심지어는 결혼이민자 여성이 직접 경제활동을 해서 버는 수입조차도 마음대로 사용하지 못하게 할 경우에 갈등이 심화되어 결국 가족이 해체되는 위기를 겪게 된다.

4) 자녀 양육 및 교육의 어려움

결혼이민자 여성에게 있어서 자녀 출산은 배우자 및 그 가족과의 연결고리이자 한국 사회에 적응하는 가장 중요한 버팀목이 된다. 따라서 이들에게 자녀 출산 및 양육은 일상에서 가장 중요한 관심사의 하나가 될 뿐 아니라 한국인으로서 정체성을 부여받는 기회가 된다. 현재 결혼이민자 및 귀화자의 자녀(만 9~24세) 수는 2012년에 비해 24%가 급증하여 8만2천 명을 넘어서고 있다. 이들 자녀가 차별을 경험한 비율은 9.4%로, 2012년에 비해 4.4%가 감소했으며 차별을 당했을 때 부모님이나 선생님에게 알리는 적극적인 대응을 하고 있는 것으로 보고되고 있어서(여성가족부, 2016) 점차 차별의 강도는 약해지는 것으로 보인다.

그런데 한국의 가부장적 유교문화는 자녀양육을 여성의 일로 간주하고 여성에게 고스란히 책임을 넘긴다. 사회적 네트워크가 약한 결혼이민자 여성은 홀로 자녀양육을 맡아야 하는 어려움 외에도 언어문제와 사회적 차별에 고통 받는 경우가 허다하다. 또한 한국의 교육제도나 관습 등에 관한 정보를 제공해 줄 인적 자원이 주위에 없는 경우가 많아 이들의 부모 역할에 대한 효능감은 낮은 상황이다(이채원, 2015).

3. 결혼이민자가족의 사회복지 개입

우리 사회에서 결혼이민자 지원 정책이 가시화된 것은 결혼이민자 여성이 급증하던 2000년대 초이다. 2006년 '여성결혼이민자 가족의 사회통합 지원 정책'을 시작으로 2008년에 「다문화가족지원법」이 제정되어 '제1차 다문화가족정책기본계획'(2010~2013), '제2차 다문화가족정책기본계획(2013~2017)'이 시행되었다. 「다문화가족지원법」에 의하면, 다문화가족지원사업은 다문화가족통합교육, 개인 및 가족 상담, 정보 제공, 역량 강화 지원 서비스 등을 제공함으로써 다문화가족이 한국 사회에 잘 적응하고 경제적으로 자립할 수 있도록 돕는 역할을 하고 있다(공미혜 외, 2015).

다문화가족지원센터는 2018년 1월 기준 전국적으로 총 218개가 운영되고 있는

데(http://www.liveinkorea.kr), 그 목적은 다음과 같다. 첫째, 다문화가족의 안정적인 한국 사회 정착 및 다문화가족의 건강하고 건설적인 자립을 지원하고, 둘째, 가족교육, 다문화이해교육, 상담 등의 체계적인 서비스 제공으로 다문화가족의 기능을 강화하며, 셋째, 취업연계 및 교육지원을 통한 다문화가족의 경제적 자립을 도모하고, 넷째, 다문화 감수성과 다문화 인식 개선을 도모한다.

따라서 한국 정부의 초기 다문화가족지원 정책은 결혼이민자여성이 한국 사회에 잘 적응하도록 하는 동화주의를 택하였으나 시간이 흐르면서 다양한 문화를 통합하고 결혼이민자 여성의 인권을 존중하는 다문화주의로 관점을 확대하고 있다(이영주 외, 2015). 결혼이민자가족에 대한 사회복지 개입을 크게 제도적 측면과 지역사회적 측면, 가족적 측면에서 살펴보면 다음과 같다.

1) 제도적 측면

「다문화가족지원법」은 다문화가족을 결혼이민자로 제한하고 있어서 다양한 문제가 발생하고 있다. 현재 우리 사회에는 외국인 유학, 외국인근로자 혼인, 외국인가족 재결합, 결혼이민자가족의 이혼 및 재혼 등에 의해 외국인 가족과 그 자녀의 수가 증가하고 있지만 이에 대한 정의와 범위가 규정되지 않아 지원 정책에서 제외되고 있다. 특히 등록되지 못한 외국인근로자 가족의 경우에는 근로자 개개인의 권익을 보장받지 못할 뿐 아니라 자녀교육이 방치될 가능성이 높으므로 이에 대한 대책이 시급한 실정이다(이영주 외, 2015).

2) 지역사회적 측면

결혼이민자나 외국인에 대한 사회적 인식을 개선하기 위해서는 지역사회 주민들과의 활성화된 교류가 필요하다. 다문화가족센터에서 제공하는 사업 대부분은 결혼이민자나 기타 다문화가족을 대상으로 한 것으로, 가족 간의 관계 형성에는 도움이 되나 주위 이웃들의 차별적 인식을 바꾸기에는 한계가 있다. 이들이 외국인이라는 정체성을 벗어나 지역 주민의 일원으로 살아가기 위해서는 이웃과의 지속적인 교류를 통해 자연스럽게 다양한 문화를 이해하고 수용하도록 매개 프로그램이 개발되어야 한다(조흥식 외, 2017).

3) 가족적 측면

　　결혼이민자가족의 경우에는 혼전 교제기간이 짧고 부부간 연령차와 문화적 차이로 인해 삶의 방식이나 가치관이 매우 다를 수 있다. 또한 언어문제로 가족 간에 의사소통이 원활하지 않아 서로 이해 부족에 의한 혼란과 갈등이 높아져 이혼율도 높은 실정이다. 이런 상황에서 결혼이민자 여성의 노력만으로는 결코 문제가 해결될 수도 없고 윤리적으로도 정당하지 않다. 따라서 결혼이민자여성 개인보다는 가족 단위의 상담이나 교육 등 개입 프로그램을 실행하여 전체 가족 구성원의 상호 이해와 협조를 향상시키는 것이 무엇보다 필요하다(조흥식 외, 2017).

　　앞서 언급된 바와 같이, 결혼이민자여성이 겪는 어려움 중 소외문제가 심각하므로 가족 구성원은 결혼이민자여성의 단순한 한국 생활 적응문제보다는 이들이 원가족과 멀리 떨어져 홀로 견디어야 할 심리정서적 부담과 상실의 문제를 해결하는 방안도 고려해야 한다. 이미 우울증이나 스트레스 등 정신적 문제를 보이는 결혼이민자여성들에게는 강도 높은 개별 상담을 제공하고, 아울러 같은 국적의 이민자여성들이 구축한 자조모임에 정기적으로 참여하여 정보를 교환할 수 있도록 사회적 네트워크를 형성하는 것이 시급하다.

북한이탈주민가족

1. 북한이탈주민가족의 개념과 실태

　　북한을 이탈하여 현재 남한에 살고 있는 북한 사람들은 '귀순자' '귀순북한동포' '탈북자' '새터민' 등 다양하게 호칭되고 있는데, 1997년에 「북한이탈주민의 보호 및 정착지원에 관한 법률」이 제정되면서 공식적으로 북한이탈주민으로 명명되고 있다. 이 법에 의하면, 북한이탈주민은 "북한에 주소, 직계가족, 배우자, 직장 등을 두고 있는 자로서 북한을 벗어난 후 외국 국적을 취득하지 아니한 자"로 규정된다.

〈표 11-1〉에 따르면, 북한이탈주민은 북한의 경제난이 심각해진 1990년대 중반 이후에 급증하고 있으며, 2002년에는 1,142명, 2005년에는 1,348명, 2009년에는 2,914명, 2016년에는 1,418명으로 2009년을 정점으로 점차 감소 추세에 있으며, 총 3만 명을 넘어서고 있다. 특히 이들 대부분은 남한 정착에 쉽게 적응할 수 있는 20대부터 40대의 연령층에 속해 있으며 최근 들어 여성의 비율이 70%를 넘어서고 있다(〈표 11-2〉 참조).

〈표 11-1〉 **연도별 북한이탈주민 현황(2017. 12. 기준)**

구분	~'98	~'01	~'02	~'03	~'04	~'05	~'06	~'07	~'08	~'09	~'10	~'11	~'12	~'13	~'14	~'15	~'16	~'17. 12. (잠정)	합계
남(명)	831	565	510	474	626	424	515	573	608	662	591	795	404	369	305	251	302	188	8,993
여(명)	116	478	632	811	1,272	960	1,513	1,981	2,195	2,252	1,811	1,911	1,098	1,145	1,092	1,024	1,116	939	22,346
합계(명)	947	1,043	1,142	1,285	1,898	1,384	2,028	2,554	2,803	2,914	2,402	2,706	1,502	1,514	1,397	1,275	1,418	1,127	31,339
여성비율	12%	46%	55%	63%	67%	69%	75%	78%	78%	77%	75%	71%	73%	79%	78%	80%	79%	83%	71%

출처: 통일부. http://www.unikorea.go.kr/unikorea/business/statistics/

〈표 11-2〉 **연령별 북한이탈주민의 현황(2017. 12. 기준)**

구분	0~9세	10~19세	20~29세	30~39세	40~49세	50~59세	60세 이상	계
남	636	1,607	2,481	2,068	1,321	515	329	8,957
여	626	1,969	6,383	6,925	4,045	1,217	940	22,105
합계(명)	1,262	3,576	8,864	8,993	5,366	1,732	1,269	31,062

출처: 통일부. http://www.unikorea.go.kr/unikorea/business/statistics/

남북하나재단은 1997년에서 2015년까지 국내입국자 중 만 15세 이상의 북한이탈주민을 대상으로 '2016 북한이탈주민 정착실태조사'(2017a)와 '2016 북한이탈주민 사회통합조사'(2017b)를 실시하였다. 이 조사에 의하면, 북한이탈주민의 남한 생활 만족도([그림 11-3] 참조)는 만족 67%, 불만족 3.5%로 나왔으며, 만족하는 이유로는 '내가 하고 싶은 일을 할 수 있어서'(47.3%), '북한 생활보다 경제적으로 여유가 생겨서'(44.7%), '내가 일한 만큼의 소득을 얻을 수 있어서'(39.4%) 순으로 나타나 주로 경제적인 이유가 주류를 이루었다. 한편, 남한 생활 불만족 이유로는 '경제적으로 어려워서'(58.0%), '북한이탈주민에 대한 각종 편견과 차별 때문에'(31.7%) 등으로 나타나 경제문제와 차별이 남한 생활의 주된 어려움으로 제시되었다([그림 11-4] 참조).

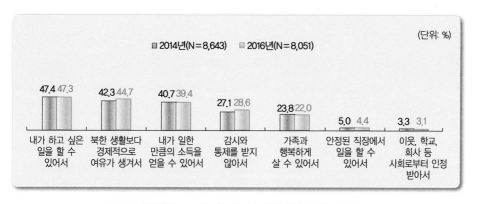

[그림 11-3] **북한이탈주민의 남한 생활 만족 이유(복수응답)**

출처: 남북하나재단(2017a). 2016 북한이탈주민 정착실태조사.

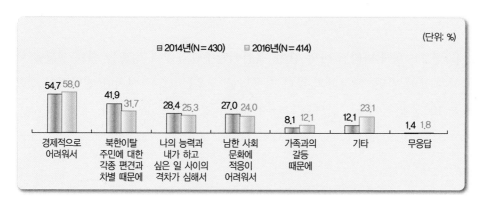

[그림 11-4] **북한이탈주민의 남한 생활 불만족 이유(복수응답)**

출처: 남북하나재단(2017a). 2016 북한이탈주민 정착실태조사.

북한이탈주민의 경제활동 참여율은 57.9%로 일반 국민(20016년 8월 기준 63.3%)보다 5.4% 낮게 나타났으며, 성별로는 남성이 70.9%, 여성은 53.5%로 여성이 낮게 나타났다. 종사자 직종별로는 북한이탈주민의 경우, 서비스직(27.3%)과 단순노무직(26.9%)에 집중되어 있는 반면, 일반 국민의 경우에는 전문가 및 관련직(20.2%)에 가장 분포율이 높게 나타났다.

북한이탈주민의 지난 3개월 간 월평균 소득은 평균 193.8만 원이며, 300만 원 이상이 22.7%로 가장 높게 응답했고, 다음은 50~100만 원, 200~300만 원 순으로 나타났다([그림 11-5] 참조). 이들 중 과반수 이상(53.2%)은 200만 원 이하의 수입으로 생활하고 있었다.

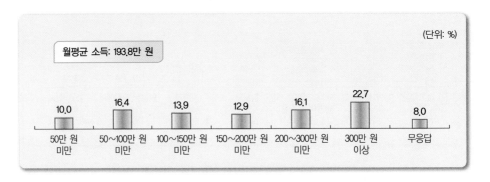

[그림 11-5] 북한이탈주민의 지난 3개월 간 월평균 소득

출처: 남북하나재단(2017a).

[그림 11-6]에 나타난 바와 같이, 북한이탈주민의 47% 정도는 현재 생활을 행복하게 보는 반면, 행복하지 않다고 응답한 경우는 12.4%이지만 전반적인 행복도는 100점 만점에 62.7점으로 그다지 높지 않은 것으로 밝혀졌다.

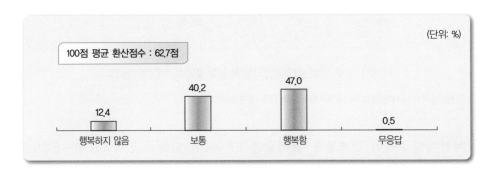

[그림 11-6] 북한이탈주민의 행복 정도

출처: 남북하나재단(2017a).

2. 북한이탈주민가족의 도전과 욕구

1990년대 중반에 발생한 북한의 홍수피해로 식량난이 가중되자 생존을 위해 북한을 이탈하는 주민이 증가하게 되었다. 그러나 2000년대에 이르러 생계형 탈북보다는 더 나은 삶을 위해 탈북하는 '이주노동자' 형태의 탈북이 본격화되었다. 따라서 이들에게 탈북은 단순한 생존보다는 더 나은 경제적 생활, 더 나은 교육환경, 남한 또는 서구 문화에 대한 동경 때문인 것으로 밝혀졌다(정해숙 외, 2012).

그러나 목숨을 걸고 탈출에 성공하여 남한에 정착한 이후 북한이탈주민은 지금까지 살아왔던 생활양식과는 매우 다른 체제에서 혼란과 갈등을 경험하게 된다. 이들이 안고 있는 도전을 크게 사회적응문제, 가족 간 갈등문제, 정신건강 문제로 살펴보고자 한다.

1) 사회적응문제

북한이탈주민에게 남한의 상이한 정치, 경제, 사회, 문화는 생존방식 자체의 변화를 요구한다. 따라서 이들을 둘러싼 주위 환경의 총체적인 변화의 적응에는 상당한 어려움이 수반된다. 이들이 경험하는 어려움은 경제적인 문제, 자녀 양육 및 교육의 문제, 언어문제 순으로 나타나고 있다(홍승아 외, 2012). '2016 북한이탈주민 정착실태조사'에 의하면, 이들은 주로 서비스직이나 단순노무직에 종사하고 있으며, 장시간의 노동과 저임금으로 경제적 고통에 시달리는 경우가 많았다. 또한 자녀를 양육하는 경우에는 자녀의 연령대 별로 다양한 어려움을 호소하고 있었는데, 미취학 자녀의 경우에는 일 · 가정 양립의 어려움, 육아에 대한 정보 부족 등을, 취학 자녀인 경우에는 자녀교육에 대한 정보 부족, 자녀의 적응문제, 교육체계에 대한 이해 부족 등을, 청소년 자녀인 경우에는 자녀의 학업 및 진로에 대한 정보 부족, 교육비 부담 등을 제시하였다.

그럼에도 불구하고 이들이 어려운 일을 당했을 때 도움을 받고 의지할 수 있는 사람은 주로 가족에 제한되므로 문제가 된다. [그림 11-7]에도 북한이탈주민이 어려운 일을 당했을 때 의지하는 사람으로 배우자(34.9%), 자녀(14.0%), 부모(12.7%) 등 가족으로 나타났다.

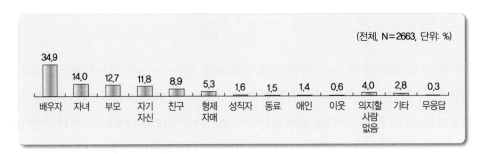

[그림 11-7] 북한이탈주민에게 어려운 일이 닥쳤을 때 의지할 수 있는 사람(복수응답)

출처: 남북하나재단(2017b).

특히 북한이탈주민은 남한 사회에 적응과정 중 차별을 당하는 경우가 많은데 남북하나재단의 2016 북한이탈주민 사회통합조사(2017b)에 따르면 차별이나 무시당한 경험이 24.4%로 나타났으며 그 이유로는 말투, 생활방식, 태도 등 '문화적 소통방식이 다르다는 점에서'(71.6%)가 가장 높게 나타났고, 다음은 '북한이탈주민에 대한 남한 사람들의 부정적 인식 때문에'(42.5%) 순으로 나타나 남한 사회의 '다름'에 대한 이해 부족을 지적하였다([그림 11-8] 참조).

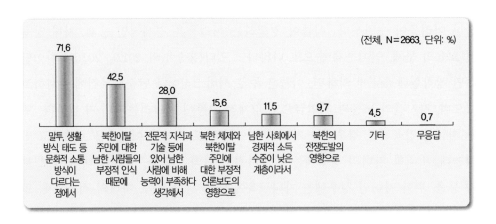

[그림 11-8] 북한이탈주민이 차별이나 무시를 당하는 이유(복수응답)

출처: 남북하나재단(2017b).

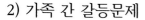

2) 가족 간 갈등문제

북한이탈주민은 탈북 이후 제3국에 머물면서 불안한 신분으로 인해 극도의 긴장 속에서 지낸다고 한다. 이러한 과정에서 부부는 서로 배려하지 못하고 갈등이 유발된다. 더욱이 자본주의 경쟁체제인 남한에서의 생활은 부부에게 적응문제를 일으키고 안정적인 일자리를 잡지 못한 경우에는 필연적으로 경제적인 빈곤에 시달린다. 이와 같이 북한이탈 부부는 남한의 부부에 비해 상대적인 박탈감을 느끼게 되는데, 북한에 비해 개방적이고 민주적인 가족관계는 이들에게 불화의 가능성을 더욱 높이고 있다. 즉, 북한이탈여성은 남한 사회의 평등주의적인 가치관을 빨리 내면화하는 반면, 북한이탈남성은 가부장적 권위를 유지하려고 함으로써 부부간에 가치관의 간격이 커지는 것이다(이여봉, 2006).

북한이탈주민은 탈북 후 가족 구성원이 분리되었다가 다시 재결합하는 경우도 있다. 이 경우에 북한이나 제3국에 남겨진 가족 구성원은 신체적 위험뿐만 아니라 정신적으로도 어려움을 겪게 되고, 남한에서 재결합한 이후에도 심리정서적 불안과 사회적 부적응을 초래하여 가족관계에 부정적인 영향을 미치게 된다(이원숙, 2016).

3) 정신건강문제

북한이탈주민 대부분은 남한 사회에 정착하는 과정에서 극도의 불안을 경험하게 된다. 또한 남한에서 모든 것을 새로 시작해야 하는 상황은 이들에게 스트레스를 가중시켜 폭력, 약물중독, 성매매 등 각종 범죄행위에 쉽게 노출되게 한다(손병덕 외, 2014).

특히 2006년 이후에 북한이탈주민 중 여성이 70%를 넘어서고 있는데 이들은 탈북 과정에서 인신매매, 성매매, 강제결혼, 성폭력 및 성희롱 등을 경험하게 되고, 이로 인해 정신적 외상에 시달리는 경우가 많다. 이들은 탈북 후 남성에 비해 남한 사회에 대한 적응력이 빠르고 유연한 대처 능력을 보이지만 탈북 과정의 경험에 따라 훨씬 취약한 정신적 문제를 보이는 것으로 보고되었다(정해숙 외, 2012).

3. 북한이탈주민가족의 사회복지 개입

북한이탈주민가족이 남한 사회에 성공적으로 적응하고 행복한 생활을 영위할 수 있도록 앞서 제시한 사회적응문제, 가족 간 갈등문제, 정신건강문제 등을 중심으로 사회복지 개입을 제시하면 다음과 같다(정해숙 외, 2012; 홍승아 외 2012).

1) 사회적응을 위한 지원

[그림 11-9]는 북한이탈주민이 향후 받고 싶은 지원을 나타낸 것으로, 경제적 지원이 41.9%, 의료지원이 38.3%, 교육지원이 33.3% 순으로 나타났다. 마찬가지로 북한이탈주민이 밝힌 남한 생활 불만족의 가장 큰 이유는 경제적인 어려움이었다. 이들에게 경제적 안정은 전반적인 남한 생활의 적응뿐 아니라 자녀 양육과 교육에 필수적인 조건이 된다. 북한이탈주민의 설문조사에서도 이들은 고용 지위가 불안정하고 장시간의 노동과 저임금의 제한적 일자리에 불만을 보이고 있었다(남북하나재단, 2017b; 홍승아 외, 2012). 따라서 북한이탈주민을 위한 취업지원은 이들 개개인에 적합한 맞춤형 직업훈련과 교육을 통해 이들의 욕구에 부합하는 방식을 택할 필요가 있다.

북한이탈주민이 안정적으로 생활하고 부모 역할을 수행하기 위해서는 사회적

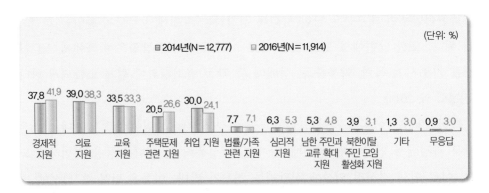

[그림 11-9] 북한이탈주민이 향후 받고 싶은 지원(복수응답)

출처: 남북하나재단(2017b).

지원체계와 지원망이 필요하다. 그러나 남한 사회의 편견과 차별에 의해 북한이
탈주민은 지역사회에서 소외된 채 자신들만의 연대와 관계망을 형성하는 경우가
많다. 이들이 같은 민족으로 남한 사회에 수용되기 위해서는 사회 전반적으로 인
식 개선과 사회통합이 필요하다. 지역 내 북한이탈주민을 분리하여 지원하는 각종 프
로그램도 지역 주민과 상호 교류하는 통합 프로그램으로 활성화하는 것이 요구된다.

또한 취학 자녀를 둔 북한이탈주민은 남한의 학교제도에 대한 정보와 지식이
부족한 경우가 많다. 따라서 지역사회와 학교는 이들이 학부모로서 어려움과 장
애요인을 극복할 수 있도록 연계센터를 구축하여 개별 북한이탈주민이 직면한
과제를 해결할 필요가 있다.

2) 안정적인 가족생활을 위한 지원

북한이탈주민은 탈북 과정에서 가족 간 갈등이나 가족해체를 경험한다. 실제
북한이탈여성 중 28.4%가 한부모가족으로 밝혀졌다(홍승아 외, 2012). 이런 경우
에 자녀양육이 원활하게 수행되지 못하고 부모자녀 간에 친밀감이 형성되지 못
하는 경우가 발생한다. 자녀가 있는 북한이탈주민을 중심으로 지역 내 관련 단체
와 연계하여 부모교육 및 상담을 제공할 필요가 있다. 또한 탈북 과정의 다양한
경험에 의해 부부관계가 소원해지는 경우가 많으므로 성역할문제, 의사소통 방
식, 재정관리 등에 관한 부부교육과 상담이 요구된다.

3) 정신건강을 위한 지원

북한이탈주민은 남한 사회에 정착하는 과정에서 다양한 어려움을 겪는다. 앞
서 언급한 것처럼, 가족과 이별하는 슬픔과 두려움뿐만 아니라 인신매매나 강제
결혼, 폭력, 성매매와 같은 범죄행위에 노출되면서 극도의 불안과 정서적 불안정
을 나타낸다. 그리고 남한 사회에 적응하면서 그동안 억눌린 분노가 분출되기도
하고, 생소한 사회체제에 의해 정체성 혼란과 좌절을 경험하기도 한다. 북한이탈
주민 개개인의 경험과 정서는 다를 수가 있으므로 이들의 심리정서적 안정을 지
원하는 개별 심리치료 및 상담이 필요하다.

생각해 보기

1. 우리 사회에서 결혼이민자 또는 그 자녀들의 피부색에 따라 차별의 정도가 어떻게 달라지는지 생각해 보자.
2. 결혼이민자 자녀나 북한이탈주민의 자녀가 경험하는 정체성 문제는 시기에 따라 어떤 형태로 나타나는지 생각해 보자.

참고문헌

공미혜, 성정현, 이진숙, 한정원(2015). 여성복지론. 서울: 신정.

김승권, 김유경, 조애저, 김혜련, 이혜경, 설동훈, 정기선, 심인선(2010). 2009년 전국다문화가족 실태조사 연구. 보건복지부 · 법무부 · 여성부 · 한국보건사회연구원.

남북하나재단(2017a). 2016 북한이탈주민 정착실태조사.

남북하나재단(2017b). 2016 북한이탈주민 사회통합조사.

손병덕, 황혜원, 전미애(2014). 가족복지론. 서울: 학지사.

여성가족부(2016). 2015년 전국다문화가족실태조사.

이여봉(2006). 탈근대의 가족들. 경기: 양서원.

이영주, 최경화, 정윤태, 김현희, 오정아(2015). 가족복지론. 경기: 양서원.

이원숙(2016). 가족복지론. 서울: 학지사.

이채원(2015). 사회자본이 여성결혼이민자의 양육참여 및 양육효능감에 미치는 영향. 한국사회복지학회지, 67(1), 239-262.

정해숙, 최윤정, 최지은(2012). 북한이탈청소년의 성별 실태분석 및 여성청소년 지원방안. 한국여성정책연구원 연구보고서.

정혜영, 김진우(2010). 베트남여성결혼이민자 가족의 문화적응과정에서 나타나는 갈등 연구. 한국사회복지학회지, 62(2), 29-56.

조흥식, 김인숙, 김혜란, 김혜련, 신은주(2017). 가족복지학(5판). 서울: 학지사.

홍성희(2012). 다문화가족의 문화차이 인식과 문화적응의 양상. 한국가정관리학회지, 30(2), 153-172.

홍승아, 김소영, 박정란(2012). 북한이탈여성의 부모역량 강화방안 연구. 한국여성정책연구원 연구보고서.

다문화가족지원센터(http://www.liveinkorea.kr)

통일부. http://www.unikorea.go.kr/unikorea/business/statistics/

제12장 가족과 장애 및 알코올중독

이 장에서는 장애인가족과 알코올중독자가족의 개념과 실태, 도전과 욕구, 그리고 이들을 위한 사회복지정책과 사회복지실천에 대해 살펴본다. 장애와 중독은 다양한 유형과 원인을 가지고 있으나 개별 가족 구성원의 장애나 중독은 가족체계 전체에 영향을 미치기 때문에 장애인과 중독자뿐 아니라 가족체계 전체에 대한 개입을 필요로 한다. 장애자녀를 가진 부모와 비장애형제, 장애인부모의 자녀는 돌봄 부담과 경제적 부담, 가족관계와 기능상의 문제를 경험하며, 알코올중독자가족 중 배우자와 자녀는 각기 역할 과중과 갈등, 중독 전수 등의 문제를 경험한다. 장애인가족과 알코올중독자가족은 문제 상황에 적응하고 대처하기 위해 다양한 방안을 모색하며, 이 과정에서 가족의 기능이 손상되기도 하고 활성화되기도 한다. 장애인가족에 대한 지원 정책은 연금 및 수당, 교육 및 보육, 의료 및 재활, 각종 서비스 등의 영역에서 실행되며, 사회복지실천은 가족교육, 부모자조집단, 비장애형제 프로그램 등을 중심으로 이루어진다. 알코올중독자가족에 대한 정책적 개입은 중독관리통합지원센터를 중심으로 지역사회 중심의 통합적인 중독자 관리체계를 구축하고, 중독자 조기발견, 상담, 치료, 재활 및 사회복귀를 지원한다. 알코올중독자가족에 대한 실천적 개입으로는 가족자조집단, 가족치료, 알코올중독예방서비스 등이 있다.

1. 장애인가족 및 알코올중독자가족의 개념과 실태

김명수(남 18세)는 현재 지적장애 2급 고등학생으로 어머니가 뇌출혈로 중환자실에 입원하여 지역복지관에 생활도우미 파견 서비스를 위해 의뢰되었다. 담당 사회복지사가 가정방문을 한 결과, 집의 위생 상태가 좋지 않고 가사가 전혀 해결되지 않고 있어서 생활도우미 서비스를 연계하였다. 2개월 뒤 생활도우미로부터 김명수가 제대로 돌봄을 받지 못하며 알코올중독인 어머니의 상태도 좋지 않다는 보고를 듣게 되었다. 사회복지사가 다시 방문한 결과, 김명수는 영양 상태가 불량하고 정서적으로도 매우 불안정하였으며, 어머니는 과도한 부담감과 생활고로 우울증 약을 복용하면서 집안일을 제대로 하지 않고 자주 술에 취해 아들에게 폭언과 욕설을 하여 모자관계는 극도로 악화된 상태였다. 김명수는 지적장애가 있지만 의사소통이 가능하여 현재 학교생활을 열심히 하고 있고, 집을 떠나 엄마가 없는 곳에서 살고 싶어 하며 이혼한 아버지와의 연락도 끊긴 상태였다. 모자는 현재 월세방에서 김명수의 어머니가 식당 설거지로 버는 약 80만 원 정도의 수입으로 생활하고 있다. 3년 전에 기초생활수급 신청을 하였으나, 어머니의 근로 능력이 양호한 것으로 인정되어 수급자 지정이 되지 못한 이후에 수급자 신청은 다시 해 보지 않았다. 현재 수입의 대부분은 월세와 술값으로 나가기 때문에 식생활과 생필품 지출이 어려운 상태이다.

1) 장애인가족

(1) 장애인의 개념과 장애인가족

장애인이란 "정신적 · 신체적 결함 때문에 장기간에 걸쳐 일상생활 또는 사회생활에 상당한 제약을 받는 자"이며, 이러한 장애인이 속한 가족을 장애인가족이라고 한다. 장애에는 지체장애, 뇌병변장애, 시각장애, 청각장애, 언어장애, 지적장애, 자폐성장애, 정신장애, 내장애(신장, 심장, 호흡기, 간)와 안면장애, 장루요루장애, 뇌전증장애 등이 포함되는데, 전체 장애인 중 질환이나 사고 등 후천적 원인에 의한 장애인이 88.1%로 대다수를 차지한다. 장애의 종류로 볼 때, 지체장애인이 전체의 절반 이상을 차지하고, 청각장애와 시각장애, 뇌병변장애, 지적장애, 언어장애, 정신장애 등의 순으로 나타나며, 2가지 이상의 장애를 가진 중복장애인이 대부분이고, 81.1%가 장애와 만성질환을 함께 가지고 있다(보건복지부 · 한국보건사회연구원, 2018).

장애에 대한 사회복지의 접근에서는 장애에 초점을 두기보다 장애에 대한 적응과 대응을 강조한다. 이것은 대응 및 적응 방식에 따라 장애가 다르게 정의

될 수 있고, 다른 삶을 가져올 수 있음을 전제로 하는 것이다. 이에 따라 장애인 (disabled person)이 아니라 장애를 가진 사람(person with disability)으로 명명하며, 환자나 장애인을 돌보는 가족도 이해받고 실현하고 싶은 욕구를 지닌 인간으로 바라본다(Wright et al., 1996).

정신장애의 경우 과거에는 그 원인을 역기능적 가족 과정에서 찾았으며, 특히 어머니의 잘못된 양육 방식과 가족의 역기능성이 증상을 지속시킨다고 전제하였다. 그러나 이후 가족체계의 관점에 기반을 둔 정신장애인 연구가 발전하면서 개인의 질병과 가족의 병리 사이에 직선적 상관관계가 존재하지 않는다는 것이 확실해졌고, 실천가들은 한 가족 구성원의 진단명에 따라 그 가족 전체를 규정하지 않게 되었다(양옥경 외, 2002). 또한 만성질환이나 장애는 사실상 해결되거나 완치될 가능성이 없는 만성화된 조건(chronic condition)이기에 이를 적대적 전투의 개념으로 규정하기보다는 이러한 조건의 영향을 인정하고 가능한 한 문제들을 해결하면서 조절하거나 통제할 수 없는 것들을 받아들이며 타협하는 것이 필요하다. 개인과 가족의 노력, 보건체계와 지역사회의 지원을 통해 장애나 질환의 영향력을 통제하고 관리할 수 있는 것으로 바라보는 것이다.

(2) 장애인가족의 실태

2017년 기준 우리나라의 장애인은 약 267만 명으로 장애 출현율은 5.39%이며, 장애인 가구는 전체 가구의 약 15.6%로 6.4가구당 독신가구에 장애인이 거주하고 있는 셈이다. 장애인 가구 비율은 지속적으로 증가 추세에 있으나, 장애인 가구의 규모는 감소 추세이다. 장애인 가구의 유형을 보면 1인가구의 비율이 26.4%이고, 결혼 상태별로는 유배우 비율이 55.3%, 사별 18.7%, 미혼 15.3%, 이혼 9.0%, 별거 1.6%의 순으로 나타났다. 비장애인 가구와 비교할 때 부부+미혼자녀의 가구 비중이 낮고 부부가구의 비중이 상대적으로 높아서 장애인 가구의 유자녀 비율이 낮음을 알 수 있다(보건복지부·한국보건사회연구원, 2018).

우리나라의 경우에는 장애인 돌봄에 있어 여전히 가족 구성원의 역할이 크기 때문에 장애인가족의 돌봄 부담이 큰 편이다. 이 뿐만 아니라 장애로 인한 경제적 부담과 심리정서적 문제는 가족 체계 전체에 영향을 미치기 때문에 가족 구성원 전체가 갈등과 부담을 경험할 가능성이 크다. 장애인가족이 겪는 문제와 부담은 장애인의 적응과 자립에 부정적 영향을 미치는 동시에 가족원의 일상생활과 가족생활에 제약을 가하는 요인이 된다. 장애인 개인의 특성과 욕구뿐만 아니라 가족의 능력과 여건이 다르기 때문에 장애인가족의 문제와 욕구도 다양하다. 가족의 보호 능력과 가족자원에 따라 장애인의 삶이 달라질 수 있으며, 장애인가족의 능력과 상황은 지역사회와 사회적 지지에 따라 얼마든지 향상될 수 있다.

2) 알코올중독자가족

(1) 알코올중독과 알코올중독자가족의 개념

중독(addiction)이란 한 가지 일만을 반복적으로 하는 행동과 그렇게 하도록 만드는 충동을 가리키는데, 단순한 충동 상태뿐 아니라 이로 인해 정상적인 생활이 어려울 때 문제가 된다. 다시 말해, 중독이라는 용어는 정식 의학용어라기보다는 중독이 신체적·정신적 건강과 대인관계, 사회적 역할 등에 전반적으로 영향을 미치는 상태를 의미하는 사회적 용어라고 할 수 있다. 오늘날 중독은 알코올 등의 물질 남용, 음식, 섹스, 쇼핑, 게임 및 스마트폰 등 매우 다양한 영역에서 발생하며, 개인뿐 아니라 가족과 사회 전체에 영향을 미치고 있다(박미은 외, 2015). 여기서는 주로 알코올중독에 초점을 맞추어 살펴본다.

알코올중독이란 강박적으로 조절이 어려운 지속적인 음주 상태를 의미하며, 일반적으로 음주자의 건강, 대인관계 및 사회적 역할에 대한 부정적 영향을 포함하는 개념으로 정신의학상 중독성 질환으로 간주된다. 2013년에 개정된 정신장애진단 및 통계편람(DSM-5)에서는 알코올 남용과 의존을 알코올 사용장애라는 질환군으로 분류하고, 기준에 따라 경도, 중등도, 중증 장애로 구분하였다(박미은 외, 2015). 알코올중독자가족은 가족 구성원이 알코올중독자인 가족을 의미하는 것으로, 알코올로 인해 신체적·사회적·심리적 기능장애를 수반하는 알코올중독자와 동거하는 배우자, 자녀, 부모 등을 의미한다.

가족복지 영역에서는 전통적으로 알코올과 약물남용자 가족에 관심을 가졌다. 특히 자녀를 둔 성인의 알코올중독은 당사자와 배우자에게뿐 아니라 자녀에게도 영향을 미치기 때문에 가족체계 관점에서 알코올중독문제를 다룬다. 즉, 가족체계는 한 구성원이 알코올중독과 같은 역기능적 요소를 가지게 되더라도 안정성을 유지하려는 속성이 있으며 알코올중독자 가족체계는 가족의 항상성을 유지하기 위해 역기능적 역할에 적응하고 이를 수용함으로써 가족생활 전체의 문제가 초래된다(이상균, 2003). 더 나아가 알코올중독은 배우자 및 자녀에 대한 방임과 학대, 중독의 전수, 가족해체 등을 야기할 위험이 크기 때문에 가족 단위의 개입을 필요로 한다. 따라서 알코올중독자에 대한 개입에서는 개인의 치료와 적응뿐 아니라 알코올중독자의 가족체계를 함께 고려하는 것이 일반적이다.

(2) 알코올중독자가족의 실태

우리나라의 알코올중독 현황을 보면 2016년 기준 64세 이하 인구의 평생유병률은 12.2%이며, 특히 남성의 경우에는 18.1%로 여성의 6.4%에 비해 매우 높은 편이다. 평생유병률은 2001년에 비해 3% 이상 하락하였고, 2006년부터는 지속적 하락 추세에 있다(보건복지부, 2017a).

〈표 12-1〉 **알코올 사용장애의 평생유병률 변화**

연도 진단	2001년	2006년	2011년	2016년	2011년 대비 증감
알코올 사용장애	15.9	16.2	14.0	13.4	−0.6
① 알코올 의존	8.1	7.0	5.6	5	−0.6
② 알코올 남용	7.8	9.2	8.5	8.4	−0.1

출처: 보건복지부(2017a), p. 11.

유병률 수치로 볼 때, 우리나라 남성 5명 중 1명이 생애기간 중에 알코올 사용장애를 겪는다고 볼 수 있다. 또한 알코올 의존은 지속적으로 감소하는 반면, 알코올 남용의 감소 폭은 크지 않아서 지나친 음주문화와 일상적인 과다음주로 인한 알코올 사용장애의 문제가 심각함을 알 수 있다.

우리나라에서 알코올중독 발생이 빈번한 이유는 일반화된 일상적 음주, 그리고 정상범위에 속하는 음주행태를 매우 넓게 인정하는 반면, 정도를 벗어난 음주 행동에 대해 관대한 음주문화 등이 원인이다. 또한 음주 기회가 많고 술을 구매하기 쉬운 사회환경도 알코올중독을 부추기는 원인이 된다. 그러나 우리나라에서는 음주와 관련된 문제를 질병으로 인식하기보다 도덕적 문제나 일탈로 여기는 경향이 있기 때문에 음주문제를 가진 본인이나 가족은 문제를 드러내고 도움을 요청하지 않으며, 그 결과 병원이나 치료기관을 통한 치료적 개입 없이 생활하는 경우가 많다(김정희, 2006).

2. 장애인가족 및 알코올중독자가족의 도전과 욕구

1) 장애인가족

(1) 돌봄 부담

2017년 장애인실태조사 결과에 의하면, 전체 장애인의 34.0%가 일상생활에서 타인의 도움을 필요로 하며, 주된 도움제공자는 가족 구성원이 81.9%이고, 활동보조인, 요양보호사 등 공적 돌봄 서비스제공자는 13.9%로 낮아서 장애인가족의 돌봄 부담이 큰 것으로 나타났다(보건복지부 · 한국보건사회연구원, 2018). 장애인에 대한 돌봄은 일상화되고 장기화되어 특정한 가족 구성원이 돌봄을 도맡는 경우가 많기 때문에 돌봄자의 희생과 장애인 본인의 고통스러운 죄책감을 야기한다. 또한 주 돌봄자의 과중한 돌봄 부담으로 인한 스트레스와 소진은 가족원 간의 상호작용을 역기능적으로 만들고 가족 전체에 갈등과 위기를 촉진한다. 특히 사회적 지지와 원조가 차단되어 전적으로 가족에게 의존해야 하는 경우에 장애인에 대한 부적절한 돌봄, 방임과 유기, 학대 등이 발생할 가능성이 커진다(김영화 외, 2015).

(2) 경제적 부담

장애인 가구의 월평균 소득은 242만1천 원으로 전국 가구 월평균 소득의 66.9%이며, 장애인 가구의 월평균 지출은 190만8천 원으로 전국 가구 월평균 지출의 69.1% 수준에 불과하다(〈표 12-2〉 참조). 그 결과, 전체 장애인의 61.5%는 경제적으로 어려운 저소득 가구로 인식하였으며(일반 가구의 1.5배), 장애인 가구의 기초생활수급 비율은 16.3%로 전국 수급률(3.2%)의 약 5.1배에 달한다(보건복지부 · 한국보건사회연구원, 2018).

〈표 12-2〉	장애인 가구의 월평균 가구소득액 및 가구지출액					
구분	2011년도		2014년도		2017년도	
	장애인 가구	전국 가구	장애인 가구	전국 가구	장애인 가구	전국 가구
가구소득액 (전국 가구 대비율)	1,982	3,260 (60.8%)	2,235	3,560 (62.8%)	2,421	3,617 (66.9%)
가구지출액 (전국 가구 대비율)	1,618	2,642 (61.2%)	1,706	2,814 (60.6%)	1,908	2,761 (69.1%)

출처: 보건복지부 · 한국보건사회연구원(2018), p. 26.

장애인의 취업자 비율은 36.9%로 전국 취업자 비율 61.3%에 비해 매우 낮고, 취업장애인의 월평균 소득은 171만 원으로 전체 임금근로자 월평균 임금의 70.4% 수준에 불과하다. 장애인 가구의 소득 수준이 낮음에도 불구하고 장애로 인해 월평균 16만5천 원가량의 추가 비용이 소요되는 것으로 나타났다(보건복지부 · 한국보건사회연구원, 2018). 이처럼 치료와 재활, 돌봄으로 인한 추가 비용뿐만 아니라 장애와 돌봄 때문에 소득 활동이 제한됨으로써 수입이 감소할 가능성이 크다. 그 결과 경제적 부담은 가족 구성원 모두에게 영향을 미치며 가족 전체의 빈곤화를 초래하게 된다. 실제로 장애인가족의 부담에 관한 조사에서 경제적 부담이 가장 높게 나타났으며(이영미, 2014), 복지서비스 수요에서도 소득보장이 1순위로 나타나 장애인가족에 대한 경제적 지원이 필수적임을 보여 준다.

(3) 가족기능과 가족관계

장애인가족은 비장애인가족보다 더 많은 스트레스와 문제를 경험한다. 다양한 원인에 의해 발생한 장애는 가족체계의 순기능까지도 역기능으로 전환시키는 경우가 많다. 예를 들어, 정신장애인가족의 스트레스, 돌봄 부담감, 심리적 고통, 가족 구성원의 우울 등의 결과가 다수 보고되었는데, 이는 가족이 정신장애인을 보호하는 과정에서 발생하는 스트레스와 같은 심리정서적 변화를 극복하지 못하여 가족기능의 약화를 불러오고 이차적인 문제들을 발생시킬 수 있음을 보여 준다(조은정 외, 2017).

① 장애아동의 부모

장애아동의 부모가 경험하는 문제는 장애의 유형과 정도, 문제행동 등에 따라 다양하다. 장애아동의 장애를 수용하는 데 어려움을 경험하고, 함께 생활하면서 부정적 감정을 느낄 뿐만 아니라 죄책감, 과도한 책임감 때문에 스트레스를 경험한다. 또한 기본양육은 물론이고, 의료와 재활, 특수교육 등에 많은 시간과 노력을 투여해야 하고, 예상 밖의 상황에 대처해야 하며, 더딘 발육과 변화로 좌절감을 경험하기도 한다. 장애자녀와 비장애자녀의 요구를 동시에 충족시켜야 하기에 갈등을 경험하고, 장애아동 양육을 둘러싼 부부간의 갈등과 의사소통 단절이 문제로 대두된다. 장애아동 양육에만 집중한 나머지 가족 간의 대화 부족, 상대적 무관심, 방치 등의 문제가 발생한다. 또한 장애아동 부모는 장애인에 대한 부정적 태도 때문에 지역사회 참여나 활동에 소극적이고 소외되기 쉽다. 자녀의 문제행동, 바쁜 일정, 재정문제, 에너지 부족 등으로 외식, 휴가, 가족 여행과 같은 가족활동도 위축되는 경향이 있다.

장애자녀의 성장은 비장애자녀의 성장 과정과 구분되며, 이에 따른 부모의 욕구도 달라진다. 장애자녀의 출생에서 독립까지 변화하는 부모의 욕구를 살펴보면 〈표 12-3〉과 같다.

〈표 12-3〉 **장애자녀의 성장단계별 부모의 욕구**

단계	자녀의 성장단계	부모의 욕구
1	장애자녀의 출생 / 장애가 의심되는 시기	정서적 이해와 지지
2	장애에 대한 진단 / 치료 시기	장애와 관련된 정보 및 지식 획득
3	자녀의 취학 준비 / 학령기	교육활동 참여, 훈육 및 교육방법 습득
4	자녀의 사춘기	자아개념 및 성교육 정보 및 지식 획득
5	자녀의 직업 선택 시기	직업 교육 정보 습득 및 자녀 능력 이해
6	부모로부터의 독립 / 자립 시기	부모 사망 후 미래 계획 준비

출처: 성정현 외(2010).

② 장애아동의 비장애형제

비장애형제는 장애형제의 존재로 많은 영향을 받게 된다. 이는 단순히 부정적 영향만을 의미하지는 않으며, 우애와 돌봄, 내면적 성장과 성숙한 태도 등 긍정적 영향도 포함된다. 그러나 장애형제로 인해 겪어야 하는 어려움이 해결되지 않을 경우에 비장애형제의 성장과 발달에 문제가 초래될 수 있다. 비장애형제가 겪는 가장 주된 문제로 부모의 관심과 노력이 장애형제에게 집중됨으로써 겪는 소외 감과 외로움, 상실감 등을 들 수 있다. 또한 장애형제에 대한 거부나 과도한 책임 감, 불안이나 죄의식, 사회적 시선에 의한 분노와 수치심 등을 경험하기도 한다. 가족 내에서 일찍부터 장애형제에 대한 대리보호자 역할을 요구받음으로써 실제 로 그러한 역할을 수행하거나 이에 대한 부담감을 가진다(성정현 외, 2010).

③ 장애인부모의 자녀

장애인부모의 자녀를 대상으로 성장기 경험을 연구한 결과, 이들이 성장 과정 에서 다양한 어려움을 경험한다고 보고하였다. 부모가 장애인이라는 이유로 또 래로부터 편견과 놀림의 대상이 된 경험이 위축감과 우울을 느끼게 하는 등 심리 발달에 부정적인 영향을 미치고, 자아존중감을 떨어뜨리거나 분노로 이어져 공격 적인 행동을 유발하기도 한다(김소진, 2012). 또한 부모의 낮은 소득 능력으로 인 한 경제적 어려움을 겪으며 진로나 교육에 필요한 도움을 받을 수 있는 여건이 부족하여 학업생활에 어려움을 경험하는 것으로 보고되었다. 특히 장애인부모의 자녀는 어린 시절부터 가족 돌봄자(carer)로서 여러 집안일과 부모에 대한 정서 적 지지와 돌봄 역할을 장기적으로 담당함으로써 고립감과 우울, 부모를 돌봐야 한다는 압박감을 경험한다. 그러나 이들은 장애인부모를 도우면서 다른 이를 돌 보는 기술을 익히고 일찍 성숙하기도 하며, 또래 아이보다 강한 독립심을 갖거나 타인에 대한 연민을 강화시키기도 한다(김소진, 김사현, 2013).

④ 장애인가족의 적응유연성

장애인가족이 직면하는 스트레스와 도전은 가족의 위기요인이 될 수도 있지 만 가족의 결속과 응집력, 혹은 가족의 친밀감 측면에서 긍정적 요인으로 작용하 기도 한다. 또한 장애자녀가 있는 가족은 응집력을 통해 스트레스를 완화하고 괴로움을 낮추는 한편, 가족의 적응을 위해 사회경제적인 자원을 활용하여 더 많은 대응 전략을 수립하고 사회적 지지망을 더욱 적극적으로 활용하는 것으로 나타났다(김계숙, 2016). 정신장애인의 삶의 질에 영향을 미치는 요인 중 본인요인보다 긍정적인 가족요인이 치료와 재활에 더 큰 영향을 미치는 것으로 보고되었으며, 장애에 대한 가족의 긍정적 수용과 영적 지지, 긍정적 대처는 장애인의 적응을 활성화시키는 것으로 나타났다(서미경, 2014). 장애아동을 가진 가족의 성공적인 적응을 최초로 연구한 패터슨(Patterson, 1991)은 핵심적인 특징으로 가족의 적응유연성을 제시하였는데, 가족경계의 유지, 의사소통 능력 개발, 상황에 대한 긍정적 의미 부여, 가족의 책임 유지, 활동적인 대처노력에의 참여, 사회통합의 유지, 전문가와의 상호 협력관계 개발 등의 특성을 가진 가족일수록 장애에 직면하여 보다 효과적으로 대처하고 적응한다고 하였다. 또한 사회적 체계 요인인 지역사회 서비스 제공이나 공공지원이 가족기능에 긍정적 영향을 주며, 친구, 친척, 전문가집단 등의 사회적 지지는 장애인가족의 심리적 안녕과 적응에 도움이 된다(김미옥, 2001). 따라서 장애인가족에 대한 개입은 장애인가족의 스트레스 요인을 경감할 뿐 아니라 적응요인을 강화하고 강점을 지지할 수 있는 방향으로 이루어져야 할 것이다.

2) 알코올중독자가족

(1) 일반적 특성과 문제

알코올중독은 진행적이고 만성적이며 재발률이 높은 질병이다. 개인의 알코올 남용과 의존으로 발생하지만, 개인뿐 아니라 가족을 비롯한 친밀한 관계에 악영향을 미치는 가족질병(family disease)으로 볼 수 있다. 따라서 알코올중독자가족의 문제를 바라볼 때에는 상호 영향을 주고받는 연결된 관계망 속에서 알코올중독을 바라보는 것이 중요하다. 알코올중독자는 가족 구성원에게 영향을 미치고, 가족은 알코올중독자의 증상과 치료에 영향을 미친다. 알코올중독자가족은 중독자의 문제를 직·간접적으로 체험하면서 알코올중독자에 대한 편견과 낙인의 희생자가 되기도 하는 동시에 알코올중독자의 치료와 재활에 필요한 부담을 책임지고 생활을 유지하기 위해 노력한다. 따라서 알코올중독자는 가해자이고 가족은 피해자라는 이분법적 차원으로 접근하기보다 가족의 상호 관계 속에서 알코올중독의 발생, 악화, 회복을 바라보아야 한다(Edwards et al., 2003). 알코올중독자가족에게 나타나는 특성은 다음과 같다(손병덕 외, 2014; 정선영, 2005).

- 알코올중독자는 직장, 지역사회 등에서 사회적 문제를 초래하며, 가족에 대해 정서적 · 경제적 문제 등을 유발한다.
- 가족은 알코올중독자의 존재를 부인하거나 은폐하는 경향이 있으며, 이 사실이 알려질 경우에 주변의 비난을 받는다.
- 알코올중독자는 폭력적 행동, 일관성 없는 태도, 약속 불이행, 사회적 기능 중지 등으로 부모나 배우자로서의 지위와 권위를 잃고 가족 구성원의 실망과 불신, 단절을 초래한다.
- 배우자는 알코올중독자의 역할까지 떠맡아 이중역할을 수행한다.
- 자녀는 희생양이 되거나 무관심 속에 방치되기 쉽다.

한편, 알코올중독자가족은 알코올중독이라는 분명하고도 중심적인 문제가 존재함에도 불구하고 가족의 평형 상태를 유지하기 위해 여기에 적응하고, 가족기능을 유지하기 위해 노력한다. 그러나 이러한 노력은 오히려 알코올중독 자체를 유지시키거나 악화시키는 요인으로 작용하기도 한다. 알코올중독자가족의 역기능적 대처방식은 구체적으로 다음과 같다(Wegcheider, 1989: 박미은 외, 2015에서 재인용).

- 알코올중독자의 음주가 가족에서 가장 중요한 일이 된다. 알코올중독자는 술을 마시는 데 집착하고, 가족은 술을 마시지 못하게 하는 데 집착한다.
- 알코올중독자는 자신의 문제를 다른 가족원에게 투사하고 다른 사람을 비난함으로써 책임을 회피하려 한다.
- 알코올중독자가족은 문제로부터 가족을 방어하기 위해 가족체계를 엄격하게 유지하고 그 상태를 지키려고 한다.
- 가족은 알코올중독자를 돕거나 보호하는 행동(주변에 용서를 빌고 뒷수습을 책임지는 등)을 함으로써 알코올중독 행동을 유지시키는 경향이 있다.

- 알코올중독자와 가족은 알코올중독에 대해 가족 안이나 밖에서 논의하지 않는다.
- 가족끼리 서로의 감정과 내면을 표현하지 않도록 요구받으며, 결과적으로 가족의 의사소통 기능이 손상을 입게 된다.

알코올중독자가족은 알코올중독자가 없는 가족에 비해 가족응집력과 생활만족도, 가족기능 수준이 낮고 역기능적 의사소통 유형이 두드러지게 나타나며, 음주로 인한 부부 갈등, 가정폭력, 자녀와의 갈등 등 가족문제가 더 빈번한 것으로 나타났다(김연옥 외, 2005). 특히 알코올중독자의 빈번한 재발과 입퇴원의 반복, 실직으로 인한 경제적 어려움, 사회적 편견으로 인한 사회적 고립과 위축 등으로 가족은 심각한 스트레스와 무력감을 경험한다(김희국, 현진희, 2007). 알코올중독자가족은 일반 가족은 물론 정신분열병 환자가족보다 스트레스 수준이 높으며, 특히 정서적 스트레스가 높은 것으로 나타났다. 그러나 가족관계에 대한 만족이 높고 알코올중독자 치료와 관련된 책임 정도가 낮을수록 스트레스를 낮게 지각하므로, 가족의 스트레스 경감을 위해서는 가족 구성원 간의 지지와 협력이 중요하고 가족에게 집중되는 치료 부담을 분담할 수 있어야 한다(정선영, 2005).

(2) 알코올중독자의 배우자
알코올중독자가족의 문제에 접근할 때 알코올중독으로 인한 부부 갈등과 가족 책임이라는 이중의 어려움을 겪는 배우자에 대한 관심이 중요하다(Edwards et al., 2003). 알코올중독자의 부부관계에서는 만성적이고 장기적인 알코올중독 때문에 갈등과 의사소통 부족이 일상화되면서 상호 비판과 적대감, 역기능적 의사소통 문제가 많이 나타난다. 그럼에도 불구하고 알코올중독자의 배우자는 가족 내에서 알코올중독자의 치료와 보호의 책임을 가장 많이 맡고 있기도 하다(정선영, 2005).

알코올중독자의 아내는 남편의 음주문제에 대한 대처뿐만 아니라 실질적 가장으로서 가계를 책임지게 되면서 많은 어려움을 겪는다. 알코올중독자의 아내가 가계를 책임질 경우에 과중한 역할 부담을 갖게 되고, 이로 인해 가족 내 갈등과 불안정이 커진다. 남편이 알코올중독 때문에 가족생활이나 행사 참여 등 가족

역할에서 점점 제외됨에 따라 가장 역할을 맡게 된 아내는 불성실한 남편에 대해 간섭과 통제를 하게 되고, 남편은 점차 부인에게 의존적 성향을 갖게 된다. 이에 따라 부인은 남편에 대해 과보호적 성향을 띠게 되며, 남편의 보호자와 돌봄자 역할을 하면서 과도한 책임을 지는 악순환이 반복된다. 알코올중독자의 아내들은 불안과 적개심, 수치심, 슬픔, 자존감 저하, 결정의 어려움, 남편의 경제적 활동의 중단이나 약화 및 술 문제 해결과 관련한 비용 때문에 발생하는 경제적 어려움, 사회적 위축으로 인한 대인관계의 어려움과 고립, 예측 불가능한 파괴적 생활의 연속, 가족 역할의 와해를 주요한 어려움으로 지목하였다(이경욱, 2008; 장수미, 2001).

(3) 알코올중독자의 자녀

과거에는 알코올중독자가족 관련 프로그램이 배우자를 중심으로 실행됨에 따라 자녀는 치료 과정에서 제외되거나 등한시되었다. 1980년대 이후에 알코올중독이 자녀에게 미치는 영향에 관한 연구가 활성화되기 시작하였으며, 부모의 알코올중독은 자녀에게 심각한 스트레스로 작용하여 부정적인 영향을 미치는 것으로 보고되었다(손병덕 외, 2014). 알코올중독자의 자녀는 그렇지 않은 부모의 자녀보다 행동장애, 충동성, 우울, 불안, 낮은 자존감, 정신 및 신체 질환, 대인관계 문제, 학교문제를 더 많이 가지고 있었다. 또한 부모의 알코올문제는 가족관계의 어려움과 사회적 관계의 고립, 정서적 불안정과 공격성 등을 야기하여 아동의 발달에 부정적인 영향을 미치는 것으로 나타났다. 알코올중독자 부모의 부정적 부부관계와 왜곡된 가족 역할 수행 등은 자녀가 부정적 가족 규범과 가치, 역기능적 역할 수행을 습득하도록 한다(이상균, 2003).

자녀는 알코올중독자 부모와의 관계가 일관성이 없고 예측 불가능하기 때문에 박탈감을 느끼며, 적절한 의사소통이나 애정, 올바른 부모 역할을 하지 못하는 것에 대해 원망과 분노, 외로움 등의 감정을 경험한다. 알코올중독자가 아닌 부모는 배우자로서 겪는 어려움 때문에 자녀에게 관심을 기울이기 어렵게 되어 방임 상태가 되기도 하고, 자녀에게 성인의 역할을 요구하기도 한다. 부모의 성별에 따라 자녀에게 미치는 영향은 다르게 나타나는데, 어머니가 알코올중독자인 경우가 아버지가 알코올중독자인 경우보다 자녀가 경험하는 문제가 더 심각하였다.

부모가 모두 알코올중독자인 경우에 자녀는 부모에게서 아무런 자원도 제공 받지 못함으로써 정신장애나 과잉행동장애, 학습에서의 어려움과 심리사회적 문제를 가질 가능성이 높았다(Coles & Platzman, 1992).

3. 장애인가족 및 알코올중독자가족에 대한 사회복지 개입

1) 장애인가족

(1) 정책 및 서비스

장애인가족 지원은 가족이 어려움을 겪는 교육, 물질, 정서, 건강, 보호 등 전 영역에 대한 다차원적인 지원을 의미하며, 통합적인 차원에서 가족 구성원을 지지한다. 장애인가족 지원의 목적은 가족에게 직접적인 서비스를 제공한다기보다 가족 스스로 장애인과 함께 생활하는 능력을 강화시키는 데 있다(김성천 외, 2009).

우리나라의 장애인지원 영역은 연금 및 수당, 교육 및 보육, 의료 및 재활, 각종 서비스, 일자리 융자지원, 공공요금 및 세제 혜택 등이다(보건복지부, 2018). 이 중 가족 지원과 관련된 주요 내용을 연금 및 수당, 의료 및 재활, 교육 및 보육, 각종 서비스를 중심으로 살펴보면 〈표 12-4〉와 같다.

〈표 12-4〉 장애인가족 지원 정책 및 서비스의 주요 영역과 내용

지원영역	지원명	지원 내용
연금 및 수당	장애인연금	1급, 2급 및 3급 중복장애인 대상의 기초(생계 및 의료 급여), 주거 및 교육 급여
	경증장애수당	기초생활수급자 및 차상위계층 장애인 대상 월 2~4만 원 수당
	장애아동수당	기초생활수급자 및 차상위계층 아동 대상 월 2~15만 원 수당
의료 및 재활	장애인의료비 지원	의료급여2종 수급권자 및 차상위계층 장애인 대상 의료기관 이용 시 본인부담금의 일부 또는 전액 지원

의료 및 재활	건강보험 지역가입자의 보험료 경감	자동차보험, 건강보험, 노인장기요양보험 등 보험료 감면
	발달재활 서비스	뇌병변 · 지적 · 자폐성 · 언어 · 청각 · 시각 장애아동(전국 가구 평균소득 150% 이하)에게 14만 원~22만 원의 발달재활 서비스 바우처 지원
	언어발달 지원	한쪽 (조)부모가 장애인인 만 12세 미만의 비장애아동에게 매월 16만 원~22만 원의 언어재활 등 바우처 지원
	여성장애인 출산지원	여성장애인의 출산(유산, 사산) 시 태아 1인당 1백만 원 지급
교육 및 보육	장애아 보육료지원	만 0~12세의 장애아동에게 월 22만5천 원~44만9천 원 지원
	여성장애인 교육지원	여성장애인 대상 상담 및 사례관리, 교육 지원
각종 서비스	장애인 활동지원	1~3급 장애인 중 인정자에 대해 월 50만6천 원~127만 원
	장애아가족 양육지원	중증장애아동에 대해 연 528시간 범위 내에 돌봄 서비스 제공
	발달장애인 부모상담	발달장애인 부모 대상 1인당 월 1만6천 원 바우처 지원
	발달장애인 가족휴식	발달장애인 가족의 캠프, 테마여행, 부모교육 1인당 22만7천 원까지 지원

출처: 보건복지부(2018), pp. 20-26 재구성.

(2) 사회복지실천

장애인가족과의 사회복지실천은 장애에 대처하는 개인과 가족을 존중하고, 지원하는 방향으로 이루어져야 하며, 지역사회 자원을 활용하고, 장애와 관련된 낙인을 줄이기 위한 사회적 지원과 결합하여야 한다. 가족 중심의 실천은 장애인과 가족에 대한 기존의 개별적이고 분절적인 서비스를 극복하고 통합적 서비스를 제공하며, 지역사회는 가족지원에 필요한 인적 · 물적 자원과 가족지원과 연관된 프로그램이나 서비스를 체계화하여야 한다(김성천 외, 2009). 장애인가족과의 사회복지실천은 장애인과 가족에게 지지, 정보, 체계, 그리고 구체적인 문제대처 방안을 제공함으로써 부정적 가족환경을 변화시키는 실천으로 구성된다. 장애인가족과의 사회복지실천을 가족교육, 부모자조집단, 비장애형제 프로그램을 중심으로 살펴보면 다음과 같다.

① 장애인가족교육

장애인가족교육에서는 장애의 원인, 진단, 증상, 병의 진행, 치료법에 대한 교육적 자료를 제공하고 가족 간의 대화와 문제해결 능력을 고취하기 위한 치료적 개입을 병행한다. 즉, 장애인가족에 대한 개입은 정보와 지식을 제공하여 가족 구성원의 문제해결과 적응 능력을 증진시키고, 전문가와 가족의 만남 및 상호작용을 통해 사회적 관계망을 확충하며, 다양한 치료적 방법을 통해 장애인 돌봄에 필요한 기술과 대처 능력을 배양한다(배성우 외, 2013). 정신장애인에 대한 심리교육(psychoeducation) 프로그램은 장애인가족교육에서 활용할 수 있는 대표적 방법으로서, 다음과 같은 세 가지 모형이 있다(서미경, 2014).

- 행동적 가족치료모형: 장애인가족의 의사소통 기술을 향상시켜 스트레스에 잘 대처하고 효율적으로 문제를 해결하는 데 초점을 둔다.
- 심리교육적 가족치료모형: 장애인가족의 탈고립화, 사회적 지지망 강화, 스트레스의 최소화를 목표로 장애에 대한 교육과 생존기술 훈련에 초점을 둔다.
- 다가족 집단: 다가족에 대한 개입을 통해 궁극적으로 장애인이 지역사회에 완전 참여함을 목표로 하며, 가족의 사회적 지지망 형성과 문제해결 능력 향상에 초점을 둔다.

심리적 교육 프로그램에 바탕을 두고 국내에서 실행된 12회기의 정신장애인가족 교육프로그램의 구체적인 내용을 살펴보면 〈표 12-5〉와 같다.

〈표 12-5〉 정신장애인가족 교육프로그램의 내용

	프로그램	
회기	제목	내용
1	오리엔테이션	• 자기소개하기 • 프로그램의 목적 설명
2	치료법과 재활법	• 정신보건 패러다임의 변화 • 치료법과 재활법의 차이 등

3	가족의 입장과 역할	• 가족의 고통 • 정신장애인을 위한 가족의 역할
4	병의 특징	• 정신분열증(조울증)의 특징 • 병의 진행 과정
5	병의 진단기준	• 정신분열병(조울증)의 진단 과정 • 증상
6	병의 원인	• 뇌의 취약성 요인 • 환경적 스트레스 요인 및 대응 능력
7	약물치료	• 약물치료의 필요성 • 약물 부작용
8	증상관리	• 증상에 대한 인지적 · 행동적 · 신체적 대처법
9	스트레스 및 위기 관리	• 스트레스 대처법 • 남아 있는 증상관리 및 위기대처법(폭력행동, 재발경고신호 등)
10	대화법	• 효율적인 감정표현법 • 나−전달법 및 너−전달법
11	정신장애인의 평생설계	• 정신장애인을 위한 평생설계 • 가족의 생활방식
12	마무리하기	• 배운 내용 정리

출처: 배성우 외(2013), p. 304.

② 부모자조집단

장애자녀를 둔 부모의 자조집단은 정보 공유와 심리정서적 지원, 장애아동 교육 및 복지에 영향을 주는 정책 실행을 위한 압력집단으로서 중요한 역할을 하고 있다. 또한 부모훈련, 정보센터 설립, 장애자녀 공동거주시설 마련 등을 통해 장애아동은 물론 부모에 대해서도 지원을 제공하는 역할을 한다. 우리나라에서는 1985년에 한국장애인부모회가 발족되어 12개 지회, 38개 지부를 두고 총 50곳에서 장애아동 관련 압력단체로서 활발한 역할을 수행하고 있다(성정현 외, 2010). 그러나 이는 민간 차원의 자발적 활동이므로 부모 간의 상호 지지와 정보 교환, 장애자녀 양육 태도 및 기술 교육 등을 제공하는 부모자조집단이 더욱 활성화될 수 있도록 제도적 지원이 필요하다.

③ 비장애형제 프로그램

비장애형제를 위한 프로그램에는 상담프로그램, 교사로서의 형제 역할에 초점을 둔 훈련프로그램, 형제 간 상호작용 촉진 프로그램, 비장애형제의 심리사회적 문제해결과 사회적 지지를 강화하기 위한 활동 중심의 심리교육적 지지집단 프로그램 등이 있다(양숙미, 2003; 성정현 외, 2010에서 재인용). 우리나라에서는 사회복지관을 중심으로 형제자매 캠프, 장애형제에 대한 이해와 정서적 안정을 위한 사회화활동 프로그램, 장애아동과 형제의 형제애 강화를 위한 프로그램 등을 실행하고 있다. 그러나 이러한 프로그램들은 지속적이기보다 일회적 성격을 가지고 있어서 가족 차원의 통합 프로그램으로 운영될 필요가 있다.

2) 알코올중독자가족

알코올중독이 가족에게 부정적 영향을 미치는 것은 사실이지만 모든 가족에게 동일하게 부정적인 영향을 미치는 것은 아니며, 가족 구성원 간의 관계나 가족의 환경적 특성에 따라 다른 결과를 가져올 수 있다. 알코올중독 관련 사회복지 개입에서는 가족을 문제나 병리의 원인이 아니라 중독의 회복과 치료의 자원으로 인식하며, 가족체계가 알코올중독자의 일차적 지지체계로서 단주와 긍정적 변화를 이끌어 낼 수 있도록 활용하고자 한다. 이와 더불어 알코올중독문제를 개인과 가족의 심리적이고 개별적인 차원에서뿐만 아니라 지역사회와의 관계, 사회적 차원의 정책 및 통합적 서비스 차원에서 접근할 필요가 있다.

(1) 정책 및 서비스

우리나라의 알코올 관련 정책은 매우 미흡하며 다양한 수준의 예방 및 치료, 재활 관련 서비스가 크게 부족한 실정이다. 정부에서는 2007년부터 국가알코올종합대책으로 '파랑새 플랜'을 추진하기 시작하였으며, 2011년에는 '파랑새 플랜 2020'을 선포하고 '음주폐해 없는 안전하고 건강한 사회 구현'을 비전으로 음주의 사회적폐해 감소, 음주의 건강폐해 감소, 음주폐해 감소환경 조성, 인프라 구축 등의 전략을 제시하였다(알코올사업지원단, 2011). 2000년부터 정부 차원에서 알코올중독자 치료 및 재활 대책을 수립하고 알코올상담센터를 설치하여 알코올중독

관련 사업을 수행하기 시작하였다.

〈표 12-6〉　중독관리통합지원센터의 서비스 영역과 내용

서비스 영역	서비스 내용
중독 조기 발견 및 개입 서비스	• 신규 발견 및 이용 체계 구축 • 고위험군 조기발견 및 단기개입 서비스
중독질환 관리사업	• 사례관리 서비스 • 위기관리 서비스 • 재활 프로그램 • 직업재활 서비스
중독질환 가족지원사업	• 신규 가족 발견 및 이용 체계 구축 • 사례관리 서비스 • 가족교육 및 프로그램 • 위기관리 서비스 • 가족모임 지원 서비스
중독 폐해 예방 및 교육사업	• 아동ㆍ청소년 예방교육사업 • 직장인 중독폐해 예방지원사업 • 지역 주민 예방교육사업 • 인식 개선 및 홍보 사업
지역사회 사회안전망 조성사업	• 보건복지 네트워크 구축 • 지역 법무 연계ㆍ협력 체계 구축 • 자원봉사 관리ㆍ운영 체계 구축 • 경찰 및 응급지원 네트워크 구축 • 지역 인프라 구축
지역진단 및 기획	• 지역사회 진단 및 연구 • 지역 특성을 고려한 특화 서비스 기획 • 자원 조정 및 중재

출처: 보건복지부(2017b), p. 150.

2014년부터 알코올상담센터는 중독관리통합지원센터로 개편되어 전국에 50개소가 운영되고 있다. 중독관리통합지원센터는 인구 20만 이상 지역(시ㆍ구)에 설치ㆍ운영되고 있으며 지역사회 중심의 통합적인 문제 음주자 및 알코올 등 중독자 관리체계를 구축하고 중독자 조기발견, 상담, 치료, 재활 및 사회복귀를 지원한다(보건복지부, 2018). 중독관리통합지원센터의 서비스 영역과 내용은 〈표 12-6〉과 같다.

그러나 국가 차원의 대책과 사업 수행에도 불구하고 현재 우리나라의 알코올 중독 관련 정책은 초기 수준에 불과하며, 입원치료 위주로 실행됨으로써 서비스 의 양과 수준이 미흡하고 지역사회 차원의 치료와 재활이 적절히 이루어지기 어 렵다. 또한 대부분의 사업이 민간에 위탁되어 운영됨으로써 정부 차원의 체계적 예방사업이나 포괄적 가족 개입이 부족한 실정이다(박미은 외, 2015).

(2) 사회복지실천

알코올중독자가족에 대한 초기 접근은 알코올중독자 부모가 있는 역기능적 가 족환경에서 자라난 자녀에게 알코올중독의 세대 간 전수가 일어날 가능성이 크 다는 전제 하에 치료적 개입을 강조하였다. 그러나 2000년대 이후에는 병리적 접 근에서 벗어나 알코올중독자가족의 적응유연성(resilience)을 촉진하며, 알코올중 독의 세대 간 전수를 예방하는 지역사회 차원의 개입과 예방모형이 제시되었다 (김정희, 2006). 알코올중독자가족이 역경에 대처할 수 있는 보호요인으로는 가족 간의 강한 유대감과 결속력, 기초생활보장 등 사회적 지지, 미래에 대한 긍정적인 태도 및 유머의 사용, 가족 구성원 간의 개방적 정서표현 및 공유, 가족 구성원 개인의 적응유연성, 어머니의 독립성 및 희생정신 등이다(장수미, 2001). 알코올중 독자가족에 대한 사회복지실천에서 가족의 문제와 욕구뿐 아니라 보호요인을 파 악하여 적응유연성을 강화함으로써 알코올중독자의 치료와 회복은 물론 가족의 역기능적 문제를 해결할 수 있다. 알코올중독자가족에 대한 실천적 개입으로 가 족자조집단, 가족치료, 알코올중독 예방서비스의 내용을 살펴보면 다음과 같다.

① 가족자조집단

자조집단은 공동 관심사나 공통의 문제를 가진 사람들이 자발적으로 구성한 집단으로, 집단구성원 간의 상호작용을 통해 상호 원조를 제공한다. 자조집단의 모체가 된 익명의 알코올중독자들(Alcoholics Anonymous: AA)은 알코올문제를 가 진 사람들이 자발적으로 모여 자신의 경험과 희망을 함께 나누고 중독에서 벗어 나도록 돕는다(김성이, 2013). 가족자조집단은 이와 유사하게 알코올중독으로 고통받는 가족들의 모임이며, 자녀자조집단도 운영하고 있다. 가족자조집단은 전문가가 관여하지 않고 알코올중독자가족이 서로 협력관계를 맺으며 상호 지지를 통해 문제를 해결해 나가고자 한다. 가족자조집단은 사회적으로 고립된 알코올중독가족들에게 지지망을 제공하고 대응 능력을 강화시키는 효과가 있는 것으로 입증되었다(김혜련, 최윤정, 2004). 또한 가족자조집단은 알코올중독문제와 관련하여 지역사회에 필요한 변화를 촉구하고 자신들의 권리를 촉진하기 위한 활동을 수행한다.

② 알코올중독자가족치료

알코올중독 치료 분야에서 가족치료는 알코올중독 회복에 긍정적이며 비용 효과가 높아서 가장 효과적인 방법으로 평가받는다(Holder et al., 1991: 손병덕 외, 2014에서 재인용). 특히 우리나라의 경우에는 알코올중독자의 치료가 적극적으로 이루어지지 않기 때문에 협력적인 가족 구성원, 즉 배우자를 통해 치료에 동의하지 않는 알코올중독자의 행위를 변화시키는 단독가족치료가 효과적이다(조흥식 외, 2013). 가족 전체를 대상으로 하는 가족치료는 알코올중독자 부모가 단주를 하거나 음주를 줄이는 데 그치지 않고 전체 가족체계의 기능 향상과 가족관계 회복에 초점을 두기 때문에 회복 중인 알코올중독자가족에게 반드시 필요하다.

③ 알코올중독 예방서비스

알코올중독은 치료적 측면의 개별 상담뿐 아니라 예방적 차원의 교육 및 상담이 필수적이다. 알코올중독 치료에 가족이 효과적으로 관여하기 위해서는 알코올중독에 대한 정확한 지식과 정보뿐만 아니라 알코올중독자의 음주에 대한 가족의 효과적인 대처방법, 역할에 대한 이해 증진이 중요하다. 알코올중독의 세대 간 전수를 예방하기 위한 자녀교육 프로그램과 더불어 지역사회 차원에서 알코올중독 예방프로그램과 교육이 실시되어야 한다.

담당 사회복지사는 우선적으로 김명수와 어머니의 의식주 문제를 해결하고 생활안정을 도모하기 위하여 생활도우미 파견뿐만 아니라 임대주택 우선지원 프로그램을 신청하고 기초생활수급자 지정을 위한 절차를 진행하였다. 기초생활수급자 지정 후 어머니의 알코올중독 치료에 대한 의지를 확인하고 지역사회정신보건센터의 집중치료 프로그램에 참여하도록 하였으며, 그 기간 동안 생활도우미 서비스를 매일 제공하여 김명수가 학교생활을 지속할 수 있도록 원조하였다. 김명수는 지적장애에도 불구하고 학교생활이 양호하고 외부활동에 대한 욕구가 있어 학교 졸업 시까지 장애인복지관의 목공훈련프로그램에 참여하고, 졸업 이후에 목공전문자격증을 취득하여 취업과 독립을 준비하기로 하였다. 또한 지역사회복지관의 알코올중독자녀 자조집단모임에 참여하여 또래와 만나는 기회를 갖고 알코올중독의 문제에 대한 이해와 문제해결 능력을 강화하는 교육을 받고 있다. 어머니의 알코올중독 치료가 끝나면 알코올중독 가족치료 프로그램과 연계하여 모자 간의 관계를 증진할 수 있도록 할 예정이다.

생각해 보기

1. 장애인가족의 스트레스와 강점을 함께 생각해 보자.
2. 알코올중독자 개인의 치료뿐 아니라 가족 차원의 개입이 필요한 이유를 생각해 보자.
3. 장애아동의 부모, 비장애형제, 장애인부모의 자녀가 경험하는 문제가 무엇인지 생각해 보자.
4. 알코올중독자가족의 적응유연성을 강화할 수 있는 실천적 개입방법을 생각해 보자.

참고문헌

김계숙(2016). 가족탄력성이 장애아동의 가족관계에 미치는 영향: 장애 예후에 관한 기대감의 조절효과. 한국장애인복지학, 31, 163-192.

김미옥(2001). 장애아동 가족의 적응에 대한 가족탄력성의 영향력 분석. 한국가족복지학, 8, 9-40.

김성이(2013). 중독 치유복지: 예방, 치유, 그리고 정책. 경기: 양서원.

김성천, 권오형, 최복천, 심석순, 심현욱(2009). 가족 중심의 장애아동통합지원체계 구축연구.

한국장애인개발원.

김소진(2012). 장애부모에게서 자란 비장애자녀의 경험에 대한 연구-청년기 자녀를 중심으로. 장애인복지학, 19, 23-44.

김소진, 김사현(2013). 부모의 장애가 비장애자녀의 아동기 발달에 미치는 영향. 한국장애인복지학, 21, 129-146.

김연옥, 유채영, 이인정, 최혜경(2005). 가족복지론. 경기: 나남.

김영화, 이진숙, 이옥희(2015). 성인지적 가족복지론. 경기: 양서원.

김정희(2006). 알코올중독자 가족의 기능 향상을 위한 개입방안 연구: 지역사회보호를 중심으로. 임상사회사업연구, 3(1), 67-90.

김혜련, 최윤정(2004). 알코올중독자 가족을 위한 집단프로그램 효과성 연구. 사회복지연구, 23, 43-75.

김희국, 현진희(2007). 알코올중독자 가족이 경험하는 스트레스가 가족의 거부적 태도에 미치는 영향. 한국가족복지학, 19, 5-27.

박미은, 신희정, 이혜경, 이미림(2015). 가족복지론. 경기: 공동체.

배성우, 김이영, 허만세, 박병선, 진혜민(2013). 정신장애인과 그 가족을 위한 가족교육 프로그램의 효과. 사회과학연구, 24(4), 295-314.

보건복지부(2017a). 2016년도 정신질환실태 역학조사. 보건복지부.

보건복지부(2017b). 2017 정신건강사업안내. 보건복지부.

보건복지부(2018). 2018 장애인복지 사업안내 2-지역사회복지, 기타 복지 사업 등. 보건복지부.

보건복지부·한국보건사회연구원(2018). 2017년 장애인실태조사 결과. 보건복지부.

서미경(2014). 정신장애인과 가족, 함께 살아가기. 경기: 양서원.

성정현, 여지영, 우국희, 최승희(2010). 가족복지론. 경기: 양서원.

손병덕, 황혜원, 전미애(2014). 가족복지론. 서울: 학지사.

알코올사업지원단(2011). 음주폐해 감소를 위한 국가전략 2020. 보건복지부 지정 알코올사업지원단.

양숙미(2003). 장애형제가 있는 비장애인을 위한 지원 프로그램 고찰. 한국가족복지학, 8(1), 69-84.

양옥경, 김미옥, 최명민 역(2002). 가족과 레질리언스(*Strengthening family resilience*). Walsh, F. 저. 서울: 나남출판. (원저는 1998년에 출판)

이경욱(2008). 알코올중독자 부인의 사회적 지지 경험 연구. 한국사회복지질적연구, 2(1),

7-31.

이상균(2003). 알코올중독자 가정 자녀의 역할유형과 심리사회적 문제. 한국아동복지학, 16, 195-224.

이영미(2014). 장애인가족지원 서비스 욕구조사: 대전광역시를 중심으로. 사회과학연구. 23, 35-65.

장수미(2001). 알코올중독자 가족의 가족적응유연성 증진을 위한 개입모형 개발. 정신보건과 사회사업, 11, 53-77.

정선영(2005). 알코올중독자 가족의 스트레스, 사회적 지지, 공동의존 및 건강상태. 정신간호학회지, 14(4), 53-77.

조은정, 김현수, 김종천(2017). 정신질환자 가족기능에 영향을 미치는 요인 연구: 발병 초기와 만성 정신질환자의 비교. 한국가족복지학, 57, 99-124.

조흥식, 김혜란, 김혜련, 신은주(2013). 가족복지학. 서울: 학지사.

Coles, C. D., & Platzman, K. A. (1992). Fetal alcohol effects in preschool children: Research, prevention, and intervention. *Identifying the needs of drug-affected children: Public policy issues.* (OSAP Prevention Monograph #11, pp.59-86). Washington, DC: U.S. Department of Health and Human Services.

Edwards, G., Marshall, E. J., & Cook, C. C. H. (2003). *The treatment of drinking problems: A guide for the helping professions* (4th ed.). Cambridge: The Press Syndicate of the University of Cambridge.

Patterson, J. M. (1991). Family resilience to the challenge of a child's disability. *Pediatric Annals, 20*(9), 491-499.

Wright, L., Watson, W. L., & Bell, J. M. (1996). *Beliefs: The heart of healing in families and illness.* New York: Basic Books.

보건복지부(2018). 한눈에 보는 복지 정보.
http://www.bokjiro.go.kr/welInfo/retrieveWelInfoDetail.do?welInfSno=244

제13장   가족과 재난

최근 '재난'이 가족위기의 한 축으로 부상하고 있다. 충격적 재난 사건의 경험은 경제적 손실과 신체적 손상, 가족 갈등과 해체 등 다양한 부작용을 발생시키기 때문이다. 최근 지진, 홍수, 화재 등의 자연재난과 교통사고, 범죄 피해 등 사회재난으로 인한 대형 참사의 발생으로 개인과 가족, 사회에 충격과 후유증을 남기고 있다. 현대의 재난은 예측이 쉽지 않으며 복잡한 양상으로 발생하고, 돌발적 사건도 대형 재난으로 확산될 가능성이 크다. 이제는 재난을 어쩌다 발생하는 사건이 아니라 누구에게나 닥칠 수 있는 상시적 위기로 보아야 한다. 재난으로 인한 위기가족에 대한 사회적 지원이 체계적으로 구축되어야 하는 이유이다. 이 장에서는 재난위기가족의 개념과 실태를 살펴보고, 재난위기가족의 어려움과 도전에 대해 고찰할 것이다. 우리 사회에 큰 충격을 준 재난 사건을 중심으로 재난위기가족을 위한 실천적 · 정책적 개입을 살펴보고자 한다.

1. 재난위기가족의 개념과 실태

1) 개념

(1) 재난

재난(災難, disaster)이란 뜻밖에 일어난 재앙과 고난으로, 홍수, 호우, 폭풍, 대설 등 자연현상으로 발생하는 재해와 화재, 붕괴, 침몰, 폭발, 교통사고 등 사람의 부주의나 실수 등 인위적 사고로 인한 사회재해를 포함한다(「재난 및 안전관리 기본법」 2003년 제정, 2014년 개정). 이 밖에 사회적으로 증가하고 있는 살인, 자살, 강간, 학대, 난민, 총기사고 등으로 인한 개인적 재앙 사건도 큰 범위에서 재난의 개

넘에 포함될 수 있다.

우리 사회의 통념상 재난은 어쩌다 한 번 발생하는 비정상적 상황으로 인식되어 왔으며, 상시적인 대응체계를 갖추기보다 발생 후 복구를 위한 긴급조치 사안으로 생각되어 왔다. 그러나 사회가 복잡해지면서 현대의 재난 역시 복잡한 양상으로 전개되고 있다. 2011년에 발생한 동일본 대지진의 경우, 지진의 여파로 쓰나미가 발생하였고 이것이 원자력발전소의 폭발로 이어져 후쿠시마 일대가 방사능 오염지역이 된 바 있다. 이러한 예는 자연재해와 사회재해를 나누어 생각하기 어려워졌으며, 현대 사회의 재난이 복합적 양상으로 발생, 전개됨을 보여 준다(김소정, 2014).

한편, 압축적 성장을 이루어 온 우리 사회는 성장 후유증으로 경쟁과 스트레스 속에서 각종 자살, 범죄, 학대 등으로 인한 개별적 외상 사건으로부터도 자유롭지 못하다. 과거에는 이러한 외상 사건들은 개인적 경험 또는 개별 가족의 문제로 인식되었으나 최근에는 이런 현상들이 역기능적인 사회적·구조적 요인과 밀접한 관련성을 갖고 있다는 관점이 지배적이다.

〈표 13-1〉 **재난 유형**

구분	내용
자연재난	태풍, 홍수, 지진, 폭염, 폭풍, 해일, 대설, 낙뢰, 가뭄, 황사, 조수, 그 밖에 이에 준하는 자연현상으로 인해 발생하는 재해
사회재난	화재, 붕괴, 침몰, 추락, 폭발, 내전, 전쟁, 교통사고, 화생방사고, 환경오염사고 등으로 인해 발생하는 피해
개인재난	살인, 자살, 강간, 학대, 난민, 총기사고, 범죄피해 등 개인이나 개별 가족에게 발생하는 사건으로 인한 피해

(2) 외상 반응

위기 사건을 경험하면 신체적·인지적·정서적·행동적 차원에서 다양한 변화를 경험한다. 이러한 위기반응은 피해의 심각성, 피해자의 연령과 성별, 사회문화적 배경에 따라 달라질 수 있으나, 일반적으로 다음과 같다. 첫째, 위기 사건을 경험하면 신체적 변화로 자율신경계가 각성되어 심장박동 수 증가, 아드레날린

방출, 혈압 상승, 발한 및 오한 등의 반응이 나타난다. 둘째, 인지적 변화로 주의 집중의 어려움, 기억력 상실, 이성적 판단의 어려움, 의사소통의 어려움, 믿음의 상실 등을 경험할 수 있다. 셋째, 정서적 변화로 쇼크 상태에서는 무반응 또는 무감각 상태를 보일 수 있으나 시간이 지남에 따라 두려움, 무력감, 슬픔, 분노, 억울함, 불행, 우울, 불안, 죄책감, 수치심 등 다양한 감정을 경험할 수 있다. 넷째, 행동적 변화로 폭력행동, 사회적 철회, 경직된 행동 등을 보일 수 있다.

위기 사건으로 인한 외상 반응은 다음과 같이 범주화된다.

〈표 13-2〉 외상 후 반응의 유형

급성 스트레스 장애 (Acute Stress Disorder: ASD)	외상 사건에 대한 반응이 사건 발생 후 며칠 또는 몇 주 이내에 나타나는 경우
외상 후 스트레스 장애 (Post Traumatic Stress Disorder: PTSD)	• 급성: 1~3달 • 만성: 3달 이상 지속 • 지연된: 적어도 6개월 후에 발현 • 부분적: 일부 증상을 보이는 경우
복합외상 후 스트레스 장애 (Complex Post Traumatic Stress Disorder: Complex PTSD)	대인관계에서 만성적으로 반복되는 광범위한 외상 사건을 경험할 경우로, 전쟁, 포로, 가정폭력, 성적 학대, 신체적 학대, 정서적 학대 등을 장기간 반복적으로 경험하는 경우

출처: 오수성 외 공역(2009)에서 발췌, 수정.

(3) 재난위기가족

재난위기가족은 예측 불가능한 재난 사건으로 인해 피해를 입고 적절한 대응이 어려운 위기 상태에 처해진 가족이라고 할 수 있다. 재난 사건으로 인한 트라우마의 일차적 충격은 외상을 경험한 개인에게 가해지지만, 그 가족 역시 이차적인 트라우마 과정을 경험한다.

재난으로 인한 위기발생 시 가족은 무기력감과 함께 통제력을 상실하게 되고, 가족생활 전체에 심각한 영향을 받게 된다. 따라서 가족 전체를 피해자로 보고 가족이 경험하는 심리적 외상이나 약화된 가족기능을 회복하는 데 초점은 둔 지원책이 필요하다. 가족은 위기 대응과 회복을 위한 중요한 자원이므로 가족 중심의 접근을 통해 가족기능을 강화하는 지속적 서비스가 필요하므로 재난에 대한 긴급지원뿐만 아니라 오랜 기간 복합적인 문제를 겪게 되는 가족에 대해 장기적인 서비스 접근이 필요하다(한국건강가정진흥원, 2014).

〈표 13-3〉 위기가족 유형과 지원서비스

유형	위기가족 I	위기가족 II	위기가족 III
정의	기본적인 대처 능력이 있지만 외부에서 발생한 사건으로 급성적 위기에 처한 가족	반복적 · 만성적 가족문제와 역기능으로 심각한 갈등과 위기에 처한 가족	I, II 유형의 위기 상황을 동시에 가지고 있음. 만성적 문제를 가지고 있으며, 외부에서 발생한 사건으로 급성적 위기에 처한 가족
사건	• 성폭력, 학교폭력 • 자살 • 자연재해 • 사회재난 • 실종, 유괴, 범죄 피해	• 가정폭력(아내 구타, 아동 폭력, 노인 학대) • 가족원의 만성적 장애 및 중독	
심리사회지원	• 긴급위기지원 프로그램(3회기)	• 긴급위기지원 프로그램(1회기) + 가족상담 의뢰	• 긴급위기지원 프로그램(1회기) + 가족상담 의뢰

출처: 한국건강가정진흥원(2014)에서 발췌, 수정.

2) 실태

(1) 재난 및 위기 가족 실태

다수의 사상자가 발생한 우리나라의 대형 참사로는 326명이 사망한 남영호 침몰사건(1970년 12월 15일), 502명이 사망한 삼풍백화점 붕괴사건(1995년 6월 29일), 192명이 사망한 대구지하철 방화사건(2003년 2월 18일), 295명이 사망한 세월호 침몰사건(2014년 4월 16일) 등이 있다. 그 외에도 최근 29명이 사망한 제천화재사건(2017년 12월 21일)과 32명이 사망한 밀양화재사건(2018년 1월 26일) 등 크고 작은 재난사고가 지속적으로 발생하고 있다.

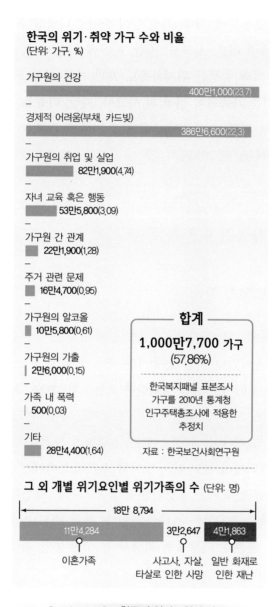

한국의 위기·취약 가구 수와 비율
(단위: 가구, %)

가구원의 건강
400만1,000(23.7)

경제적 어려움(부채, 카드빚)
386만6,600(22.3)

가구원의 취업 및 실업
82만1,900(4.74)

자녀 교육 혹은 행동
53만5,800(3.09)

가구원 간 관계
22만1,900(1.28)

주거 관련 문제
16만4,700(0.95)

가구원의 알코올
10만5,800(0.61)

가구원의 가출
2만6,000(0.15)

가족 내 폭력
500(0.03)

기타
28만4,400(1.64)

합계
1,000만7,700 가구
(57.86%)

한국복지패널 표본조사
가구를 2010년 통계청
인구주택총조사에 적용한
추정치

자료 : 한국보건사회연구원

그 외 개별 위기요인별 위기가족의 수 (단위: 명)

18만 8,794

11만4,284 — 이혼가족
3만2,647 — 사고사, 자살, 타살로 인한 사망
4만1,863 — 일반 화재로 인한 재난

[그림 13-1] **한국의 위기·취약 가구**

출처: 한국일보(2012. 6. 7.).

연구보고에 따르면, 한국의 위기가족은 천만 가구 이상으로 이는 전체 가족의 약 58%가 여러 가지 이유로 위기 상태를 겪고 있다(김승권, 2012). 위기 사유의 비중을 보면, 가족의 건강문제, 경제적 어려움(부채, 빚), 실업, 자녀문제, 가족관계

문제, 주거문제, 알코올문제, 가출, 폭력 등의 순서로 나타났다.

그러나 기타 사유에 이혼, 사고사, 자살, 타살에 의한 사망, 화재, 교통사고 등의 다양한 원인에 의해 발생한 위기가족도 28만 가구 이상 되는 것으로 추정되고 있다. 2010년 기준 가족원이 질병 외 사고사, 자살, 타살로 사망한 가족이 3만 2,647명(2010년)이나 되고, 화재로 재난을 겪은 가족도 4만1,863명(2010년)에 이르는 것으로 나타났다(김승권, 2012).

2. 재난위기가족의 도전과 욕구

1) 외상 후 스트레스 장애

(1) 외상 후 스트레스 장애(PTSD) 증상

재난 사건에 노출되었던 사람들 중 10~80%가 외상 후 스트레스 장애(Post Traumatic Stress Disorder: PTSD)를 경험한다(오수성 외, 2009). 외상적 사건에 대해 처음에는 충격, 공포, 또는 실제가 아니라고 느끼는 무감각함, 해리 또는 초현실감 등을 경험한다. 그러나 삶의 전반에 걸쳐 외상적 사건을 겪는다면 마치 항상 공격에 노출된 전쟁터에서 살고 있는 것처럼 스트레스 속에서 살게 된다.

한편, 장기간 동안 반복되는 광범위한 외상적 사건을 경험한 경우에는 극심한 스트레스 장애로 복합 PTSD에 시달릴 수 있다. 복합 PTSD는 전쟁 포로, 강제 수용소 생존자, 전쟁 생존자, 가정폭력 희생자 등 수년 동안 외상에 노출되어 고통받은 경우가 해당된다.

트라우마를 겪은 가족은 악몽, 플래시백(회상장면), 침투적 사고, 소외감, 수면장애, 과도한 경계심, 사건을 상기시키는 활동 회피 등의 증상을 보인다. 가족이 경험한 트라우마는 여러 세대를 거쳐 전수되는데, 부모의 트라우마 전력은 폭력이나 부적절한 양육을 통해 또 다시 자녀세대의 트라우마를 야기하게 된다(제석봉 외, 2014).

〈표 13-4〉 PTSD 증상

감정과 충동 조절의 변화	주의 또는 의식의 변화	신체화	자기지각의 변화
• 만성 정서 조절 곤란 • 분노 조절의 어려움 • 자해 또는 자살 시도 • 성관계 조절 어려움 • 충동적 행동	• 기억상실증 • 일시적 해리 증상 • 이인증	• 소화기 계통의 문제 • 만성 통증 • 심폐기관의 증상 • 성(性)적 증상 • 공황	• 죄책감, 수치심, • 자기비난, 무력감 • 영원한 상처 • 이해받지 못하는 느낌 • 외상 사건의 의미 축소
가해자 지각의 변화	대인관계의 변화	의미체계의 변화	
• 가해자의 신념 수용 • 가해자에 대한 이상화 • 가해자에게 고통을 주는 데 집착	• 불신감 • 자신을 재희생시킴 • 타인을 희생시킴	• 좌절감 • 절망감 • 신념 상실	

출처: 오수성 외 공역(2009)에서 발췌, 수정.

(2) PTSD 발병 관련 요인

외상 사건을 겪은 사람들이 같은 수준으로 PTSD를 경험하는 것은 아니다. 장기간 외상에 노출되었던 사람들 중 일부는 PTSD에 걸리지 않거나, 증상을 보이더라도 회복되기도 한다. 자존감이 높을수록, 주변에 건강한 지지체계를 가지고 있을수록 외상을 더 잘 견딜 수 있는 것으로 알려져 있다(오수성 외, 2009).

또한 재난 사건 이전, 사건 및 사건 이후에 여러 요인에 따라 PTSD의 발병에 영향을 미치게 된다. 예를 들어, 일반적으로 PTSD 발병 가능성은 성별, 연령, 유전과 관련이 있는 것으로 알려져 있다. 여성이 남성보다 발병 가능성이 2배 더 높으며, 25세 미만의 젊은이에게 발병할 가능성이 더 높고, 뇌의 화학작용과 관련해 유전적 요인에 따라 어떤 가족원이 상대적으로 외상을 잘 견디지 못할 수 있다. PTSD 발병과 관련된 사건 이전 요인, 사건 요인, 사건 이후 요인은 〈표 13-5〉와 같다.

〈표 13-5〉 PTSD의 발병 관련 요인

사건 이전 요인	사건 요인	사건 이후 요인
• 아동기의 학대 피해 경험 • 우울 또는 불안 • 비효율적 대처 기술 • 정신질환 • 생애 초기의 불안정한 가족환경 • 범죄 관련 가족력 • 약물 및 알코올 남용 • 사회적 지지 결여 • 생애 초기의 상실 경험	• 사건의 지리적 근접성 • 사건에 대한 노출 수준 • 사건의 주관적 의미 • 연령이 어릴수록 • 복합적 외상 사건 희생자인 경우 • 외상의 지속시간 • 고의적인 외상 사건에 연루된 경우 • 가해자나 목격자로 잔학행위에 참여한 경우	• 사회적 지지의 결여 • 사건과 관련해 무기력한 상태 • 자기연민 • 수동적 상태(될 대로 되라는 식의 태도) • 고통으로 의미를 상실한 경우 • 급성 스트레스 장애가 발생한 경우 • 신체적 반응(고혈압, 마비 등)

출처: 오수성 외 공역(2009)에서 발췌, 수정.

2) 재난으로 인한 가족위기

복잡한 현대 사회에서 스트레스와 트라우마 사건에 노출될 경우 가족은 쉽게 취약한 상태에 놓이게 되어 자칫 와해될 위기에 처한다. 더욱이 핵가족이나 그보다 더 작은 단위의 가족형태가 늘어나고 있는 현실에서 친족 네트워크도 과거와 같지 않기에 위기에 더욱 취약한 가족이 늘고 있다. 한국 가족의 위기성 및 취약성 증가는 위기에 처한 가족의 고통 유발뿐만 아니라 사회적 비용의 증가와 사회 통합의 저해를 초래한다(김승권, 2012). 재난 발생 후 가족의 위기 적응의 단계와 적응에 실패하여 가족위기가 장기화되는 경로를 살펴보겠다.

(1) 가족의 위기 적응 단계

위기에 직면한 가족은 일련의 반응단계를 경험한다. 위기 유형과 가족 탄력성에 따라 반응의 강도나 지속 정도는 다를 수 있으나, 일반적으로 다음과 같은 3단계로 나눌 수 있다.

① 부인단계

위기 발생 직후에 가족은 발생한 사건에 대해 위협적 상황으로 인식하고 적절

한 대응이 어려운 상태에 빠지게 된다. 위기가 시작되는 단계에서 가족원은 갑작스러운 스트레스에 무감각해지고, 방향감각을 상실하거나 위기 자체를 부인(denial)하기도 한다.

② 와해단계

가족이 위기의 현실을 이해하게 되면서 점차 와해(disorganization)단계에 접어든다. 와해단계에서 가족은 신체적·경제적 어려움뿐만 아니라 상실감, 우울 등의 심리적 문제를 경험하며, 가족조직은 혼란에 빠지고, 일상적인 생활과 역할이 모호해진다. 가족원의 외부 활동이 위축되고, 가족관계와 친족관계가 변화된다. 이 단계에서 가족원이 갈등과 정서표현을 어떤 방식으로 하는가에 따라 가족의 전반적인 회복 수준에 영향을 미치게 된다.

③ 회복단계

일단 위기에 대해 개인적·가족적 해결을 회복하는 적응단계에 진입하면, 가족원은 새로운 일상에 적응하며 회복을 준비하게 된다. 어떤 가족은 위기 상황 이전보다 낮은 수준에서 가족을 조직하며 정체 상태에 머물기도 하지만, 어떤 가족은 원래 상태로 돌아오거나 위기 상황을 돌아보며 더 나은 수준의 가족을 재조직하기도 한다(제석봉 외, 2014).

(2) 재난 발생 후 위기의 장기화

어떤 가족은 재난 이후의 위기에 잘 대처하여 회복하기도 하지만, 어떤 가족은 장기화된 위기를 안고 살아가기도 한다. 외상 사건은 가족에 충격을 가하게 되고, 가족의 피해는 가족기능의 상실과 가족의 내·외부 관계 단절로 이어져 위기가 장기화된다(김소영, 2014).

① 가족기능의 상실

재난으로 인한 가족의 가시적 피해로는 가족원의 신체적·정신적 건강 악화, 돌봄자의 부재로 인한 돌봄 공백, 생계 부양의 중단으로 인한 경제적 어려움 등 다양하다. 첫째, 가족은 재난의 충격으로 식사와 수면을 제대로 취하지 못하면서 건강이 악화된다. 외상 후 스트레스 장애를 수반하거나 심각한 경우에는 가족원의 우울이나 자살을 초래하기도 한다. 둘째, 일시적 또는 장기적 돌봄 공백은 피해의 직접적 당사자가 주돌봄자인 경우에 더욱 심각하다. 부모를 잃은 자녀나 노인은 혼자 있게 되며, 남은 부모 역시 피해 수습으로 자녀를 돌보기 어려운 상황이 발생한다. 셋째, 부양 능력의 상실은 재난 피해자가 생계부양자였거나 피해 충격으로 가족원이 직업을 포기하는 경우에 발생하며, 장기화될 경우에 빈곤에 직면하기도 한다.

> 그 사고(대구 지하철 화재사고)가 나고 한 5개월 있다가 사업을 그만두었습니다. 그냥 넋 놓고 있는 것이 병명도 없어요. 근육이 막 굳어지는 것 같아서 병원에서 물리치료도 하고, 운동도 하고 있어요……. 그래서 제가 좀 쉬라고 했어요(이선영, 2011: 128: 김소정, 2014에서 재인용).

② 가족의 내 · 외부 관계 단절

재난 후 가족원 간의 상호작용 문제와 더불어 가족 외부관계가 단절되는 문제가 발생할 수 있다. 큰 충격을 받은 가족은 서로에게조차 속내를 털어놓지 못하는 경우가 많고, 가족원 간의 원망, 심리적 지지 부족 등으로 가족관계가 소원해지기도 한다. 재난 사건 전에 가족응집이 부족했던 경우나 가족원의 위기 적응 속도에 차이가 큰 경우 등 다양한 이유로 가족갈등이 깊어져 자칫 가족해체로 이어지기도 한다.

한편, 재난 후 가족은 친인척이나 이웃, 지인들과의 관계가 멀어져 단절의 위기에 처하기도 한다. 특히 위기 발생 시 도움을 청했는데 도움이 기대에 못 미칠 때 소외감이나 서운함으로 관계가 멀어지기도 하며, 심한 경우에는 대인기피증으로 발전되기도 한다.

> (친구가) '이제 (대구지하철참사 같은) 어두운 사실을 신문이나 방송을 통해서 그만 들었으면 좋겠다.' 그런 얘기를 하는 거예요. 그래서 전 속으로 가슴이 아팠지만 그래도 가장 친한 친구한테 그런 얘기를 들으니깐 맘이 좀 그렇더라고요(이선영, 2011: 130).

③ 위기의 장기화

가족위기가 재난 피해 발생 이후 10년 이상 장기화될 우려가 있다. 피해 발생 초기에 일상생활 단절에서 오는 여러 문제가 시간이 지나면서 생업 중단, 이혼, 빈곤, 가족원의 가출, 알코올중독, 가족원의 정신분열 또는 자살 등으로 위기의 양상이 변화되기도 한다.

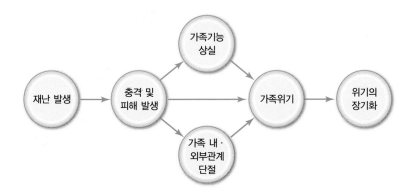

[그림 13-2] **재난 발생 후 가족위기 발생 경로**

출처: 김소영(2014) 수정.

[그림 13-3] **재난 발생 후 가족위기 장기화 양상**

출처: 김소영(2014) 수정.

3. 재난위기가족에 대한 사회복지 개입

재난 사건으로 위기에 닥쳤을 때 대부분의 가족은 외부의 개입 없이는 문제를 해결하기 어려운 상황에 몰린다. 이러한 때에 국가가 앞장서 재난을 경험한 가족을 대상으로 위기 초기단계에서 적극적으로 개입하여 취약가족으로 고착화되지 않도록 하는 것이 중요하다.

재난으로 인한 위기 발생 시 긴급지원뿐만 아니라 오랜 기간 복합적인 문제를 겪게 되는 가족에 대한 장기적인 서비스 접근도 필요하다. 가족 전체를 희생자로 보고 가족이 경험하는 심리적 외상이나 약화된 가족기능을 회복하는 데 초점을 둔 서비스를 제공해야 한다. 가족은 위기 대응과 회복의 중요한 자원이기도 하므로 위기 발생 시 가족 중심의 접근을 통해 가족 역량을 강화하고, 가족 갈등과 해체를 예방할 수 있는 통합적 서비스를 제공하는 것이 적절하다(한국건강가정진흥원, 2014).

1) 정책적 개입

(1) 재난대응체계의 현황

우리나라의 재난대응정책은 2004년에 제정된 「재난 및 안전관리 기본법」에 근거해 마련되었다. 이 법은 "각종 재난으로부터 국토를 보존하고 국민의 생명 · 신체 및 재산을 보호하기 위하여 국가와 지방자치단체의 재난 및 안전관리체제를 확립하고, 재난의 예방 · 대비 · 대응 · 복구와 안전문화활동, 그 밖에 재난 및 안전관리에 필요한 사항을 규정함을 목적"으로 한다(동법 제1조).

재난안전관리체계는 중앙 및 지역의 안전관리위원회, 중앙 및 시 · 도의 재난안전대책본부, 긴급구조통제단, 중앙사고수습본부 등으로 구성되어 운영되며, 재난발생 시 대응과 복구에 중점을 두고 있다(김소정, 2014). 2006년에는 「재난 및 안전관리 기본법」에 근거해 '재난심리지원체계'를 시 · 도에 설치하였다. 이는 물적 인프라 지원 중심이던 기존 방식에서 벗어나 재난경험자의 정신적 고통과 상실감을 해소하기 위해 심리상담을 지원하는 서비스이다.

여성가족부는 2010년부터 성폭력, 학교폭력, 자살, 재난 등의 상황적 위기로 인해 외상을 경험한 개인과 가족을 대상으로 제공하는 '위기가족지원서비스'를 운영하고 있다. 이 지원서비스는 16개 시 · 도 건강가정지원센터에서 제공하며, 1년간 3단계에 걸쳐 서비스를 제공한다. 여성가족부의 위기가족지원서비스의 경우에는 재난위기가족 대상의 체계적 개입이라는 상징적 의미는 있으나, 인프라나 예산 등 물적 기반이 매우 부족하여 재난 발생 시 실효성 있는 재난위기가족 지원에는 한계가 드러날 수 있다. 재난위기가족의 회복을 도울 수 있는 대응정책의 영역과 규모를 확장한 정책대응체계의 구축이 필요하다(김소정, 2014).

또한 보건복지부의 저소득층 대상의 '긴급지원사업'도 위기가족에 대한 긴급지원 서비스를 제공한다. 자살가족은 정신보건센터에서, 교통사고 피해자가족은 건강가정지원센터에서, 가정폭력 피해자 가족원은 가정폭력상담소에서, 성폭력 피해자 가족원은 성폭력상담소나 원스톱 지원센터에서 서비스를 제공받을 수 있다.

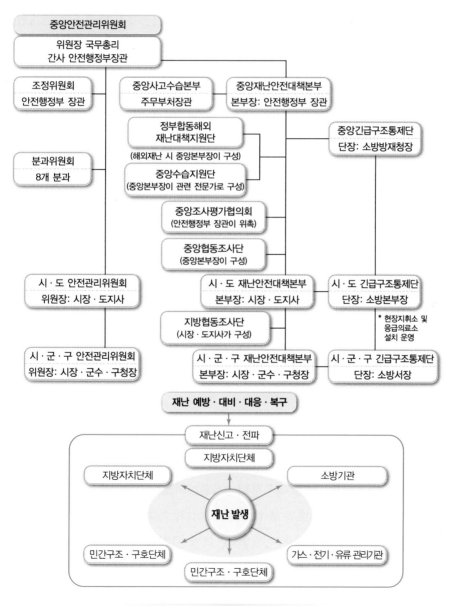

[그림 13-4] **국가재난안전관리체계**

(2) 재난위기가족지원 서비스

여성가족부가 시행하고 있는 위기가족지원사업은 충격적 재난 사건을 경험한 개인(피해 당사자) 및 그 가족을 대상으로 이들의 외상적 피해를 최소화함으로써 가족의 기능을 회복하고 가족해체를 예방할 수 있도록 서비스를 제공하고 있다. 주요 서비스 내용으로는 정서지원, 심리검사, 긴급위기지원(긴급가족돌봄 등), 심리교육, 정보 제공 및 연계, (의료, 법률, 복지) 서비스 연계 등을 포함한다. 총 서비스 기간은 3년이며, 3단계에 걸쳐 진행된다. 1단계는 사건 발생 6주~3개월 사이에 긴급위기지원을 통한 긴급요구대응지원서비스를 제공한다. 2단계는 1단계 후 6개월까지로 가족문제해결을 통한 일상 복귀 및 심리정서 지원을 제공한다. 3단계는 사건 발생 1~3년까지로, 가족 역량 강화를 통한 일상생활 안정을 지원한다.

위기가족지원사업의 기본전제는 다음과 같다(한국건강가정진흥원, 2014).

첫째, 충격적 위기 사건이 개인 및 가족에게 영향을 미치는 점을 고려하여 가족 전체를 대상으로 지원한다.

둘째, 요보호가족 중심의 지원에서 벗어나 소득, 재산 등에 관계없이 재난 사건을 경험한 가족은 지원 대상에 포함한다.

셋째, 위기 극복을 위해 가족에게 필요함에도 본 사업에서 제공되지 않는 서비스는 정보 제공 및 지역사회 자원 연계를 통해 제공한다.

넷째, 위기 상황이 종료되지 않고 PTSD로 발전되거나 가족 회복력이 약하여 가족기능이 제대로 수행되지 못하는 경우에는 지속적으로 다양한 서비스를 제공한다.

2) 실천적 개입

(1) 긴급위기지원

긴급위기지원은 위기 발생 직후부터 3개월까지로, 개인과 가족이 이전의 정상적인 생활로 돌아갈 수 있도록 돕기 위한 것이다. 특히 충격적 사건을 경험한 피해자에 대한 초기 개입은 매우 중요한데, 외상 사건이 발생한 첫 4주 동안 제공되는 초기 심리적 개입(Early Psychological Intervention: EPI)은 심리적 응급처치의 의미를 갖는다(한국건강가정진흥원, 2014). 이는 초기 스트레스 반응을 경감시키고

피해가족 정보 파악	• 기관으로부터 피해자 및 피해 현황에 대한 정확한 정보 파악

지원 전략 및 방법에 대한 구체적 실행계획 수립	• 현장 방문 일정, 상담 장소, 상담 방법 등을 구체적으로 계획하고 역할 분담, 준비 물품을 점검하고 준비

초기 방문	• 대상자들의 정신적 충격과 불안 해소, 긴급지원을 돕기 위해 방문(사고현장, 가정, 병원 등) • 심리 및 신체적 안전에 대해 확인, 이용 가능한 서비스 정보 제공 • 이때 자연스럽게 접근하여 피해자들의 당시 경험과 심리적 불편함을 들어 주고 신뢰감을 형성

긴급위기지원	• 피해자와 가족에 대한 긴급 심리지원 및 가족돌봄 지원
	  – 신체적 안전 확보 및 심리적 안정을 위해 긴급지원
	  – 보호자와 분리된 아동이 있다면 긴급 가족돌봄 지원
	  – 외상 후 스트레스 장애 예방을 위한 상담 및 교육 실시
	• 개별 접근을 통하여 형성된 신뢰감을 바탕으로 개인 상담(정서 안정) 실시

사정 및 서비스 욕구 조사	• 대상자와 신뢰감을 바탕으로 기본적인 정보와 필요한 서비스 욕구 파악 • 상담과 동시에 내담자의 심리충격 정도를 평가하여 고위험군 선별

서비스 계획	• 긴급위기 상황이 종결되고, 전문적인 정신 상담이나 치료가 필요한 대상자는 심리치료 전문기관이나 정신과 전문의에게 의뢰 • 긴급위기지원 이후 지속적인 관리와 지원이 필요한 대상자에 대해 장기적인 지원계획 수립

가족기능 회복 지원	• 정서 안정: 지속적으로 가정방문하여 심리적 안정 지원, 생활 전반적인 상태 점검 (주 1회 이상 가정 방문) • 정보 제공 및 연계: 피해가족을 위한 정부지원 정책 등 • 심리교육: 위기 반응, 도움 방법에 대한 부모교육 등 • 가족상담 · 심리치료 지원: 지지리더, 센터 상담팀, 타기관 연계 • 가족돌봄 지원: 돌봄 공백을 메우기 위해 제공되는 서비스 (아이 돌봄, 노인 돌봄, 가사 돌봄, 동행서비스 등) • 지역사회 생활 서비스 연계: 복지, 의료, 법률 등

평가 및 종결	• 계획 단계의 목표를 근거로 심리지원의 전 과정과 결과를 평가 • 평가를 토대로 종결 계획 및 사후관리 방안에 반영

[그림 13-5] **재난위기가족지원 서비스 과정**

출처: 한국건강가정진흥원(2014), p. 6.

이후 적응적 기능을 향상시킬 수 있다. 외상 사고 후 6개월은 정서적 회복 여부를 결정짓는 시기로, 심리사회적 지원의 개시는 위기 경험 직후에 즉각적으로 시작되어야 한다.

긴급위기지원의 주요 내용은 다음과 같다. 첫째, 초기 개입을 통해 피해가족의 정서적 안정을 도모하며, 심리적 안정을 찾는 데 도움이 되는 이야기를 해 준다. 둘째, 문제해결에 필요한 활동에 동행하면서 사건 처리 과정에 도움을 제공한다. 셋째, PTSD 예방을 위한 상담 및 교육을 실시한다. 넷째, 피해가족에 돌봄 공백이 발생할 경우에 가족돌봄서비스(노인 돌봄, 아이 돌봄, 가사서비스, 간병, 동행서비스 등)와 연계하여 지원한다. 마지막으로, 지역사회 유관기관들과의 의사소통을 통해 서비스가 중복되지 않도록 주의하며 효율적인 지원활동을 진행한다(한국건강가정진흥원, 2014).

> **참고자료 ▶ 긴급위기지원의 중점 사항**
> • 피해가족과 따뜻한 태도로 신뢰의 관계를 맺는다.
> • 즉각적이며 지속적인 안전을 확보하고, 신체적 및 심리적 편안함을 제공한다.
> • 피해가족을 진정시키고 새로운 상황에 적응하도록 격려한다.
> • 피해가족의 가장 시급한 욕구와 걱정을 명료화한다.
> • 피해가족의 가장 시급한 욕구와 걱정 해결에 도움이 되는 지원과 정보를 제공한다.
> • 피해가족을 가능한 한 빨리 사회적 지지망과 연결시킨다.
> • 회복 과정에서 피해가족이 적극적 역할을 하도록 격려한다.
> • 피해가족이 효과적으로 대처하는 데 도움이 되는 정보를 제공한다.
> • 긴급위기지원이 제공될 기간을 명시한다.

① 심리지원

심리지원은 가족교육과 심리교육을 포함한다. 심리지원은 성급한 위로보다 경청과 공감, 정서적 지지를 우선하며 가족이 위기에 대해 먼저 반응할 수 있도록 시간을 주어야 한다. 일반적으로 위기가족 전체를 대상으로 3개월 이내에 3단계의 긴급위기지원을 실시하며, 교육을 통해 위기가족이 잘못된 기대를 갖지 않도록 돕는다.

자녀나 노부모가 있는 경우, 이들의 애도 과정에 대한 이해와 도와줄 수 있는 방법에 대한 설명이나 정보 제공이 필요하다. 부모의 이혼, 경제적 불안정, 갑작스러운 이사나 상실, 자녀의 스트레스로 인한 학교 부적응 등에 대한 부모의 부정적 반응 등에 대해 각별한 주의가 필요하다.

재난으로 인한 충격이나 상실의 격렬한 슬픔은 어느 정도 진정된 듯한 기미를 보이다가 다시 이전의 심각한 상태가 나타나기도 한다. 또는 겉으로는 일상으로 복귀하여 정상적인 생활을 하는 듯 보이나 내면의 혼란과 분노, 좌절감을 다시 경험하기도 한다. 슬픔과 분노, 비탄의 감정을 표현하는 것(울거나 말하는 것 등)은 건강한 회복에 도움이 된다. 피해자가 감정을 억누르기보다 표출할 수 있도록 격려하고 경청하는 것이 바람직하다(한국건강가정진흥원, 2014).

한편, 심리교육(psychoeducation)은 외상에 대한 치유작업에 앞서 외상에 대한 기본적인 정보를 제공하고, 외상 사건에 대한 기억과 충격에 대해 배우는 과정이다. 심리교육의 목표는 피해자가 자신이 경험하는 공포 감각은 정상적인 기능이라는 것을 이해하고, 외상 경험에 대한 전형적인 반응(신체적, 행동적, 인지적)을 이해하며, 자신의 PTSD 범주에 적용해 확인해 봄으로써 한 발 물러나 자신의 증상을 볼 수 있도록 하여 심리교육을 통해 자신의 증상을 이해하고 치료를 통해 변화될 수 있음을 이해하도록 하는 것이다(김민경, 현명호, 2016).

심리교육의 기능은 다음과 같다. 첫째, PTSD에 대한 정보를 공유함으로써 내담자가 치료 과정에 대한 기대를 가질 수 있고, 불안을 줄이고 안정감을 가질 수 있다. 둘째, 심리교육을 통해 상담에 대한 내담자의 신뢰가 높아지며, 내담자가 치료 과정의 파트너로 협력적 관계를 맺을 수 있다. 셋째, 심리교육은 외상 기억을 재처리하기 위한 기초 작업으로 중요하다. 외상 사건에 대한 자신의 반응이 정상적인 것임을 이해하고, 증상이 지속되는 이유에 대해 논리적 설명을 제공받음으로써 안심하게 된다.

긴급위기지원에서는 가족원의 성격 수정이나 가족의 역동, 근본적 갈등을 해결하려고 하면 안 된다. 위기에 의한 가족원의 스트레스 반응을 우선으로 다루어야 하며, 가족의 역기능적인 갈등은 가족의 선택에 의해 이후에 집중적 가족치료 서비스를 받는 것이 좋다.

참고자료 ▶ **생존자(유족)를 더욱 힘들게 하는 요인(세월호 사고의 경우)**

• 마지막 인사를 하지 못한 급작스러운 죽음

• 사랑하는 이와의 마지막 기억이 후회스러울 때

• 사랑하는 이와 약속한 일이 남아 있을 때

• 꿈을 이루지 못한 아이들, 수학여행길의 즐거움 속에 재앙을 맞이한 아이들

• 아이들을 위해 아무것도 해 줄 수 없었던 어른과 부모로서의 애통함, 자기비난, 분노

• 무책임한 선원들, 해경 및 구조 관련 당국, 초기 대처의 미흡

출처: 한국건강가정진흥원(2014).

② 긴급지원 및 서비스 연계

긴급지원에는 가족돌봄서비스나 응급의료지원 등을 포함한다. 또한 필요시 대상가족에게 전문상담서비스, 정신건강서비스, 의료 및 법률 서비스, 가족문화활동, 집단프로그램 등의 서비스에 연계하도록 해야 한다. 대상가족이 모르고 있다고 가정하고, 필요가 있는지 자주 물어보고 필요시 연계한다. 연계 시 대상 가족의 필요를 연계기관에서 우선 등록할 수 있도록 직접 연계기관 담당자와 교신하는 것이 필요하다.

참고자료 ▶ **'세월호 생존자'는 괜찮지가 않다**

세월호 일반인 생존자 이영준(40대 · 가명) 씨는 스스로 '외상 후 스트레스 장애(PTSD, 트라우마)'가 없다고 여겼다. 그래서 사고 직후 병원에 18일 남짓 입원했다가 곧장 업무에 복귀했다. 하지만 그게 아니었다. 지난해 12월부터 작은 소리에도 가슴이 답답해 숨이 막히고 사고 당시 장면이 자꾸 떠올라 일상생활을 제대로 할 수 없었다. 전형적인 외상 후 스트레스 장애 증상이다. 나흘이나 잠을 못 자다가 약을 먹고 이틀 내내 잠들기도 했다. 제때 출근하지 못하는 날도 잦아졌다. 결국 2월 초 권고사직을 당했다. 이씨는 23일 『한겨레』와의 통화에서 "대리운전이나 청소도 해 봤지만 그마저도 꾸준히 하기 힘들다. 경제적 도움도 안 되고 아들딸 보기도 미안해 심리치료는 꿈도 안 꾼다."고 말했다.

이 씨가 사는 지역에서 세월호 피해자(생존자·유가족)의 심리치료를 돕는 한 정신건강사회복지사는 "세월호 피해자분들한테 일일이 연락을 해 상담이나 치료를 받으러 오라고 권하면 '생계를 책임질 거냐.'며 욕을 하는 분도 있다. 이 씨도 상담·치료가 꼭 필요한데 설득하기가 조심스럽다."고 말했다. ……(중략)……

보건복지부는 사고 직후 세월호에서 구조된 일반인 승선자와 희생자 가족 등을 대상으로 광역 단위로 가정방문이나 전화를 통한 '찾아가는 심리지원 서비스'를 제공하겠다고 발표했다. 그러나 대상자들이 적극적이지 않다는 이유로 흐지부지되고 있다. 45명의 세월호 피해자가 거주하는 인천광역시는 지난해까지는 방문사업을 했지만 올해는 중단했다. 인천시청 관계자는 "많은 피해자가 호전됐고 더는 방문을 원하지 않아서이다. 하지만 원하면 언제든 상담 지원을 받을 수 있다."고 말했다. ……(중략)…….

전문가들은 세월호 생존자 등이 지속적인 상담·치료를 받을 수 있도록 주변 사람과 지역사회가 적극적으로 도와야 한다고 조언한다. 조인희 대한소아청소년정신의학회 재난특임위원회 이사는 "안산에 살지도 않고, 성인인 생존자는 시간이 흐르면서 세상의 관심에서 멀어지고, 무엇보다 생계 부담 탓에 외상 치료를 받지 않을 위험이 매우 크다. 그러나 잠재된 외상이 해결되지 않으면 시간이 지난 뒤에라도 자책감 등으로 괴로워할 수 있다. 정부와 지방자치단체가 지속적인 지원 시스템을 갖추고 생존자들이 상담과 치료를 받도록 이끌어야 한다."고 말했다. 제주 연강병원 세월호피해자상담소에서 근무하는 한 직원은 "알코올중독 등으로 일을 전혀 못하는 분들은 상담마저 받지 않아 걱정이다. 상담소 안에만 있을 게 아니라 적극적으로 가정방문이라도 해야 하는데 저희도 비상근 겸직이라 그럴 여력이 안 돼 안타깝다."고 말했다.

출처: 한겨레(2015. 3. 24.)에서 발췌, 수정.

(2) 가족기능 회복을 위한 가족상담

재난을 겪은 위기가족은 복합 스트레스 누적에 의해 장기적인 가족 갈등이나 해체를 경험하기 쉽다. 이러한 가족을 대상으로 가족기능 강화를 위한 가족상담 서비스를 연계하는 것이 필요하다. 2015년 기준 건강가정지원센터, 다문화가족지원센터, 가정폭력상담소 세 기관을 통해 연간 약 56만 명이 가족상담 서비스를 받았다.

가정폭력상담소의 상담 건수는 2000년대 중반부터 증가하였고, 다문화가족지원센터에서도 유관기관과 연계해 결혼이민자 여성의 가정폭력문제를 적극적으로 다루어 왔다. 가정폭력문제가 개인의 문제가 아니라 성차별이라는 공적 영역의 문제라는 인식의 전환이 있었다. 아내 구타뿐만 아니라 부부 강간, 근친 성폭력, 부모학대 등 가정폭력의 사각지대에 있었던 다양한 가정폭력 현상들이 조명되었다.

자살, 재난, 교통사고, 가정폭력 등 외상에 처한 위기가족에 대한 적극적 개입도 활발해졌다. 전국에 설치된 정신보건센터와 건강가정지원센터, 다문화가족지원센터, 가정폭력상담소, 성폭력상담소, 원스톱 지원센터, 청소년상담복지센터 등 다양한 기관이 위기에 처한 가족원을 위한 지원을 제공하고 있다.

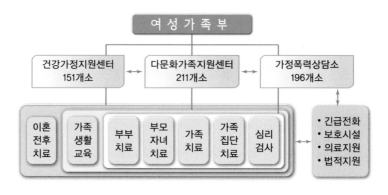

[그림 13-6] 가족상담서비스 공적 전달체계

(3) 강점 중심 가족사례관리

위기가족을 대상으로 하는 사례관리는 지역사회의 자원 연계뿐만 아니라 내담자 가족의 탄력성과 강점을 활용한다. 가족 탄력성(resilience)이란 '탄성' '회복력'을 의미하는 말로, '질병이나 외상, 역경을 극복하고 빨리 회복하는 힘' 또는 '사람(가족)들이 역경을 극복하고 시련에 맞서 싸우면서 오랜 시간에 걸쳐 축적한 기술, 능력, 지식, 통찰력'을 의미한다. 양옥경, 김미옥과 최명민(2002)은 가족 탄력성이 '취약하지 않음'을 의미하는 것이 아니라 고통을 효과적으로 맞서 '잘 견뎌내는 것'이라고 강조하였다(문혁준, 손서희, 김상림, 양성은, 임양미, 전영주, 2015에서 재인용). 가족 강점이란 가족원의 자원, 재능, 능력, 소망, 기술, 기회 등과 함께 가족원 상호 간의 지지, 헌신, 인정, 적응성과 융통성, 상호 인정, 가족 정체성과 자부심, 가훈이나 신념체계 등도 포함된다(이원숙, 2016).

　최근의 연구들은 긍정적인 시각에서 역경 속의 가족일지라도 어려움을 견디고 환경을 조절해 나가는 역량에 초점을 두고 있다. 가족 탄력성은 역경 강화와 성장의 기회로 변화시킨다. 위기 상황에 직면하고 극복하려는 가족의 잠재력은 자신의 삶을 책임지게 하고, 상처를 치유할 수 있도록 하며, 문제를 통해 오히려 가족이 강화되고 성장하게 하는 원동력이 된다.

　재난위기가족과 작업하는 상담자는 내담자와 함께 작업하는 관계임을 명심하고, 상호 간의 대화(dialogue)와 협력(collaboration)을 중요시해야 한다. 상담자는 전문가로서의 입장을 취하기보다 내담자와 함께 공동 작업하는 파트너로서 공감, 포용력, 평등에 기반을 둔 진정성 있는 관계 형성을 강조해야 한다.

> 　나는 나 자신이 고통받고 있는 가족의 결함과 역경에도 '불구하고' 강하다고 생각했다. 그러나 나는 근래에 들어서야 그런 경험들 '때문에' 나의 강점이 나타난 것이라는 것을 깨달았다. 탄력성은 '역경에도 불구하고'가 아니라 '역경을 통해' 형성된다. 삶의 위기와 어려움은 우리가 그 도전에 직면하여 일어설 때 가장 최고의 것을 가져다준다(양옥경 외, 2002: 37).

생각해 보기

1. 최근 우리 사회에서 발생한 재난 사건을 조사해 보고, 사건의 경위와 처리, 피해자 및 피해가족의 어려움, 대처 및 지원 방안에 대해 나누어 보자.
2. 본인이나 주변인이 경험한 외상 사건에 대해 정리해 보고, 이로 인한 어려움 및 대처 방안에 대해 적어 보거나 나누어 보자.

참고문헌

김민경, 현명호 공역(2016). 외상 후 스트레스장애 인지행동치료: 사례공식화 접근(Cognitive-behavioral therapy for PTSD: A case formulation approach). Zayfert, C., & Becker, C. B. 저. 서울: 학지사. (원저는 2006년에 출판)

김소영(2014). 재난위기가족을 위한 지원 방안. 젠더리뷰, 겨울호, 4-13.

김승권(2012). 한국가족의 위기성 및 취약성과 정책과제. 보건복지포럼, 2012. 5월호(통권 제187호).

김안나, 김성기(2007). 군내 자살처리자 가족의 사회적 배제와 지원방안연구. 한국보건사회연구원.

문혁준, 손서희, 김상림, 양성은, 임양미, 전영주(2015). 건강가정론. 서울: 창지사.

보건복지부(2013). 2013 자살 실태조사. (안용민, 박종익, 지선하, 김경일, 김보라, 이상욱, 정금지, 서종한). 보건복지부.

양옥경, 김미옥, 최명민 역(2002). 가족과 레질리언스(Strengthening family resilience). Walsh, F. 저. 서울: 나남출판. (원저는 1998년에 출판)

여창민, 최의헌, 최지영, 홍인숙, 정윤성, 김경숙(2017). 자살 유가족 매뉴얼. 서울: 학지사.

오수성, 신현균, 김상훈, 김정호, 최영미, 신경란, 정명인, 김해진, 박성록, 이진 역(2009). 외상후 스트레스 장애 워크북(The PTSD workbook: Simple, effective techniques for overcoming traumatic stress symptoms). Williams, M. B., & Poijula, S. 저. 서울: 학지사. (원저는 2002년에 출판)

이원숙(2016). 가족복지론(4판). 서울: 학지사.

제석봉, 김춘경, 천성문, 이영순, 김미애, 이지민(2014). 가족치료. 경기: 정민사.

한국건강가정진흥원(2014). 재난 위기가족 지원 활동 매뉴얼. 여성가족부.

홍현숙(2007). 가족의 자살사망이 유가족의 정신건강에 미치는 영향. 가톨릭대학교 대학원 박사학위논문.

한겨레(2015. 3. 24.). '세월호 생존자'는 괜찮지가 않다.

한국일보(2012. 6. 7.)

중앙자살예방센터(2016). www.spckorea.or.kr

제 14 장

가족복지의 미래와 방향성

　현대 가족은 빠르게 변화되어 왔으며 앞으로도 그러할 것이다. 혹자는 제도로서의 가족은 무너질 것이라고 전망할 정도로, 생물학적 또는 법적 유대에 기반을 둔 제도적 가족이 최근 관계 중심의 가족으로 재구성되고 있는 것은 어느 정도 우리가 직면하고 있는 현실이다. 미래 가족의 방향은 가족 형성 및 재생산 방식의 변화, 선택적 가족의 증가, 세계화와 문화초월가족의 증가, 가족 및 가족생활의 개념 확장 등에 대처하는 것이 과제가 될 것이다. 21세기에 들어선 후 개인이 선택하는 삶의 방식 또는 가족 공동체의 유형은 더욱 다채로워지고 있으며, 획기적인 가족유형도 출현할 것으로 예상된다. 이 장에서는 가족의 미래 방향과 삶의 다양성 심화에 대해 다루었다. 특히 독신가구, 펫밀리, 초국적 가족, 미혼한부모가족, 그룹홈, 성소수자가족, 로봇(AI)가족 등에 대해 살펴보고자 한다. 마지막으로 가족복지의 미래방향에 대한 논의로 마무리하고자 한다.

1. 가족의 미래

1) 미래 가족의 방향

(1) 가족 형성 및 재생산 방식의 변화

　전통적으로 법적 혼인을 통해 형성되던 부부 및 출산을 통한 가족 형성 방식에 변화가 나타나고 있다. 법률혼을 거치지 않고 동거를 통해 형성된 커플이 증가하고 이들이 자녀를 갖는 경우가 늘고 있으며, 심지어 혼인하지 않고 홀로 자녀를 낳아 양육하는 미혼한부모도 늘고 있다. 최근 서구에서는 법률혼에 제한된 '부부'라는 용어보다 '커플'이라는 용어가 광범위하게 사용되고 있음을 주목해야 한다.

인간의 재생산(reproduction), 즉 자녀를 갖는 방식에서도 배우자와의 성관계 없이 인공수정이나 대리모, 그 외의 혁신적 재생산 기술을 이용한 가족 형성이 증가할 것으로 예측되고 있다. '부모됨' 역시 생물학적 재생산과 돌봄으로 이해하던 기존의 방식에서 벗어나 위탁부모, 계부모, 양부모 등을 포함한 부모자녀관계로 확대될 것이다.

(2) 선택적 가족의 증가

선택적 가족(family of choice)은 혈연이나 법적 유대에서 벗어나 개인의 자율적 선택을 통해 사회적으로 획득된 가족의 유대, 돌봄, 부양 등을 실천하는 가족 형태를 의미한다. 선택적 가족은 종종 국가의 제도적 가족 틀에 맞서는 정치적 의미를 내포하기도 하는데, 성소수자커플이 대표적인 선택적 가족이라고 할 수 있다.

독신가구가 급증하는 가운데, 선택적 가족은 다양한 형태의 친밀한 관계를 포함하며 생물학적 관계가 아닌 개인의 선택과 주체성에 의해 형성된다. 따라서 혈연가족뿐만 아니라 입양자녀, 동거파트너, 친구, 과거의 연인 등도 선택적 가족의 범주에 들어갈 수 있다. 개인이 주체적으로 선택한 관계 속에서 정서적·사회적·물질적 부양과 돌봄을 제공함으로써 소속감과 유대를 유지하는 선택적 가족은 대안적 생활방식으로 확산될 것으로 보인다.

그러나 선택적 가족을 지나치게 낭만적으로 인식하지 않는 것이 중요하다. 모든 인간관계에서 공통으로 나타나는 갈등, 권력 다툼, 상실감 등 도전과 어려움이 선택적 가족에서도 역시 수반될 수 있기 때문이다.

(3) 세계화와 문화초월가족의 증가

최근 취업이나 자녀교육의 이유로 일정 기간 주말부부나 기러기가족 생활을 하는 가족이 적지 않다. 그러나 미래에는 이러한 경향이 더욱 심화되어 가족원이 다른 국가나 문화권에 장기간 떨어져 거주하며 가족 간의 유대 및 가족생활을 유지하는 경우가 늘 것이다. 또한 타문화권 사람들이 모여 가족이 되는 경향도 심화될 것이다. 대표적으로 초국적 가족(세계가족)이나 다문화가족이 증가하는 것을 예로 들 수 있다. 이는 일국적 정상가족(national-normative family)에 대한 가정 또는 가족은 함께 거주하며 생활해야 한다는 동거동재의 가정에서 벗어나는 것으로, 교통과 통신의 획기적 발전으로 문화와 국적을 초월한 가족 형태는 더욱 증가할 것으로 예측된다.

(4) 가족 및 가족생활의 개념 확장

전형적 가족을 의미하는 'the family'는 이성애의 두 부모(주로 부양자 아버지와 전업주부 어머니)와 생물학적 자녀로 이루어진 전형적 가족유형이며, 전통적 핵가족, 제도적 가족으로 간주된다. 어떤 연구자들은 제도로서의 가족(the family)이 경제, 노동, 교육 등 주요 사회제도와 어떤 관련성을 갖고 있는지 연구하기 위해 전통적 가족 개념을 별문제 없이 사용하기도 한다.

그러나 전형적 가족 개념은 다양한 가족의 삶의 현실을 고려하지 못하는 결과를 가져올 수 있다. 이에 대해 가족관계와 가족생활에 관심을 갖는 연구자들은 대안으로 '가족의 삶(family lives)' 또는 '가족실천(doing family)' 등의 용어를 사용하기도 한다(전영주 외, 2013). 이는 가족이 우리가 이름 붙일 수 있는 대상인 명사라는 생각에서 벗어나, 가족이 광범위한 경험의 다양성과 삶의 다른 측면에 적용될 수 있는 기술적 용어임을 제안하는 것이다. 때로는 '친밀감'이나 '유대' 또는 '개인적 삶(personal life)'과 같은 광범위한 개념의 합을 '가족'으로 사용하기도 한다. 이러한 개념적 작업은 '가족'이 전형적인 가정환경에서뿐만 아니라 다양한 종류의 사회적 환경에서 발견될 수 있는 가능성을 보여 준다.

2) 삶의 방식에서의 다양성 심화

20세기 후반부터 우리 사회의 가족 형태는 급속하게 다양화되었다. 맞벌이가족뿐만 아니라 앞서 다룬 한부모가족, 재혼가족, 비동거가족, 입양가족, 조손가족, 무자녀가족, 다문화가족 등 가족의 형태와 구성에서 다변화가 진행되었다.

21세기 이후, 개인이 선택하는 삶의 방식이나 인간 공동체의 유형은 더욱 다양해지고 있다. 현재 증가하고 있거나 미래에 출현할 것으로 예상되는 삶의 방식(또는 가족 공동체)으로서 독신가구, 펫밀리, 초국적 가족, 미혼한부모가족, 그룹홈, 성소수자가족, 로봇(AI)가족 등에 대해 살펴보자.

(1) 독신가구

독신가구(single household)는 가장 빨리 증가하고 있는 삶의 방식으로, '성인이 홀로 거주하는 1인가구'를 의미한다. 현재 우리나라는 전국의 4가구 중 1가구 이상이 독신가구이며, 2035년경에는 전체 가구 중 1/3이 독신가구가 차지할 것으로 예상되고 있다.

독신가구의 증가 요인으로는 개인주의 확산, 인구 구조의 변화, 취업의 어려움, 경제적 불안정성, 독립과 삶의 여유에 대한 욕구 등이 꼽히고 있다. 청년들의 취업의 어려움과 결혼관의 변화로 초혼 시기가 늦어지고, 이혼이나 기러기가족 등의 이유로 혼자 사는 장년이 늘고 있으며, 고령층 인구의 증가로 배우자와의 사별 후 혼자 사는 노인이 늘어나고 있기 때문이다. 이러한 요인의 배경에는 점점 많은 사람이 결혼의 당위성이나 제도적 가족에 대해 회의를 갖기 때문인 것으로 보인다.

독신가구 중 2/3 정도는 20~30대의 청년층 독신가구와 70세 이상의 고령 1인가구이다. 최근 40~50대 중년 남성의 독신가구 비율이 빠르게 증가하고 있는데, 중년까지 미혼으로 남은 남성과 이혼 후 재혼하지 않고 혼자 사는 남성이 중년 남성 독신가구를 이루게 된 것이다. 독신가구는 새로운 소비 주체로 주목받기도 하지만, 최근 고독사 등 사회문제도 적지 않아 국가적 차원의 대책이 필요하다.

(2) 펫밀리

펫밀리(petmily, 반려동물가족)는 반려동물을 의미하는 'pet'과 가족을 의미하는 'family'의 합성어로, 반려동물이 단순한 애완동물을 넘어 가족의 일원으로 여기는 사람들을 지칭한다. 사람에게 즐거움을 주기 위해 기르는 애완동물이 아닌 사람과 더불어 살아가며 심리적으로 안정감과 친밀감을 나누는 친구이자 가족과 같은 존재라는 의미에서 '반려동물'이라고 칭한다. 이는 가족은 2인 이상의 인간으로 구성되어야 한다는 기존 개념을 벗어나는 것으로, 사람이 아닌 개나 고양이 등을 가족원의 범주로 포함하는 추세가 확산되고 있다.

고령 인구와 독신가구의 증가도 펫밀리 현상과 맞닿아 있으며, 무자녀 부부가 자녀를 갖는 대신 반려동물을 키우는 현상도 적지 않다. 반려동물을 키우는 사람들은 반려동물과의 신체접촉을 통해 위안과 우정, 교감, 정서적 안정을 경험하며,

우울, 외로움 감소와 주관적 행복감의 증가를 경험한다(김정희, 2017).

그러나 반려동물에 대한 지나친 관심과 애정으로 말미암아 가족에게는 소홀하게 되어 가족 갈등이 일어나기도 하며, 반려동물 돌봄을 둘러싸고 가족원 간에 다툼이 일어나기도 한다. 또한 반려동물이 사망했을 때 슬픔과 상실감으로 심각한 펫로스(petloss) 증후군을 경험하기도 한다. 이 뿐만 아니라 반려동물에 대한 이해 부족으로 인한 이웃 간 갈등, 유기동물의 증가 등도 풀어야 할 과제이다.

(3) 초국적 가족(세계가족)

초국적 가족(transnational family) 또는 세계가족(global family)이란 21세기 이후에 등장한 세계화의 흐름 속에 국가 또는 국적의 경계를 넘나드는 가족생활 또는 가족관계망을 의미한다(전영주 외, 2013). 초국적 가족은 다문화가족과는 의미가 다소 다르다. 초국적 가족은 원래 하나의 가족이었던 사람들이 두 개 이상의 국가나 문화권으로 흩어져 장기적으로 분거하는 유동적인 관계 속에서 정서적 가족유대와 복지, 소속감 등을 유지하는 것이다. 반면, 다문화가족 또는 다국적 가족은 원래 다른 나라와 문화에 소속되어 있던 사람들이 하나의 가족으로 만들어지는 형태의 가족을 의미한다(조은숙 외, 2015).

최근 국제노동시장이 커지면서 취업 등의 이유로 가족원 중 일부가 단기적 또는 장기적으로 외국에 체류하거나 이주해 정착하는 경우가 세계적으로 늘고 있다. 이러한 경우에 가족은 비록 공동거주 및 공동재생산 활동을 하지는 못하지만, 한쪽 또는 양쪽 부모가 해외에서 버는 소득으로 다른 가족은 모국에서 돌봄이나 재생산활동을 해 나갈 수 있다. 특히 인터넷 등 통신과 교통의 진보로 이주자가 모국의 가족과 국적이나 국가의 경계, 공간적 범주를 초월해 가족활동을 유지할 수 있게 되었다.

초국적 가족의 주요 이슈로는 재정관리(소득을 송금하는 과정 등), 자녀 돌봄과 부양, 가정의례 등이 주목된다. 해외체류 조건이나 자원 측면에서 제조업, 가사노동에 종사하는 이주자와 전문직에 종사하는 이주자의 초국적 가족생활에는 차이가 있다. 같은 국가의 이주자라고 하더라도 유입 국가나 문화에 따라, 성별 및 사회계층에 따라 초국적 가족경험은 매우 상이할 수 있다(전영주 외, 2013).

(4) 미혼한부모가족

법률적으로 미혼모가족은 '혼전에 출산을 한 미혼모와 그 아동으로 구성된 미혼모자가족'을 의미하며, 한부모가족의 한 형태로 간주된다. 최근 자발적 미혼모의 증가로 결혼을 거부하거나 선택의 문제로 보는 여성을 위한 '비혼모'라는 용어가 사용되기도 하며, 양육 미혼부 증가로 '미혼한부모가족'이라는 용어가 사용되기도 한다. 현재 미혼모가족은 증가 추세로, 통계청 자료에 의하면 미혼모가족은 1995년에 90,986가구에서 2015년에는 193,113가구로 지속적으로 증가하고 있다 (한국정책연구원 성인지통계 https://gsis.kwdi.re.kr/gsis/kr/tblInfo/TblInfoList.html 검색일 2017. 8. 17.).

미혼모가 출산 후 자녀 양육을 결정한 후 가장 힘든 사항으로 '경제적인 부분(67.5%)'과 '가족과의 힘든 관계(15.0%)'를 지적하였다(정용순, 2002). 미혼모들은 '갑자기 돈이 필요'하거나 '자녀에게 위급 상황'이 생겼을 때 도움을 요청하는 대상도 과반수는 부모나 형제 · 자매로 응답하고 있어서 물질적 지원은 여전히 가족에게 의존하는 한편, 이야기 상대가 필요하거나 어려움을 말하는 정서적 지원은 주로 친구로부터 받는 것으로 응답하였다(김혜영, 2010).

미혼모들은 결혼으로 이어지지 않은 미혼부와의 관계가 이미 단절된 경우가 과반수가 넘는데, 이들에 대한 분노와 배신감 등 감정 정리가 해결되지 않은 상태에서 생활하는 경우가 많아 미혼모들은 경제적 어려움 외에도 정서적 어려움 속에서 자녀 양육을 하게 된다. 미혼모의 80% 이상은 미혼부에게 출산 및 양육 사실을 통지했으며 이들에게 기대하는 아버지 역할로 자녀양육비 지급을 제시했지만 실제 미혼부에게 양육비를 받고 있는 경우는 4.7%에 불과한 것으로 나타났다(김혜영, 2010).

(5) 그룹홈

그룹홈은 가정의 보호가 필요한 요보호 아동 및 청소년을 위한 일반 가정과 유사한 규모의 거주시설로, 아동보호와 양육이 목적인 대안가족의 한 형태로서 비혈연 가족생활 공동체로 간주된다. 그룹홈은 요보호 아동에게 단순히 거주와 생활의 공간만 제공해 주는 것이 아니라 대리부모와의 관계를 통해 정서적 회복과 사회적 적응을 도와준다. 대리부모가 아동에게 안정감과 애착을 적절하게 제공하는 경우에 '심리적 부모'로서 아동의 건강한 성장과 발달에 도움이 될 수 있다. 또한 그룹홈은 다양한 연령층의 또래로 구성되므로 비혈연 형제자매관계 속에서 서로 경쟁도 하고 돌보아 주기도 하면서 역동적 상호작용을 경험할 수 있다.

그룹홈 아동들은 어쩔 수 없이 원가족과 분리되어 있지만, 대리부모는 아동이 지속적으로 친부모와 만남을 유지해 자존감과 정체성을 유지할 수 있도록 돕고, 장기적으로 원가족 회복 후에 가족재결합이 가능할 수 있도록 노력한다. 그룹홈 대리부모의 경우, 독신이 아닌 이상 자신의 가족생활과 양립하는 데 어려움을 겪기 쉬우며, 폭력적이거나 특수한 욕구를 가진 아동들을 지속적으로 돌보는 과정에서 좌절감, 회의 등 소진을 경험할 수 있다.

(6) 성소수자가족(동성애가족)

성소수자가족 또는 동성애가족은 동성의 커플로 구성되거나, 동성애 커플과 자녀로 이루어진 가족형태이다. 동성애가족의 자녀는 인공수정을 통한 생물학적 자녀이거나 입양을 통해 얻어진다. 우리 사회에서 성소수자인 동성애에 대한 논의가 시작된 것은 1990년대 이후이며, 남성끼리 또는 여성끼리 결혼하는 동성애 커플에 대한 일반적인 시선은 아직 수용적이지 않다. 이성 간의 성적 결합으로 종족 보존이 가능하다는 점에서 동성애는 비정상이며, 정신적, 심리적으로 건강하지 않은 상태로 인식되기도 한다. 그러나 성소수자들은 동성애는 타고나는 것이라고 주장하며, 성소수자도 행복할 권리를 인정해 달라고 호소한다. 다수의 성소수자는 이성혼에 대한 압력 및 불안정한 교제관계에 대한 스트레스를 경험한다.

한국 사회에서 커밍아웃 전의 성소수자는 이성혼에 대한 원가족의 압박을 피해 가능한 한 원가족과 떨어져 지내는 삶의 방식을 택한다. 부모님의 압력으로 이성과 결혼을 하거나, 위장결혼을 하기도 하지만, 커밍아웃 후에는 부부로서의 정체성을 갖기 위해 결혼식을 올리거나 부부관계를 인정 받기 위해 노력한다.

자녀가 성소수자임을 알게 된 부모의 반응은 충격, 부정, 죄책감, 감정 표출, 결단, 수용의 6단계를 거치게 된다(Sauerman, 1995: 김진이, 2016에서 재인용). 부모는 성소수자 자녀를 거부하거나 비수용적 태도를 보이는 경향이 높고, '가문의 수치'로 여기기도 한다. 국가인권위원회(2015)에 의하면, 한국 성소수자의 82%가 가족에게 커밍아웃하지 않았다고 하였으며, 커밍아웃 시 아버지의 4.7%, 어머니의

11.1%만이 자녀에게 수용적 반응을 보였다고 하였으며, 다수의 부모는 성소수자 자녀를 강제로 출가시키거나 자녀 스스로 가출하기도 하였다(김진이, 2016에서 재인용).

성소수자 커플은 아직까지 제도적 혼인이 불가하기 때문에 동거커플로서 인공수정이나 입양을 통해 가족을 이룬다. 성소수자 커플에게는 이성애 커플과 달리 '남성=생계부양자, 아내=양육 및 가사노동 전담자'라는 성역할 기대의 공식이 존재하지 않는다. 따라서 성소수자 커플은 다양한 영역에서 협상을 통해 실용주의적인 가족생활실천을 하는 편이다. 이러한 이유로 커플의 본질적 역동을 연구하는 연구자들의 주목을 받기도 한다. 외국에서는 인공수정이나 입양을 통해 자녀를 출산, 양육하는 경우도 적지 않아 이러한 삶의 방식에 대한 논의가 필요할 것이다.

(7) 로봇(AI)가족

로봇(AI)가족은 인공지능을 갖춘 로봇이 가족의 구성원이 되어 돌봄이 필요한 구성원들에게 서비스를 제공하는 가족으로 규정할 수 있다. 인공지능(AI)과 로봇 산업의 빠른 발전과 함께 소가족화와 독신가구의 증가는 친밀감 및 돌봄 노동의 기계 대체 논의를 가져오고 있다. 실제 사람의 표정과 목소리를 분석하여 감성 대화가 가능한 휴머노이드 로봇이 다양한 서비스 분야에서 활용되고 있다. 일본에서는 이미 돌봄 로봇을 투입해 노인들의 요양을 돕는 시범사업을 실시하여 노인들의 자립도를 향상시키는 데 일조하고 있다(동아일보, 2017. 4. 3.). 특히 동물 치료 역할을 하는 '파로(Paro)'나 거동이 불편한 환자를 이동시켜 주는 간호용 로봇 '로베어(Robear)' 등이 인기를 얻고 있다(이현지, 2016).

로봇은 서비스 분야와 돌봄, 간호용 로봇 외에도 심리적 · 정서적 돌봄을 위한 대화 서비스나 성(性)적 서비스를 제공하기도 한다(민경배, 2016). 로봇은 소외된 인간에게 친밀성과 정서적 교감을 부여하는 대화와 상담의 역할을 하는 경우도 있는데, 인간과는 달리 반응에 신경 쓸 필요가 없기 때문에 더 큰 치유효과를 보기도 한다.

그러나 로봇(AI)의 법적 지위에 관한 문제, 사생활 침해문제, 로봇 비용의 문제, 안정성의 문제 등 해결되지 않은 과제가 남아 있다. 또한 그들의 반응은 공감 능

력이라기보다는 미리 계산된 감정연기를 하는 것이므로 진정한 의미의 심리 정
서적 치료에 도움이 될지 좀 더 두고 보아야 한다. 향후 소셜로봇은 반려동물과
마찬가지로 정서적 연대감의 대상이 될 가능성이 높다(이현지, 2016). 소셜로봇이
가족원의 역할을 하게 될 것이라는 예측과 함께 인공지능시대의 가족 패러다임
은 큰 변화를 맞이할 가능성이 있다.

2. 가족복지실천 과제와 방향성

1) 성평등한 일·가정 양립정책의 확대

세계적으로 출산율과 혼인율이 저하되면서 가족 및 사회 발전에 심각한 장애
가 되고 있다. 맞벌이부부가 보편적인 형태인 여러 국가에서 인구 감소에 대한
대응책으로 아동양육수당, 모성휴가 및 부모휴가, 남성의 육아 참여, 공공보육의
확대 등 다양한 일·가정 양립정책을 시행해 오고 있다.

그러나 남성과 여성의 차이를 근거로 수립된 일·가정 양립정책(예를 들어, 아
동양육수당)은 '양립'문제가 여성의 문제로 제한하고 있으며, 여성의 이해보다 남
성 가부장의 이해를 대변하는 '전형적 가족-시장'의 양립정책이라는 비판을 받아
왔다(양옥경 외, 2007). 성평등한 일·가정 양립정책의 방향은 가족 내 성별 분업
의 해체와 함께 노동시장의 변화를 요구하고 있다.

미래의 일·가정 양립문제는 남성과 여성 모두의 문제로 인식하고 양성의 보편
적 보살핌과 생계부양을 지향해야 한다. 즉, 양성평등에 근거한 일·가정 양립정책
을 일관성 있게 수행하며, 성별 구분 없이 생계부양과 돌봄을 부부가 함께 분담하
는 형태로 사회가 변화될 때 성공적인 일·가정 양립정책이 자리를 잡을 것이다.

2) 탈근대주의가족을 위한 다양한 욕구 지원

20세기 후반에 진행되었던 전형적 가족(정상가족) 담론 논쟁은 21세기에 들어
서 다양한 가족형태가 주가 되면서 더 이상 가족의 구조나 형태에 있어서 정상

대 비정상으로 나누기 어려워졌기 때문이다. 가족의 구조와 형태 면에서 전형적 가족형태를 벗어난 맞벌이가족, 한부모가족, 재혼가족, 비동거가족, 무자녀가족, 독신가족, 조손가족 등은 현대 가족의 보편적 현상이 되어 가고 있기 때문이다. 최근에는 더 나아가, 독신가구, 펫밀리, 초국적 가족, 미혼한부모가족, 그룹홈, 성소수자가족, 로봇(AI)가족 등 더욱 혁신적인 가족형태가 등장하고 있다. 따라서 미래 가족복지의 방향은 비전형적 가족을 비정상가족이나 결손가족으로 간주하는 것이 아니라, 다양한 가족의 독특한 욕구를 파악하여 지원하는 방향으로 변화되어야 한다. 특히 초국적 가족, 다문화가족, 난민가족 등 문화와 국적의 경계를 넘는 세계가족의 경향이 심화되면서 가족실천가의 문화적 개방성과 수용성에 대한 역량의 중요성이 더욱 부각될 것으로 예상된다.

3) 가족건강성의 활용 확대

1980년대 이전까지 가족실천가들은 병리적 가족의 특성에 집중해 왔지만, 점차 가족의 강점과 자원으로 관심을 두기 시작했다. 가족의 병리적 부분에 초점을 두었던 초기 가족실천 관점에서 진일보하여 가족의 실패보다 성공에, 부정적인 측면보다 가족의 잠재력 계발과 성장에 초점을 둔다는 특징을 갖는다.

건강성이라는 개념은 내담자 개인이나 가족 등 서비스 대상의 신체적·정신적·영적·사회적 건강을 모두 아울러 강조하며, 이러한 신체적·정신적·영적·사회적 건강 간의 복잡한 상호작용은 사람들의 행복 유지나 위기 이후의 회복 능력, 재난과 시련의 여파에서의 생존 가능성에 영향을 미친다(Schriver, 2013). 건강가족은 융통성과 친밀한 분위기에서 가족원이 성장하도록 하며 갈등과 변화를 수용한다. 이들 가족은 한 세대에서 쇠퇴하였다고 해도 다음 세대에서 다시 일어나 건강한 가족을 만들어 낸다. 건강한 가족은 공동체로서 개인을 보호하고 사회에 적응하는 데 가족원의 신체적·심리적 행복을 보장해 주는 체계임을 나타낸다. 유영주(1995)는 건강한 가족이란 외부의 환경 변화에 잘 적응하고, 스트레스에 긍정적으로 대처하며, 가족원 간에 의사소통이 원활하고, 협동과 타협이 잘 이루어지는 가족이라고 정의하였다(조희금, 김경신, 정민자, 송혜림, 이승미, 성미애, 이현아, 2013에서 재인용).

4) 특별한 보호가 필요한 가족을 위한 지역사회복지실천 강화

세대에 걸쳐 가족을 취약하게 만드는 요인인 빈곤, 폭력, 문화 차별, 재난, 장애와 중독, 만성질환 등은 국가와 지역사회가 나서서 지원하지 않으면 가족 스스로 헤쳐 나오기 어려운 것들이다. 임상가들은 이러한 요인들을 가지고 있는 가족을 취약가족(vulnerable family), 문제가족(problem family), 역기능적 가족(dysfunctional family), 병리적 가족(pathological family) 등으로 부르곤 하였다. 주류 사회의 주변에 위치한 가족은 여러 세대에 걸쳐 빈곤과 부적응(폭력, 중독, 정신질환 등)의 하위문화를 전수하며 박탈과 불이익의 순환 속에 일탈적 특성을 자기영속적인 사실로 받아들인다.

복합적인 위기취약가족과 일하는 실천가는 이들이 당면한 위기와 의식주, 교육과 건강 문제 등 물리적인 어려움에 주목한 나머지 이들에 대한 낙인을 수반하거나 지원의 대상으로만 인식함으로써 장기적으로는 공적 지원에 만성적으로 의존하는 상태를 야기하지 않도록 주의해야 한다. 대안적 접근으로 가족을 자원(resource)으로 보고 현재 가족의 기능과 강점을 찾아 이러한 점들을 중심으로 가족 구성원과 가족체계를 강화하고 지지하는 가족 임파워먼트 관점을 취하는 것이 중요하다. 이들 가족에 대한 구조적 불평등에 주목하는 한편, 가족 임파워먼트 관점에 기반을 두어 가족의 역량을 강화하고 능력을 고취하며, 참여적 지역사회 조직화와 대중교육 등을 통해 성과를 내도록 해야 한다. 특히 위기나 취약 가족이 처한 불리한 환경 조건 아래서도 부정적인 영향을 경감시키거나 상쇄할 수 있는 보호요인을 찾아 이를 강화함으로써 가족 스스로 문제를 해결하고 문제의 재발을 방지할 수 있다.

생각해 보기

1. 미래에 출현할 가족유형에 대해 다각적으로 생각해 보고 토론해 보자. 각 가족유형의 도전과 욕구, 지원방향에 대해 발표해 보자.
2. 우리 주변의 복합적 취약위기가족의 사례를 나누어 보고, 취약위기요인을 분석해 보고 가족의 취약성을 경감시킬 수 있는 단기적·장기적 방안에 대해 나누어 보자. 개인적·가족적·사회적 관점에서 취약가족에 대한 대응 방안을 접근해 보자.

※ 참고문헌 ※

김정희(2017). 반려견 양육경험이 반려인의 우울감소와 주관적 행복감에 미치는 영향.

김진이(2016). 가족의 태도가 성소수자의 커밍아웃에 미치는 영향: 질적연구. 가톨릭대학
　　교 상담심리대학원 석사학위논문.

김혜영(2010). 미혼모의 양육 및 자립 실태조사. 한국여성정책연구원.

민경배(2016). 인간과 로봇의 교감: 또 하나의 가족. 2016 추계 한국가족치료학회 자료집.

손병덕, 황혜원, 전미애(2014). 가족복지론. 서울: 학지사.

양옥경, 이재경, 김인숙, 윤홍식, 송다영, 박영희, 정순둘, 김유순, 김신열, 이은주, 유미란,
　　최명민, 이선혜(2007). 가족복지의 정책과 실천. 경기: 공동체.

이현지(2016). 유교사상과 인공지능시대의 가족에 대한 시론. 사회사상과 문화, 19(3), 91-
　　116.

전영주, 원성희, 황경란, 양무희, 배덕경, 송정숙, 이복숙, 정수빈 역(2013). 가족학의 핵심개
　　념(Key Concepts in Family Studies). McCarthy, J. R., & Edwards, R. 저. 서울: 시그
　　마프레스. (원저는 2010년에 출판)

정순둘, 김경미, 박선영, 박형원, 최혜지, 이현아(2007). 사회복지와 임파워먼트. 서울: 학지사.

정용순(2002). 미혼양육모에 대한 사회적응 서비스 활성화 방안. 서강대학교 공공정책대학
　　원 석사학위논문.

조은숙, 최연실, 고선주, 권희경, 남명주, 배희본, 성미애, 송명숙, 양현아, 이경희, 이소영,
　　이재림, 장주영, 정정기, 조은숙, 진미정, 최새은(2015). 한국가족을 말하다: 현상과 쟁점.
　　서울: 도서출판 하우.

한국정책연구원 성인지통계. https://gsis.kwdi.re.kr/gsis/kr/tblInfo/TblInfoList.html 검색
　　일 2017. 8. 17.

동아일보(2017. 4. 3.)

Cochran, M. (1992). Parent empowerment: Developing a conceptual framework. Family
　　Science Review, 5(1-2), 3-21.

찾아보기

저자 소개

최선화(Choi, Sunwha)
이화여자대학교 사회복지학 박사
현 신라대학교 복지상담학부 교수

공미혜(Kong, Mee-Hae)
미국 Ohio State University 사회학 박사
현 신라대학교 복지상담학부 교수

전영주(Chun, Young Ju)
미국 Purdue University 가족학 박사
현 신라대학교 복지상담학부 교수

최희경(Choi, Heekyung)
부산대학교 사회복지학 박사
현 신라대학교 복지상담학부 교수

변화하는 사회의 가족복지
Family Welfare in Changing Society

2018년 9월 20일 1판 1쇄 발행
2022년 8월 10일 1판 4쇄 발행

지은이 • 최선화 · 공미혜 · 전영주 · 최희경
펴낸이 • 김 진 환
펴낸곳 • ㈜ **학지사**

　　　04031 서울특별시 마포구 양화로 15길 20 마인드월드빌딩 5층

대표전화 • 02) 330-5114　　　팩스 • 02) 324-2345

등록번호 • 제313-2006-000265호

홈페이지 • http://www.hakjisa.co.kr
페이스북 • https://www.facebook.com/hakjisabook

ISBN 978-89-997-1659-1 93330

정가 **18,000원**

이 도서의 국립중앙도서관 출판시도서목록(CIP)은 서지정보유통지원시스템
홈페이지(http://seoji.nl.go.kr)와 국가자료공동목록시스템(http://www.nl.go.kr/kolisnet)
에서 이용하실 수 있습니다.
(CIP제어번호: CIP2018027764)

출판미디어기업 학지사

간호보건의학출판 **학지사메디컬** www.hakjisamd.co.kr
심리검사연구소 **인싸이트** www.inpsyt.co.kr
학술논문서비스 **뉴논문** www.newnonmun.com
원격교육연수원 **카운피아** www.counpia.com